Germanistische
Arbeitshefte   40

Herausgegeben von Gerd Fritz und Franz Hundsnurscher

Kirsten Adamzik

Textlinguistik

Eine einführende Darstellung

Max Niemeyer Verlag
Tübingen 2004

Bibliografische Information der Deutschen Bibliothek

Die Deutsche Bibliothek verzeichnet diese Publikation in der Deutschen Nationalbibliografie; detaillierte bibliografische Daten sind im Internet über *http://dnb.ddb.de* abrufbar.

ISBN 3-484-25140-9   ISSN 0344-6697

Satz: Kirsten Adamzik, Carouge
Druck: Gulde-Druck, Tübingen
Einband: Industriebuchbinderei Nädele, Nehren

Inhalt

VI

Vorwort

Zu wenigen ‚Bindestrich-Disziplinen' der Linguistik gibt es im Deutschen so viele einführende Darstellungen wie zur Textlinguistik: Eine erste hat Wolfgang Dressler schon 1972
vorgelegt, 1973 folgte die *Texttheorie* von S. J. Schmidt, 1974 ein *Lektürekolleg zur Textlinguistik* von Kallmeyer et al., 1977 die Darstellung von Gülich/Raible. Aus den 80er Jahren liegen vor: Coseriu (1980, ^{3}1994), van Dijk (1980), Beaugrande/Dressler (1981), Kalverkämper (1981), Sowinski (1983) und Brinker (1985). In den 90er Jahren scheint der Bedarf etwas zurückgegangen zu sein: 1991 konnten Heinemann/Viehweger ihr schon früher
abgeschlossene Buch publizieren, und es erschien die Einführung von Vater (1992). Aus
dem noch jungen neuen Jahrtausend liegen dann abgesehen von den Neuauflagen von Brinker (^{5}2001) und Vater (2001) wieder drei neue Werke vor: Fix/Poethe/Yos (2001), Heine-
mann/Heinemann (2002) und Gansel/Jürgens (2002).

Die zahlreichen Einführungen belegen das große Interesse am Gegenstand, aber auch die
darin immer wieder zum Ausdruck gebrachte Unübersichtlichkeit des Forschungsfeldes, in
dem eine große Anzahl von Analyseansätzen entwickelt wurde, die teilweise etwas verbin-
dungslos nebeneinander stehen, mitunter auch nahezu inkompatiblen theoretisch-methodi-
schen Grundsätzen verpflichtet sind und bei denen der Bezug zu Fragestellungen und Interessen, die sich beim Studium der Germanistik ergeben, nicht immer hinreichend deutlich
wird.

Vor diesem Hintergrund müssen in dem relativ knappen Raum eines Arbeitsheftes deutliche Schwerpunkte gesetzt werden. Sie liegen hier auf den Kapiteln 4–7 mit dem Versuch
einer Erläuterung der wesentlichen Gesichtspunkte, die bei der konkreten Analyse von
Texten berücksichtigt werden müssen. Dabei ist zwar auch an literarische Texte gedacht,
v. a. geht es jedoch darum, den Blick für die Vielfalt, Komplexität und Variabilität der sog.
Gebrauchstexte zu schärfen. Ich hoffe, die Studierenden so auch motivieren zu können,
nicht zuletzt ihre eigene Textproduktion aus linguistischer Sicht zu betrachten, und der
Gefahr entgangen zu sein, inhaltlich wenig ergiebige Textsorten oder relativ einfach
strukturierte konstruierte Beispiele zu fokussieren, die man leicht in den Vordergrund zu
stellen versucht ist, weil sich an ihnen bestimmte Analyseverfahren besonders gut
demonstrieren lassen. Aus dieser Ausrichtung erklärt sich auch, dass die in anderen
Einführungen knapper besprochenen Aspekte ‚situativer Kontext', ‚Thema' sowie
‚sprachliche Gestalt' ausführlicher behandelt werden als die Textfunktion (Kap. 5) und die
Kohäsion (7.1.), in Bezug auf die man bereits auf sehr ausführliche Darstellungen zurückgreifen kann.

Von einer Einführung darf man aber selbstverständlich auch erwarten, einen Einblick in
die Forschungsdiskussion zu gewinnen. In den Kapiteln 4–7 wird natürlich auf die jeweiligen Ansätze zurückgegriffen, die Erläuterung der verschiedenen Positionen ist jedoch dem
Bemühen um eine gegenstandszentrierte Darstellung sachlich untergeordnet. Das historisch
orientierte Kapitel 1 dagegen versucht eine Gesamtübersicht über bislang behandelte Fragestellungen zu geben. Es ist gleichwohl nicht chronologisch aufgebaut, und zwar um dem

VIII

unangemessenen Eindruck zu wehren, in einzelnen Etappen der Forschungsgeschichte seien jeweils ganz ‚neue' Gesichtspunkte entdeckt worden und erst die moderne Textlinguistik habe sich bis dahin unbeachteten Gegenständen zugewandt. Die späteren Ausführungen setzen die Lektüre des ersten Kapitels nicht voraus; es enthält wegen der theoretischen Orientierung auch keine Aufgaben.

Ich danke dem Reihenherausgeber, Franz Hundsnurscher, mich damit betraut zu haben, die Textlinguistik für ein Germanistisches Arbeitsheft aufzubereiten. Birgitta Zeller-Ebert und Susanne Mang vom Niemeyer Verlag haben mir durch Geduld, Entgegenkommen und viele hilfreiche Hinweise die Arbeit erleichtert und angenehm gemacht – auch an sie geht mein herzlicher Dank. Von dem Beitrag, den Kollegen zum Zustandekommen dieser Darstellung geleistet haben, gibt das Literaturverzeichnis einen – freilich schwachen – Eindruck. Hier konnte lediglich eine Auswahl der gedruckten Texte erwähnt werden, die meine Überlegungen befruchtet haben. Nur global kann ich Dank abstatten für die Anregungen, die mir in zahlreichen Diskussionen, v. a. aber den aufmunternden Zuspruch, der mir in persönlichen Gesprächen zuteil geworden ist. Namentlich erwähnt sei lediglich Ingo Thonhauser, der mir bei der Endredaktion über Blockaden hinweggeholfen und beim Korrekturlesen geholfen hat.

Genf, im September 2003   Kirsten Adamzik

1. Der Text als Forschungsgegenstand – Aus der Geschichte der Textlinguistik

Die Textlinguistik gilt als eine relativ junge Teildisziplin der Linguistik, die sich erst in den 60er Jahren des 20. Jahrhunderts entwickelt hat. Schon diese wissenschaftshistorische Einordnung lässt erahnen, dass mit dem Ausdruck *Textlinguistik* dann wohl etwas anderes gemeint ist als jede Beschäftigung mit dem Gegenstand Text und seiner sprachlichen Gestalt. Denn selbstverständlich gehört die Arbeit mit und an Texten als wesentlichen materiellen Trägern kulturellen Erbes zu den ältesten Anliegen der Auseinandersetzung mit menschlichen Geistesprodukten. Und da Texte aus Sprache gemacht sind, kann man sich auch gar nicht mit ihnen beschäftigen, ohne ihre sprachliche Verfasstheit zu berücksichtigen.

In diesem Kapitel soll deutlich werden, mit welch unterschiedlichen Fragestellungen und Interessen man sich dem Gegenstand Text nähern kann. Dies dient einem groben Einblick in verschiedene Textwissenschaften, deren Gemeinsamkeit eben nur im Gegenstand liegt – dem allerdings sehr abstrakt gefassten und die verschiedensten Ausprägungen umfassenden Objekt ‚Text‘. Insbesondere geht es aber um die Frage, wie sich die Textlinguistik in diesen Fächer von Textwissenschaften einordnet, welches ihre besonderen Anliegen sind und wie sie den Status einer neuen sprachwissenschaftlichen Disziplin gewinnen konnte.

Es muss jedoch gleich festgestellt werden, dass auch von *der* in den 1960er Jahren entstandenen Textlinguistik kaum gesprochen werden kann, da sie in ihrer relativ kurzen Geschichte bereits mehrere bedeutende Umbrüche erlebt hat. Man unterscheidet im Allgemeinen drei Hauptphasen: 1. den sog. transphrastischen Ansatz, der ganz auf die sprachlichen Mittel konzentriert ist, mit Hilfe derer Sätze zu kohärenten Folgen verbunden werden; 2. den kommunikativ-pragmatischen Ansatz, der den Text nicht so sehr als (sich aus kleineren sprachlichen Einheiten aufbauende) Satzfolge sieht, sondern ihn als Ganzheit betrachtet, der eine bestimmte kommunikative Funktion zukommt; 3. den kognitivistischen Ansatz, der die Prozesse der Produktion und Rezeption von Texten in den Vordergrund stellt.

Diese drei Hauptausprägungen stehen jeweils in unterschiedlicher Beziehung zu den sonstigen Textwissenschaften (und anderen Nachbardisziplinen). Aber nicht nur dies macht einen Überblick über die Geschichte der Disziplin schwierig. Vielmehr ist die Textlinguistik auch ein besonders prägnantes Beispiel dafür, wieviel im Bemühen um Fortschritt, also bei der Entwicklung einer neuen (Sub-)Disziplin oder eines Forschungsansatzes, aus der Vergangenheit vergessen, mehr oder weniger bewusst übersehen oder ausgeklammert wird (vielleicht werden muss) und wie sehr Wissenschaftsgeschichte das Schreiben von (vielen unterschiedlichen) Geschichten ist. Denn auch die Darstellung einer Disziplin und ihrer Entwicklung kann nur in Gestalt von Texten erfolgen. Bei solchen handelt es sich jedoch nie einfach um ‚realitätsgetreue Abbildungen‘ von Außersprachlichem, vielmehr wird in jedem Text aus dem Mitteilbaren ausgewählt und dies in eine bestimmte Perspektive gerückt, die von den jeweiligen kommunikativen Interessen geleitet ist. Sich dies bewusst zu halten ist in Bezug auf die Textlinguistik besonders wichtig, denn es erklärt, wieso Textlinguistik als spezielle linguistische Subdisziplin sehr schwer zu fassen ist, d. h. Einhelligkeit über ihren Gegenstand, ihre Aufgaben und insbesondere ihre Methoden nicht besteht und wohl auch für die Zukunft nicht erwartbar ist.

Begonnen sei die folgende Übersicht mit der Geschichte vom Entstehen der Textlinguistik in den 1960er Jahren, mit jenen Beiträgen nämlich, die von dem Interesse geleitet sind, eine Umorientierung in der Linguistik einzuleiten, und in denen bewusst und explizit die Etablierung einer Textlinguistik gefordert wird – dies geschah v. a. im deutschen Sprachraum, der auch heute noch ein Zentrum textlinguistischer Forschung ist.[1]

1.1. Die programmatische Begründung der Textlinguistik

Die Disziplinbezeichnung *Textlinguistik*[2] ist zunächst kein Begriff aus der wissenschaftsgeschichtlichen Rückschau, unter dem linguistische Arbeiten zusammengefasst würden, die sich mit textuellen (oder auch nur satzübergreifenden) Phänomenen beschäftigen; dieser Begriff steht vielmehr für ein Zukunftsprogramm, das aus der kritischen Sicht auf das Bestehende entworfen wurde. Textlinguistik wird ausdrücklich eingeführt als *neue* linguistische Teildisziplin (Hartmann 1968a),[3] sie entspricht einer linguistischen *Aufgabe* (Hartmann 1968c). Einige Zitate von Peter Hartmann, einem der Väter dieser Richtung, geben einen guten Eindruck von der damals herrschenden Aufbruchstimmung und sie zeigen auch, wie umfassend seine Vorstellungen waren. In seinem Referat auf einem interdisziplinären Kolloquium zur experimentellen Kunst will Hartmann

> „(1) die Allgemeine Sprachwissenschaft oder Linguistik in einer heute charakteristischen *Situation* und *Position* zeigen [...], (2) die Konzeption und Ausbildung einer *Textorientierten Sprachwissenschaft* als eine damit nötige und sinnvolle Konsequenz darstellen [...], und (3) darüber hi-

---

[1] Auf die deutsche Forschung konzentriert sich diese Darstellung auch insgesamt. Für eine Übersicht zur textlinguistischen Forschung in anderen Ländern vgl. die Artikel 14-17 in Brinker et al. (2000/01).

[2] Nach Sowinski (1983:21) „scheint [der Terminus] von dem Romanisten Harald Weinrich zu stammen, der ihn 1967 in einem Diskussionsbeitrag zur ‚Syntax der Dialektik‘ verwendet", nach Weinrichs eigener Aussage hat er ihn „im Jahre 1966 in meiner ‚Linguistik der Lüge‘ eingeführt" (Weinrich 1964/⁴1978:341). Tatsächlich findet sich dort jedoch nur ein Unterbegriff, nämlich *Textsemantik* (Weinrich 1966:20 u. ö.). – Beachtenswert ist auch, dass Weinrich in dieser Schrift an Bloomfield, der in der Textlinguistik mit seiner Satzdefinition bald zum regelmäßig als ‚Gegner‘ zitierten Autor wird (vgl. dazu gleich weiter im Text), noch im positiven Sinne erinnert. Er habe nämlich in seinem behavioristischen Ansatz „die Sprechsituation entdeckt" und hervorgehoben, dass ein Sprechakt „nicht in einem Niemandsland [geschieht], sondern in einer Lebenssituation, wo vor, neben und nach dem Reden auch gehandelt wird. Sprechakte und Handlungsakte sind grundsätzlich vertauschbar". Deswegen, meint Weinrich, „würde Bloomfield sich weigern, den Satz ‚Wir winden dir den Jungfernkranz‘ allein für sich zu interpretieren. Er würde fragen: Was hat eigentlich diesen Satz hervorgelockt? Welches ist der (sprachliche oder nichtsprachliche) Reiz? Und wie läuft die Kette weiter?" (Weinrich 1966:52).

[3] Vgl. dazu auch Brinker (1971).

naus in Form eines originär sprachwissenschaftlichen Beitrags eine *Perspektive* der weiteren Aussichten und einer *Wertsteigerung* [!] der Linguistik andeuten" (Hartmann 1968c/1978:93f.)

Seine Einschätzung des Standes:

> „[...] die bisherige Arbeit richtete sich fast ausschließlich auf eine Erfassung sogenannter Strukturen des Sprachsystems, also eines Inventars von Elementen und Elementverbindungsregeln (systemorientierte Sprachwissenschaft), wogegen viele der neuen Fragen eine Behandlung und Analyse der Verwendung von Sprachsystemen erfordern werden (verwendungsorientierte Sprachwissenschaft)." (ebd.:96)

> *Objektadäquate Linguistik:* um sie zu konzipieren, muß man vom linguistischen Objekt reden. Bisher galt als solches das jeweilige, aus den Sprachmanifestationen zu erkennende, zu eruierende Sprachsystem: ein Ensemble von Elementen [...], die man in Sprachdarstellungen (Lexikon und Grammatik) zusammenstellte und in verschiedener Weise beschrieb, z. B. in der Form von zu befolgenden Regeln bei der Satzbildung. Derart gefundene Systeme waren stets eine Abstraktion aus der Sprachrealität, und sie mußten es sein." (ebd.:99)

> Dem gegenüber steht nun die Forderung, daß allmählich eine *Phänomenologie der Sprache*, also ihres Objektes, für die Linguistik wichtig zu werden hat. Und zwar wäre dies – abgesehen davon, daß alle Sprache in der Realität verwendete Sprache ist – der eigentliche Ausgangsgegenstand als das eigentliche, d. h. originäre sprachliche Zeichen. Dies aber ist in aller Regel ein *Text*, genauer ein *bestimmter Text* [...]" (ebd.:100)

Die Forderung nach einer textorientierten Linguistik leitet sich hier also zunächst her aus einer Kritik am systemlinguistischen Ansatz, wie er seit F. de Saussure die sprachwissenschaftliche Forschung prägte. Hartmann fordert eine „verwendungsorientierte Sprachwissenschaft", ein Ansatz, der heutzutage mit dem Ausdruck *pragmatisch* bezeichnet wird – und dessen Aufkommen im Allgemeinen später angesetzt und aus anderen Ursprüngen (nämlich v. a. der Sprechakttheorie) hergeleitet wird. Das, was gemeinhin als kennzeichnend erst für die zweite Phase der Textlinguistik gilt, findet sich also in der Programmatik von Anfang an, und ein weiteres Zitat mag zeigen, dass Hartmann dabei eben (auch) an die kommunikative Funktion von Texten und eine Überschreitung der rein innersprachlichen Perspektive dachte:

> „Es ist vielleicht durchaus möglich, Texte mit innertextlichen Mitteln zu beschreiben, daß man aber zur Definition von Texten umsteigen muß auf texttranszendente Kriterien, also etwa auf die *Funktion* von Texten". (sic; Hartmann 1968b:216)

Diese verwendungsorientierte Sichtweise führt dann – gewissermaßen im zweiten Schritt – zum Phänomen Text, und zwar zunächst im Sinne von ‚verwendete Sprache', dann aber auch im Sinne einer hierarchischen, dem Einzelzeichen und dem Satz übergeordneten Ebene:

> „Sprachzeichen können nur *textuell gebunden* vorkommen, können so auch nur als gebundene Sinn und Erfolg haben"

> „Es wird, wenn überhaupt gesprochen wird, nur in Texten gesprochen."

> „Sämtliche Sprecher, Dichter usw., als Träger, Benutzer und *participants* von Sprachen sind Produzenten natürlicher Sprache; sie sprechen nur in Texten, nicht in Worten, auch nicht in Sätzen, sondern höchstens mit Sätzen aus Worten in Texten." (Hartmann 1968b:211f.)

4

In der Tradition wirksam geworden ist dann zunächst jedoch v. a. diese letzte Sicht, der Text als die dem Satz übergeordnete Einheit.[4] Diese Ebene muss auch in der Grammatik berücksichtigt werden, denn für die Verbindung von Sätzen zum Text gibt es bestimmte Regeln. Dies wurde dann zum „Standardargument der Textlinguistik" (Dressler 1978b:3) und zugleich zum Vorwurf an die strukturalistische (und generativistische) Schule, für die der Satz die oberste Beschreibungsebene darstelle. Als Beleg für diese Auffassung wird dabei regelmäßig die Satzdefinition aus Bloomfields Werk *Language* (1933) angeführt, von der man sich besonders gut absetzen kann:[5]

> „Eine Äußerung kann aus mehr als einem Satz bestehen. Dies ist der Fall, wenn die Äußerung verschiedene sprachliche Formen enthält, die nicht durch eine bedeutungtragende, konventionalisierte grammatische Anordnung (d. h. durch irgendeine Konstruktion) zu einer größeren Form vereinigt werden, z. B.: *Wie geht es dir? Es ist ein schöner Tag. Gehst du heute Nachmittag Tennis spielen?* Welche nichtsprachliche Verbindung auch zwischen diesen drei Formen bestehen mag, es gibt keine grammatische Anordnung, die sie zu einer größeren Form vereint: [...] Es ist einsichtig, dass die Sätze in jeder beliebigen Äußerung durch die bloße Tatsache voneinander abgegrenzt sind, dass jeder einzelne Satz eine unabhängige sprachliche Form darstellt, die nicht durch irgendeine grammatische Konstruktion in eine größere sprachliche Form eingebettet ist." (Bloomfield 2001:217)

Der Argumentationsgang, in dem diese Annahme zurückgewiesen wird, kommt sehr klar in folgender Passage von Harald Weinrich zum Ausdruck, der als zweiter Initiator der Textlinguistik gilt. Er formuliert sie im Rückblick, nämlich in der überarbeiteten Fassung ([2]1971, [1]1964) seines Buches *Tempus*, bringt sie aber durchaus im revolutionären Gestus vor.

> „John Lyons' Feststellung ,the sentence is the largest unit of grammatical description' (frei nach Bloomfield) beschreibt zwar ziemlich genau die Tatsächlichkeit eines bis vor wenigen Jahren allgemein geübten Respekts vor dem Satz als der obersten linguistischen Bezugseinheit. Aber wo steht die Begründung, daß es auch so sein sollte! [sic] Ich finde keine unanfechtbaren Argumente, die dem Satz – was ist das eigentlich genau? – eine solche privilegierte Stellung in einer linguistischen Untersuchung mit Notwendigkeit zuweisen könnten. Offensichtlich ist der Satz weder die größte noch die kleinste Einheit einer sprachlichen Äußerung, sondern allenfalls eine Einheit mittlerer Länge – irgendwo zwischen dem Text und seinen Phonemen oder Merkmalen. [...] In der folgenden Untersuchung wird der Satzgrenze jeder *besondere* Respekt verweigert. Die Fragen sollen statt dessen bei Texten ansetzen, und die anzuwendende Methode kann als Textlinguistik qualifiziert werden. Die Textlinguistik ist eine Weiterentwicklung der strukturalen Sprachwissenschaft." (Weinrich [4]1978:8f.)

Stellt die Textlinguistik nun eine Gegenbewegung zum Strukturalismus dar (so würde man Hartmann interpretieren) oder eine Weiterentwicklung davon (Weinrich) – oder schließt beides einander gar nicht aus? Die Antwort muss wohl lauten, dass sich eben u. a. in dieser Frage Textlinguisten in ihrem Selbstverständnis unterscheiden. Entsprechend finden wir unterschiedliche Ansätze, die nebeneinander bestehen. Sie kommen in den folgenden Abschnitten zur Sprache, wo auch noch andere Autoren genannt werden, die (z. T. sogar

---

[4] Daraus erklärt sich die Geschichte von der kommunikativ-pragmatischen Sicht als *zweiter* Phase der Textlinguistik.

[5] Vgl. dazu auch Brinker (1971:217).

vor Hartmann und Weinrich) durch ihre Arbeiten die Textlinguistik mit begründet, sie jedoch nicht in derselben Weise als neue Disziplin propagiert haben.

Zum Abschluss dieses Abschnittes sei noch ausdrücklich darauf hingewiesen, dass Hartmann ebenso wie Weinrich durchaus Bezüge zu Vorläufern und anderen Disziplinen herstellen, zur Philosophie, Psychologie und Psycholinguistik (vgl. z. B. Hartmann 1968b: 208ff.), zur Philologie (vgl. ebd.:217), zur Stilistik, Rhetorik (vgl. Hartmann 1968c/1978: 103f.) und Literaturwissenschaft (vgl. insbesondere Weinrich ⁴1978:340ff.). Dies tritt jedoch in den ganz auf die Aufgaben der Zukunft konzentrierten, eine bestimmte Sichtweise propagierenden Beiträgen stark zurück und ist auch bei ihrer Rezeption nicht besonders berücksichtigt worden.

1.2.   Rhetorik: „Vorläufer" der Textlinguistik?

Ganz anders als beim Entwurf eines Zukunftsprogramms stellt sich die Aufgabe der Kennzeichnung der Textlinguistik natürlich dar, wenn man im Rückblick eine Übersicht zu gewinnen sucht und dabei auch dokumentieren möchte, wo ähnliche oder verwandte Fragestellungen bereits behandelt worden sind. In Darstellungen zur Geschichte der Textlinguistik wird denn auch mit großer Regelmäßigkeit die Verbindungslinie zu einer besonders alten Tradition gezogen, nämlich der in der griechischen Antike entwickelten Rhetorik. Von einem *Vorläufer* der Textlinguistik kann man allerdings bei der Rhetorik in zweierlei Hinsicht nicht sprechen. Ohne zu übersehen, dass sie sich teilweise ähnlichen Fragen widmet, stellen sich die modernen Textlinguisten, besonders in der frühen Phase, selbst nicht in diese Tradition, d. h. sie verstehen sich nicht als deren Weiterentwickler und schließen auch nicht direkt an deren Konzepte an. V. a. aber ist die Rhetorik insofern kein *Vor*-Läufer, als sie als eigenständige Disziplin neben der Textlinguistik fortbesteht.[6] Ähnliches gilt für die (aus der Rhetorik sich entwickelnde) Stilistik, wenngleich hier der Bezug etwas enger ist. Denn in der Kritik an den Grammatikern, die als oberste Beschreibungsebene den Satz ansehen, wird regelmäßig darauf hingewiesen, dass unter dieser Voraussetzung satzübergreifende Phänomene in den Gegenstandsbereich der Stilistik verwiesen wurden – was immerhin impliziert, dass sie sehr wohl gesehen und behandelt wurden, nur eben nicht als grammatische Phänomene.

Somit stellt sich die Frage nach dem Verhältnis dieser Untersuchungsrichtungen wesentlich als eine nach (sinnvollen oder auch nur historisch überkommenen) Disziplinabgrenzungen dar, über die sich unendlich diskutieren lässt. Bedenkt man nun, dass die starke Aufsplitterung der Wissenschaft in Einzeldisziplinen ein relativ junges Phänomen ist, das v. a. das 19. Jahrhundert kennzeichnet und sich im 20. Jahrhundert noch verstärkt, so ist unmittelbar einsichtig, dass sich die moderne Disziplinensystematik gar nicht (eindeutig)

---

[6]   Dies betont v. a. Kalverkämper (2000), dem die Aufgabe zufiel, diese Traditionslinie für den HSK-Band zur Textlinguistik zu behandeln.

6

auf ältere Einteilungen abbilden lässt und sich etwa für jemanden, der sich als Philologe verstand, nicht unbedingt die Frage stellen musste, ob das, was er treibt, nun z. B. zur Grammatik, Stilistik, Hermeneutik, Volkskunde oder Literaturwissenschaft gehört. Auch heutige Forscher empfinden solche Zuordnungen vielfach als schwierig und willkürlich. Die am häufigsten gezogene Konsequenz besteht für diese in der Feststellung, dass man sich Texten (wie vielen anderen Gegenständen) nur in interdisziplinärer Kooperation befriedigend nähern kann.[7] Dieser Haltung, die man als diszplin-indifferent oder prononciert inter- bzw. transdisziplinär bezeichnen kann, steht gegenüber eine andere Position, der es darum geht, einzelnen Disziplinen genuine Fragestellungen und Methoden zuzuschreiben. Für unseren Bereich handelt es sich also um die Forderung, einen spezifisch linguistischen Textbegriff zugrunde zu legen und spezifisch linguistische Arbeitsweisen zu verwenden (wobei interdisziplinäre Projekte selbstverständlich nicht ausgeschlossen werden müssen). Im Folgenden wird ein weiter Begriff von *Textlinguistik* zugrunde gelegt, der beide Typen von Ausrichtungen umschließt.

Nach diesen Vorbemerkungen soll nun genauer auf die Rhetorik als ‚Vorläufer‘ der Textlinguistik eingegangen werden. Die Rhetorik lässt sich in besonders enge Beziehung zum kommunikativ-pragmatischen Ansatz stellen, und ihr ist auch nach der ‚pragmatischen Wende‘ in der Sprachwissenschaft zunehmend wieder ein intensiveres Interesse entgegengebracht worden, ja vieles, was bei dem Versuch entwickelt wurde, Sprechen neu als kommunikatives Handeln zu verstehen, erwies sich im Rückblick als eine Wiederentdeckung von Einsichten aus der Rhetorik, die sich in der Antike als beeindruckend breit angelegte *ars bene dicendi* präsentiert, nämlich eine Theorie und Praxis umfassende Lehre wirkungsvoller Kommunikation. Dass man sich in der Linguistik erst spät auf diese Tradition zurück besonnen hat, hängt mit einem allgemeineren Überlieferungsbruch zusammen, der im 18. Jahrhundert zum Niedergang der Rhetorik führte.[8] Veranlasst ist auch dies durch eine Verschiebung von Disziplingrenzen: Die gesamte Argumentationslehre, bis dahin zentraler Bestandteil der Rhetorik, wurde im Zuge des Rationalismus als Gegenstandsbereich der Philosophie (und ihres Teilbereichs Logik) reklamiert, während die Rhetorik nur zuständig sei für das rein Sprachliche, die Formulierungsarbeit. Dass der Rhetorik auf diese Weise die Teilbereiche ‚abhanden kamen‘, die den Inhalt der Rede betreffen, erklärt auch die pejorative Konnotation, die den Ausdrücken *rhetorisch/(reine) Rhetorik* (im Sinne von ‚bloßes Wortgeklingel ohne inhaltliche Substanz‘) noch heute anhaften kann.

In einem Konflikt zur Philosophie befindet sich die Rhetorik allerdings seit ihren ersten Anfängen. Dabei ging es jedoch nicht um einen Streit um Zuständigkeitsbereiche, vielmehr gilt die Rhetorik Platon, einem ihrer schärfsten Gegner, als Schein-Wissenschaft, als Wissenschaft vom bloßen Schein. Die Philosophie (die damals noch alle Wissenschaften

---

[7] Das muss im Übrigen nicht bedeuten, dass immer mehr oder weniger große Gruppen von Forschern zusammenarbeiten müssen, da sich ein einzelner ja auch in mehreren Disziplinen zu Hause fühlen kann.

[8] Vgl. dazu Ottmers (1996:Kap. I.1. und I.2.), der neben Ueding/Steinbrink (1994) auch als Übersichtsdarstellung zur Rhetorik empfohlen sei.

umfasste) bemühe sich um die Erkenntnis der Wahrheit, die eine ist und unabhängig von der Subjektivität des Einzelnen besteht. Die Rhetorik dagegen gelangt eingestandenermaßen lediglich zur Wahrscheinlichkeit, sie versucht, durch Plausibilität zu überzeugen, ohne den Anspruch auf Wahrheit zu erheben. Dies erklärt sich einerseits aus ihrer Verankerung im praktischen Leben, genauer in den öffentlichen Debatten, die in einer Demokratie ausgetragen werden, da in ihr die Bürger mitreden und abstimmen dürfen. Die beiden wichtigsten Gattungen, die in der antiken Rhetorik unterschieden wurden, sind nämlich die politische Rede und die Rede vor Gericht; sie betreffen Gegenstände, über die entschieden werden muss, die das Handeln in der Gemeinschaft angehen:[9] Soll/muss Karthago zerstört (d. h. zunächst einmal angegriffen) werden oder nicht? Ist Sokrates ein Verführer der Jugend und soll er deswegen zum Tode verurteilt werden oder nicht? Hier geht es nicht um das wahre Sein der Dinge, sondern um (fehlbare) menschliche Urteile, um strittige Fragen. Die Rhetoriker vertreten nun eine zutiefst relativistische Position: Man kann in allen Fällen für und gegen etwas argumentieren, man kann denselben Sachverhalt in unterschiedlichem Licht darstellen; der Redner vertritt immer einen parteilichen Standpunkt.

Stärker vielleicht noch als durch diese bewusste und gewollte Parteilichkeit gerät die Rhetorik mit der Philosophie in Konflikt, weil sie – sehr realistisch und pragmatisch – den Menschen nicht nur als rationales Wesen sieht, sondern auch als emotionales. Seine Entscheidungen trifft er nicht allein aufgrund von sachlichen Argumenten (dieses Überzeugungsmittel wird als *logos* bezeichnet), sondern bestimmend dafür sind auch seine „Leidenschaften" (heute würden wir eher sagen: Gefühle), die der Redner berücksichtigen und wirksam beeinflussen muss (Überzeugungsmittel: *pathos*). Schließlich kommt als dritter Faktor für die Überzeugungskraft auch noch die Persönlichkeit des Redners hinzu, nämlich seine Glaubwürdigkeit (*ethos*) – und natürlich auch seine rhetorischen Fähigkeiten: Die besten Argumente können erfolglos bleiben, wenn sie mit den Gefühlen und subjektiven Interessen des Publikums nicht vereinbar sind, wenn dem Redner Unredlichkeit unterstellt wird oder er seine Argumente schlecht vorbringt. Treten nun die Aspekte der Rücksicht auf die Gefühle des Menschen – Platon nennt das „Schmeichelei" – oder der kunstvollen Gestaltung der Rede in den Vordergrund, scheinen diese wichtiger als die sachlichen Argumente, so ergibt sich von selbst der Vorwurf, dass der Redner lediglich zu überreden sucht und sein Publikum manipuliert – ein Problem, das, wie man leicht erkennt, nichts von seiner Aktualität verloren hat. Die antiken Rhetoriker waren angesichts dieser Kritik bemüht, „das ‚Technische' der Rhetorik ethisch zu verankern" (Ottmers 1996:12) und entwickelten das Ideal des *perfectus orator* (Cicero) bzw. *vir bonus* (Quintilian), der moralische Integrität, Sachkenntnis und rhetorische Kunstfertigkeit vereint.

Wirksam geworden ist die Rhetorik allerdings in erster Linie als praktische Redelehre, die die Aufgaben des Redners systematisiert, sehr differenziert beschreibt und die rhetorischen Fähigkeiten methodisch zu vermitteln sucht. Dazu wurde ein Modell entwickelt, das die Aufgaben als fünf sukzessive zu durchlaufende Stadien beim Aufbau einer Rede unter-

---

[9] Die dritte traditionellerweise unterschiedene Gattung ist die Lobrede, die nicht unmittelbar irgendwelche Entscheidungen vorbereitet.

8

scheidet: 1. *inventio*: „Auffinden der Gedanken und stofflichen Möglichkeiten, die sich aus einem Thema bzw. aus einer Fragestellung entwickeln lassen" (Ueding/Steinbrink 1994: 209), 2. *dispositio*: Anordnung des Stoffes. Diesen beiden Stadien ist der komplexe Bereich der Argumentationslehre zugeordnet. 3. *elocutio*: Ausdruck der Gedanken; für diese Aufgabe wird die umfangreiche Stillehre entwickelt, von der besonders das System der Figurenlehre wirkmächtig geworden ist. Die Überbetonung dieser Aufgabe in der Geschichte der Rhetorik führt dann zu der Auffassung, es ginge ihr nur um das Ausschmücken (*ornatus*), das schmuckvolle ‚Einkleiden‘ der Gedanken. Tatsächlich unterliegt in der rhetorischen Theorie jedoch die sprachliche Ausgestaltung dem Grundprinzip der Angemessenheit (*aptum*): Die sprachliche Form muss auf den jeweiligen Gegenstand, das Publikum und die Kommunikationssituation abgestimmt werden; guter, angemessener Stil wird also als relative Größe angesehen (auch dies musste man später erst wiederentdecken). Die letzten beiden Stadien betreffen die Vorbereitung des aktuellen Vortrags: 4. *memoria*: Einprägen/Auswendiglernen und 5. *pronuntiatio* oder *actio*, d. h. Einüben eines ausdrucksvollen Vortrags, wofür die stimmlichen Eigenschaften, aber auch Mimik, Gestik, Körperhaltung usw. wichtig sind.

Zusammenfassend betrachtet werden in der antiken Redelehre also alle wesentlichen Faktoren für kommunikativ erfolgreiches Handeln angesprochen: der Sachbezug, Sprecher und Hörer (Redner-Publikum), aber auch die Kommunikationssituation und die Einbettung in einen umfassenderen Prozess (jeder Redner berücksichtigt bereits die Gegen-Redner; wir werden diesem Faktor später unter dem Begriff *Intertextualität* wieder begegnen), der Gesamtaufbau des Textes (Makrostruktur), die sprachliche Ausgestaltung (Mikrostruktur) und schließlich auch noch die konkrete Aktualisierung eines im Geist entworfenen Textes (ein Faktor, der übrigens in der modernen Pragmatik tendenziell eher vernachlässigt wird). Angesichts dieser Breite verwundert es vielleicht weniger, dass für einzelne dieser Komponenten im Laufe der Zeit Spezialdisziplinen entwickelt wurden, für die sprachliche Gestaltung etwa die Stilistik, für die Vortragskunst die Sprecherziehung usw. Ebenso wenig muss es allerdings verwundern, dass der Rhetorik nach ihrer Rehabilitation im 20. Jahrhundert (nach der Rückbesinnung auf das ihr eigene umfassende Konzept also) auch Gegenstände erschlossen werden (sollen), denen sie sich ursprünglich nicht oder jedenfalls nicht vorrangig widmete. Dabei ist insbesondere daran zu denken, dass sie ursprünglich als *Rede*-Kunst konzipiert ist, ihre Prinzipien aber natürlich auch auf schriftliche Texte anwendbar sind.[10] Ferner ist sie ursprünglich eine Anleitung zur *Produktion* von Texten, setzt damit allerdings in gewissem Ausmaß ohnehin auch die Fähigkeit zur Text-Analyse voraus und ist auf jeden Fall dafür verwendbar. Ihr Instrumentarium ist auch früh übertragen worden auf den Bereich, der in der klassischen Tradition der Rhetorik eigentlich entgegengestellt war, nämlich auf die Poetik. Längst gibt es auch eine literarische Rhetorik (die sich natürlich v. a. der Figurenlehre widmet).[11] Aber auch in Bezug auf Gebrauchstexte ist das System der ursprünglich nur drei Gattungen – mit dem Schwerpunkt auf der persuasiven oder Parteien-

---

[10] Das stellt bereits Quintilian fest. Vgl. dazu Scherner (1996:110). Eine moderne *Rhetorik des Schreibens* hat Ueding (1991) vorgelegt.

[11] Vgl. v. a. Lausberg (1973) und (1990).

Rede – natürlich hoffnungslos überholt und die moderne Rhetorik erweitert ihren Gegenstandsbereich auf Texte jedweder Art.

1.3. Text als Sprachverwendung oder Sprache als Text?

Nachdem im Vorangegangenen die antike Rhetorik als eine Lehre vorgestellt wurde, die in nuce bereits alles umfasst, was in moderner (pragmatisch orientierter) Textlinguistik zu finden ist, soll nun ein Gegen-Redner zu Wort kommen. Maximilian Scherner kommentiert die gängige Ableitung der Textlinguistik aus Rhetorik und Stilistik folgendermaßen:

> „Gegen eine solche, die Kontinuität des wissenschaftlichen Denkens über Jahrhunderte betonende Betrachtungsweise erheben sich jedoch gewichtige Bedenken, die sich schon aus einer oberflächlichen Zurkenntnisnahme der jeweiligen historisch bedingten Intention antiker Rhetoriken wie mittelalterlicher Poetiken ableiten lassen. Sowohl in der Antike als auch im Mittelalter geht es um die rhetorisch-poetische Wirkung einer Rede/eines Textes auf die Rezipienten, so daß in der entsprechenden Lehre nur solche Spracherscheinungen behandelt werden, die vordringlich diesem Ziel dienen. [...] Daraus erhellt, daß in diesen Lehrgebäuden eben nicht die elementaren Regeln zur Vertextung sprachlicher Elemente behandelt werden, sondern die auf ihrer Voraussetzung beruhenden, zusätzlichen und weiterführenden Regeln zur besonderen Ausgestaltung der Sprachgebung einer Rede/eines Textes. [...] Der Unterschied zur heutigen textorientierten Forschung wird auch hinsichtlich der Einbeziehung von zwei weiteren Aspekten deutlich. In der antiken und mittelalterlichen Rhetorik und Poetik findet sich weder der Versuch, die elementaren Bedingungen sprachlicher Kommunikation – soweit sie an der sprachlich-morphologischen Phänomenologie ablesbar sind – zu systematisieren, noch die Bemühung, eine Rede/einen Text als Ganzheit etwa mittels einer expliziten Definition zu erfassen [...]“ (Scherner 1984:29f.)

Hervorgehoben wird hier, was sich sozusagen als Kehrseite der eminent auf die Praxis ausgerichteten Rhetorik ergibt. Die theoretische Frage, was denn eigentlich ein Text ist, stellt sich ihr nicht. Das Wissen darum kann bei kompetenten Sprechern ebenso vorausgesetzt werden wie die Kenntnis der grammatischen Verbindungsregeln für Sätze. Erklärt wird dementsprechend nicht, wie man überhaupt einen Text erstellt (und interpretiert), sondern was einen Text zu einem guten, überzeugenden macht. Noch weniger behandelt diese anwendungsorientierte Lehre die ‚philosophische‘ Frage, was denn Sprache ist, und die sprachwissenschaftlich wesentliche danach, in welchem Verhältnis Sprache und Text zueinander stehen bzw. zu sehen sind. An eben dieser Frage scheiden sich jedoch die linguistischen Geister. Auf den Punkt gebracht stehen sich im Wesentlichen die beiden folgenden Positionen gegenüber:

1. (Eine natürliche) Sprache ist ein System, bestehend aus elementaren Einheiten und Regeln zu ihrer Verknüpfung. Die Verwendung dieses Systems führt zu Texten.
2. Sprache ist das hörbare (oder zu Gehör bringbare[12]) Produkt einer kommunikativen Interaktion, d. h. Sprache ist Sprachgebrauch, Sprache ist Rede, Sprache kommt nur in

---

[12] Diese etwas merkwürdige Formulierung dient dazu, auch Geschriebenes (das man ja vorlesen kann) einzubeziehen, ohne gleich die gesamte nonverbale Kommunikation (Gestik, Mimik, Bilder

Texten vor. Aus den Texten als der eigentlichen Sprachrealität lassen sich sekundär Sprachsysteme abstrahieren.

Damit sind wir also wieder bei der programmatischen Formulierung, Hartmanns angekommen, die freilich zugunsten der ersten Position sofort in den Hintergrund geriet. Scherner knüpft an Hartmanns Überlegungen an und bezieht sich auf diese Position schon im Titel seines Werkes mit dem Ausdruck *Sprache als Text*.

> „Sprache als Text in den Blick zu nehmen, bedeutet hiernach, die Sprache in ihrer phänomenologischen Vorkommensform zum Ausgangspunkt der Untersuchung zu machen. [...] ‚Mit Text kann man alles bezeichnen, was an Sprache so vorkommt, daß es Sprache in kommunikativer oder wie immer sozialer, d. h. partnerbezogener Form ist.' [Hartmann 1964/1972:5] Nimmt man diese Aussage mit der Forderung zusammen, eine Linguistik des Textes als ‚neue Disziplin' innerhalb der Sprachwissenschaft zu begründen, dann wird deutlich, daß ‚Text' als Sprachvorkommen hier nicht nur im Sinne von *parole*-Phänomenen den Ausgangspunkt für Forschungen darstellen, sondern daß sie auch deren Zielpunkt markieren, d. h. daß die Erforschung der Sprachverwendung, oder präziser: der vollen sozial-kommunikativen Realität der Sprache, als Forschungsgebiet sui generis neben die überkommene Erforschung der Sprache als virtuelles System (sog. Systemlinguistik) gestellt [...] wird." (Scherner 1984:3f.)

Im zweiten Kapitel seines Buches bemüht sich Scherner dann um eine forschungsgeschichtliche Begründung dieses Ansatzes und geht dabei auf ‚Vorläufer' der Textlinguistik ein, die in anderen Darstellungen meist vernachlässigt werden, obwohl im pragmatisch-kommunikativen und kognitivistischen Ansatz diese Perspektive von Sprache als Text wiederentdeckt wurde. Die Rekonstruktion dieser Geschichte versteht Scherner als forschungs-logisch motivierte, d. h. er stellt „aufeinander beziehbare Konzepte" (ebd.:32) aus Sprachwissenschaft, Philosophie, Psychologie und Literaturtheorie vor, die nicht (alle) auch in einem Traditionszusammenhang stehen. Seine Ausführungen zu Hermann Paul, Philipp Wegener, Hermann Ammann, Karl Bühler, Oskar Walzel, Roman Ingarden und Wolfgang Kayser können hier nicht referiert werden, seien aber zur Lektüre empfohlen. In den nächsten Abschnitten, in denen es um weitere Vorläufer bzw. Nachbardisziplinen geht, wird der forschungs-logische Ansatz Scherners weiter verfolgt. Dem sei zunächst eine allgemeine Charakterisierung von *Textlinguistik* vorangestellt:

> „Zur Textlinguistik rechnet man gewöhnlich jede sprachwissenschaftliche Forschung, die vom Text (in schriftlicher und mündlicher Form oder Konzipierung) als Grundeinheit menschlicher Sprache ausgeht, oder die zumindest die Satzgrammatik so weit überschreitet, daß sie Satzsequenzen oder noch größere Textstücke als Einheiten sui generis behandelt." (Dressler 1978b:2)

Diese Bestimmung stellt Wolfgang Dressler der Erläuterung der Beiträge voran, die in dem schon 1972 konzipierten Band die „Hauptströmungen textlinguistischer Forschungen" (Dressler 1978b:1) dokumentieren sollen. Ungeachtet dieser sehr weiten Definition erfolgt die Auswahl ganz aus der Perspektive der neu etablierten Disziplin. Abgesehen von dem Auszug aus einer ‚vergessenen amerikanischen Dissertation' von 1912 (I. Nye) und dem

---

usw.) zu umfassen. Das Problem, dass es auch hörbare Kommunikationsakte gibt, die mit nichtsprachlichen Mitteln arbeiten (Räuspern, in die Hände klatschen usw.), wird damit freilich ebenso wenig berücksichtigt wie die Gebärdensprache Gehörloser.

berühmten Artikel des Strukturalisten Zellig Harris (1952), der meist als der erste tatsächliche Vorläufer der Textlinguistik angesehen wird, stammen die Aufsätze aus den Jahren 1965–1972. Trotz des kurzen Zeitraums, den die modernen Beiträge abdecken, sind sie alles andere als auch nur relativ einheitlichen Voraussetzungen verpflichtet und zeigen die „Mannigfaltigkeit, die für die Situation in der Textlinguistik [auch heute noch] typisch ist" (Dressler 1978b:2, Anm. 4). Die einleitend referierte Unterscheidung von drei Phasen der modernen Textlinguistik darf man daher allenfalls als grobe Charakterisierung von Schwerpunktverlagerungen verstehen. Da im historischen Verlauf tatsächlich eher durchgängig verschiedene Ansätze nebeneinander bestehen, wird der folgenden Übersicht keine chronologische Struktur zugrunde gelegt, sondern eine systematische entsprechend unterschiedlichen Blickwinkeln, unter denen man Texte betrachten kann, und es wird eine weite historische Perspektive eingenommen.

1.4.   Der Text als Sinnträger

Für den normalen Sprachteilhaber ist die natürlichste Sicht die, die den Text als individuellen Sinnträger behandelt, an dem sein Inhalt interessiert, seine sprachliche Verfasstheit aber eigentlich nicht. Man schaut gewissermaßen durch die sprachliche Gestalt hindurch auf den Sinn, sie selbst ist nur ‚Mittel zum Zweck'. Anlass, sich ihr dennoch bewusst zuzuwenden, ergibt sich aber spätestens dann, wenn es nicht möglich ist, durch die sprachliche Gestalt hindurch zu blicken, weil es weiße Flecken oder dunkle Punkte gibt, wenn nämlich der materielle Textträger nicht vollständig vorhanden, verdorben oder undeutlich geschrieben ist oder wenn man eine Stelle zwar sehr wohl lesen kann, sie aber nicht versteht, z. B. weil in ihr ein veralteter oder mehrdeutiger Ausdruck vorkommt oder weil man die benutzte Sprache überhaupt nur schlecht beherrscht. Als älteste Textwissenschaft hat sich um die Tradierung, Erläuterung und Auslegung überlieferter Texte die schon im antiken Alexandria blühende Philologie entwickelt. Entsprechend dem eben Gesagten umfasst sie mehrere Teilbereiche. Einerseits das, was wir heute als Interpretation oder Hermeneutik, im theologischen Bereich als Exegese bezeichnen, aber auch Literaturgeschichte, Gattungslehre sowie Wissenschaften wie die Handschriftenkunde (Paläographie), die Textkritik bzw. Editionsphilologie, die sich um die (Wieder-)Herstellung der ursprünglichen Textgestalt bemüht, und nicht zuletzt die Sprachwissenschaft mit ihren Teilgebieten Grammatik, Lexikografie, Sprachgeschichte usw.

Die auf die sprachliche Seite bezogenen Teilgebiete, die sich mit der Zeit zu eigenständigen Disziplinen entwickeln, gehen dabei notwendigerweise von Texten aus – Sprache kommt eben tatsächlich anders als in Texten gar nicht vor. Dies gilt allerdings nur für frühe Phasen der Sprachbeschreibung: Sind einmal die ersten Grammatiken und Wörterbücher geschaffen, so kann man auf diesen aufbauen und sich den Rückgriff auf das Ausgangsmaterial sparen oder aber auf seine eigene Sprachkompetenz zurückgreifen bzw. Urteile kompetenter Sprecher einholen (die man dazu im Allgemeinen keine vollständigen und natürli-

12

chen Texte produzieren lässt). Tatsächlich haben so, also ohne Rückgriff auf Texte, auch Generationen von Sprachwissenschaftlern gearbeitet (und werden es auch noch weiter tun). Wichtiger ist jedoch noch, dass man, selbst wenn man Texte als Ausgangsmaterial zugrunde legt, um daraus Grammatik und Lexikon zu abstrahieren, die Texte nicht als geschlossene Ganzheiten, also eigentlich gar nicht als Texte behandelt, sondern lediglich als Reservoir von Beispielfällen – der Text als Sprachmaterial. Dies kommt besonders gut zum Ausdruck im Analyseverfahren des (amerikanischen) Strukturalismus: Was da als Ausgangsmaterial für die gewollt voraussetzungslose Beschreibung zugrunde gelegt wird, nennt man nicht *Texte*, sondern ein *Korpus* und der (individuelle) Sinn der einzelnen Bestandteile dieser Datengrundlage interessiert dabei nicht, ja, man versuchte insgesamt, die Analyse möglichst überhaupt ohne Rückgriff auf die Bedeutung vorzunehmen. Dies ist die Art von Sprachwissenschaft, von der sich die Textlinguistik so scharf absetzen möchte.

Gehen wir noch einmal auf den Ursprung aller Sprachwissenschaft, die Philologie zurück, so entwickeln sich aber aus ihr in (mindestens) zweierlei Strängen auch auf Sprachliches bezogene Fragestellungen, die den Text als Ganzheit in den Blick nehmen.

1.5.   Der Text als strukturierte Ganzheit

Der erste betrifft literarische Texte, für die die Annahme zu korrigieren ist, dass die Sprache lediglich äußerliches Mittel zum Zweck ist, nämlich dem Zweck, Sinn auszudrücken. Vielmehr lassen sich sprachliche Form und Inhalt im Sprachkunstwerk nicht voneinander trennen (weswegen es auch als so schwierig oder eigentlich unmöglich gilt, literarische Texte zu übersetzen). Dies lässt sich schon an den ältesten Techniken literarischer Rede erkennen, denn Reim-, Versschemata oder Strophenformen stellen rein sprachliche Strukturen dar, die als solche nichts mit dem Inhalt der verwendeten Ausdrücke zu tun haben. Dennoch sind Strukturanalysen literarischer Werke erst im frühen 20. Jahrhundert entstanden. Dies erklärt sich daraus, dass in der Antike, im Mittelalter und auch noch in der Neuzeit bis ins 18. Jahrhundert vorgegebene Strukturschemata (wie eben z. B. Strophenformen) verwendet und als normative Muster ebenso wie die rhetorischen Figuren in Regel-Poetiken tradiert wurden. Nach diesen Vorformen der Literaturwissenschaft galten die Untersuchungen im 19. Jahrhundert neben editorischen Fragen und Projekten sowie der Literaturgeschichtsschreibung im sog. Positivismus äußeren Faktoren wie insbesondere der (am naturwissenschaftlichen Vorbild orientierten) ‚Erklärung‘ der Werke aus der Biografie, gesellschaftlich-historischen Verhältnissen, Vorbildern usw. Dem folgte die sog. geistesgeschichtliche Methode, die das literarische Werk als Dokument einer gesamtkulturellen Entwicklung aus dem Geist der Zeit zu verstehen sucht und es in Beziehung zu Entwicklungen in Philosophie, Wissenschaft, Religion und anderen Künsten setzt. Gegen diese Strömungen entstehen dann verschiedene Ansätze, die den Text selbst, sein ‚Gemacht-Sein‘ als Gegenstand der literaturwissenschaftlichen Analyse bestimmen. Da nun Texte aus Sprache gemacht sind, ergibt sich notwendigerweise eine enge Verbindung zur Linguistik, und tatsächlich lassen sich wichtige Vertreter auch gar nicht eindeutig der einen oder anderen Disziplin zuordnen. Dies gilt etwa für Leo Spitzer, der „sein Werk [1917/18] mit sprachwissenschaftlichen Stilstudien begonnen und mit Interpretationen abgeschlossen [hat], die durch diese Stilstudien geprägt sind" (Rusterholz 1996:368), und insbesondere für den Moskauer und Prager Linguistenkreis (1914/15–1924 bzw. ab 1926), die die Analyse poetischer Sprache als zentralen Gegenstand der Linguistik begreifen. Dazu ein Zitat von Roman Jakobson, der zu beiden Zirkeln gehörte:

> „Die hartnäckige Trennung von Linguistik und Poetik kann nur auf Kosten einer krassen Einschränkung des Untersuchungsgebietes der Linguistik erfolgen, etwa wenn einige Linguisten den Satz als die größte zu analysierende Konstruktion proklamieren oder wenn die Linguistik auf Grammatik allein oder nur auf nichtsemantische Fragen der äußeren Form oder auf einem Inventar denotativer Verfahren, ohne Bezugnahme auf freie Varianten, eingeschränkt wird." (Jakobson 1960/1979:87).

Festzuhalten ist für unseren Überblick, dass zu den frühesten textlinguistischen Arbeiten solche gehören, die literarischer Sprache gewidmet sind und dass auch die 60er Jahre des 20. Jahrhunderts gerade in diesem Bereich besonders fruchtbar waren.[13] Inwieweit die Analyse literarischer Texte allerdings zum Bereich der Text-*Linguistik* gehört, ist immer umstritten gewesen und wird es wohl auch bleiben. Neben den Verengungen des Gegenstandsbereichs der Linguistik, die Jakobson zitiert, wird als Gegenargument nämlich immer wieder die (wenn auch erweiterte) systemlinguistische Position angeführt. Danach geht es in der Linguistik nicht um die Beschreibung individuellen Sprachgebrauchs, sondern immer nur um die Ermittlung von ‚dahinter stehenden‘ Regeln oder Regularitäten, im Bereich der Texte also auch nur um das Allgemeine, Wiederkehrende, wovon Einzeltexte nur Beispiele darstellen.

1.6. Der Text als Produkt mentaler Prozesse

Beim zweiten Strang, aus dem sich aus der Philologie heraus auf den Text als Ganzheit bezogene Fragestellungen entwickeln, handelt es sich um die Hermeneutik, die in oder zwischen den Disziplinen Philosophie, Theologie, Jurisprudenz und Literaturwissenschaft angesiedelt ist. Was die moderne Textlinguistik betrifft, so kann man die Hermeneutik in besonders enge Beziehung zum kognitivistischen Ansatz stellen. Allerdings „ignoriert die Kognitionsforschung, einschließlich der kognitiven Linguistik, weitgehend die hermeneutische Tradition, indem sie sich eher als szientische Wissenschaft versteht" (Biere 1991:1). Es wird also zu klären sein, inwiefern man hier tatsächlich eine Traditionslinie ziehen bzw. eine forschungslogische Verwandtschaft konstatieren kann.

Zunächst seien die Gemeinsamkeiten von Hermeneutik und kognitiver (Text-)Linguistik erläutert: In den ersten Phasen der Textlinguistik betrachtete man den Text als vorliegendes

---

[13] Eine sehr nützliche Zusammenstellung entsprechender Arbeiten enthalten die Bände von Ihwe (1971) – eine Auswahl davon in Ihwe (1972).

Produkt, dessen Struktur zu beschreiben war.[14] Mit der ‚kognitiven Wende‘[15] tritt nun an Stelle dieser produkt-orientierten Sicht eine prozess-orientierte, die den Text als Ergebnis (in Bezug auf den Produzenten) und Ausgangspunkt (in Bezug auf den Rezipienten) mentaler Prozesse versteht. Dabei steht die Rezipientenperspektive bis heute im Vordergrund, die Frage also, wie vorliegende Texte verstanden werden. Dasselbe gilt für die Hermeneutik, die „Kunst des Verstehens“, wenngleich auch sie davon ausgeht, dass – in den Worten Schleiermachers (1768–1834), eines der in der Geschichte der Hermeneutik besonders viel beachteten Autoren – „jeder Akt des Verstehens die Umkehrung eines Aktes des Redens ist“ (Schleiermacher 1819/1996:946) und „Kunst zu reden und zu verstehen einander [wie zwei Seiten einer Medaille] gegenüberstehen“ (ebd.). Mit dieser Hinwendung zur prozessualen Komponente wird zusätzlich zum Text als materiellem Produkt (man nennt dies heute oft *Oberflächentext*) die Größe ‚Text im Kopf‘ konzipiert, die in der Kognitivistik etwa als *mentale Textbasis*, in der Hermeneutik als *Tatsache im Denkenden* oder *Tatsache des Geistes* (Schleiermacher 1819/1996:946f.) bezeichnet wird.

Eine weitere – und wahrscheinlich gegenüber anderen Ansätzen die entscheidendste – Gemeinsamkeit besteht in dem Gewicht, das dem Kontext im weitesten Sinne und dem Vorwissen zugeschrieben wird, Komponenten also, die außerhalb der Sprache liegen. Diese wurden in der strukturalistischen Linguistik (und auch in der frühen Textlinguistik) weitgehend ausgeblendet, und zwar weil man „zu sehr bemüht“ war, „die Autonomie der Linguistik zu begründen“ (Dressler 1978b:3), sie also gegen Psychologie (und Philosophie) gerade ausdrücklich abzugrenzen. Mit der ‚kognitiven Wende‘ wird dieses Autonomiestreben programmatisch außer Kraft gesetzt – und die Linguistik bisweilen gänzlich der kognitiven Psychologie als Subdisziplin untergeordnet. Damit ist der Weg offen, sich auch wieder auf die hermeneutische Tradition zu besinnen.

Zur Erläuterung dieses Punktes setzt man am besten beim bekannten Konzept des *hermeneutischen Zirkels* an, der die Wechselbeziehung zwischen dem Einzelnen und dem Ganzen – ein zentraler Gedanke der hermeneutischen Theorie – betrifft. Dieser lässt sich auf verschiedene Ebenen anwenden. Zunächst gibt es eine Wechselbeziehung zwischen dem Gesamttext und den kleineren Bestandteilen, aus denen er sich zusammensetzt. Man kann den Text als Ganzen nur verstehen, wenn man die einzelnen Bestandteile versteht. Andererseits aber kann „das Einzelne nur aus dem Ganzen verstanden werden“ (Schleiermacher 1819/1996:960). Wie Ausdrücke innerhalb eines individuellen Textes genau zu verstehen sind, erklärt sich, wie man heute geläufigerweise sagt, nur aus dem Kontext. Aber auch der Text als Ganzer steht nicht für sich allein, sondern fügt sich in die Gesamtheit der anderen Texte des Individuums ein. So greift man bei literarischen Texten üblicherweise auf andere Stellen aus dem Werk des Autors zurück, die den zu interpretierenden Einzeltext erhellen können. Zu dem Horizont, vor dem ein Einzeltext zu verstehen ist, gehören aber

---

[14] Das gilt auch für die Analysen literarischer Texte, denn die werkzentrierten Ansätze waren gerade als Gegenbewegung zu literaturwissenschaftlichen Strömungen konzipiert, die bei der Interpretation v. a. auf dem Text Äußerliches oder darüber Hinausgehendes (wie etwa die Person des Autors) zurückgriffen.

[15] Vgl. zu ihrer Bedeutung in der Textlinguistik den Überblicksartikel von Figge (2000).

weiter auch die Texte, die der Autor rezipiert hat, auf die er sich etwa bezieht. Letztlich muss „jede Rede [...] auf die Gesamtheit der Sprache und auf das gesamte Denken ihres Urhebers" (ebd.:946) bezogen werden, in die Gesamtheit seiner (sprachlichen und außersprachlichen) Erfahrungen eingebettet werden. In kognitivistischer Redeweise spricht man davon, dass durch den Text aus dem Gedächtnis Wissenskomponenten und -strukturen aktiviert werden und Textverstehen einem „Abgleich (‚Assimilation') zwischen Textwissen und allgemeinem Wissen" (Figge 2000:99) gleichkommt. So erklärt sich die enge Verbindung sowohl der Hermeneutik als auch der kognitivistischen Textlinguistik zur Psychologie.

Damit kommen wir zu den Unterschieden zwischen den beiden Konzepten. Dazu ist ein kurzer Rückblick in die Geschichte der Hermeneutik nützlich. Sie entsteht aus der Beschäftigung mit ‚großen' Texten wie den homerischen Epen und der Bibel als heiligem Text und sucht Verstehensschwierigkeiten aus dem Weg zu räumen und zum Sinn vorzustoßen. Dabei geht es nicht nur um die eher technische Erläuterung undurchsichtiger Einzelstellen, also etwa um Wort- oder Sacherklärungen (sog. Stellenhermeneutik), sondern auch darum, durchaus Verständliches, aber etwa (moralisch oder intellektuell) Anstößiges oder sonst irgendwie Unliebsames ‚weg zu interpretieren'[16] oder aber zusätzlich zu einem wörtlichen Verständnis dem Text einen tieferen Sinn abzugewinnen. Besonders charakteristisch ist dafür etwa die christliche Bibelexegese, bei der das Neue Testament als Interpretationsschlüssel für das Alte Testament fungiert. Dabei wurde auch die für das Mittelalter außerordentlich bedeutsame Lehre vom *mehrfachen Schriftsinn* entwickelt, für die – ebenso wie im jüdischen Talmud – die Tradition, die überlieferten Deutungen eine hervorragende Rolle spielen. In der weiteren Entwicklung wird dann die *hermeneutica sacra* zu einer *hermeneutica generalis* ausgebaut, die alle Schriften, überhaupt alle Arten von Geistesprodukten als zu verstehende Größen einbezieht. Dabei kann man natürlich nicht mehr von der absoluten Verbindlichkeit eines Sinns ausgehen, wie sie dem Wort Gottes zugeschrieben wird. Zu rekonstruieren ist stattdessen nur noch ein menschlich subjektiver, individuell perspektivierter Sinn, das, was der Autor wahrscheinlich ‚wirklich gemeint' hat. Dies ist dem Interpreten aber nie ganz zugänglich, weil die Gesamtheit seiner Erfahrungen nie vollständig mit der des Autors zusammenfallen kann. So findet eine weitere Verschiebung statt, vom Bemühen um richtige Auslegung (Re-Produktion) eines (vom Autor gesetzten) Sinns zum Verstehen als aktiver Produktion eines Sinns durch und für den Rezipienten. Eine solche Sinn-Suche beschränkt sich aber gar nicht auf Texte oder sonstige Geistesprodukte, sondern auf alles, was dem Menschen begegnet, der die Welt und sich in ihr verstehen muss: „Verstehen und Interpretieren sind menschliche Grundvollzüge" (Jung 2001:49), Verstehen „die Eigenart des humanspezifischen Weltbezugs" (ebd.:140).

Zusammenfassend seien für die Text-Hermeneutik drei Momente hervorgehoben: 1. Es geht ihr um *individuellen* Sinn (den, den der Autor mit einem Text verbunden hat, und/oder den, den der Text für den Rezipienten hat). 2. Im Brennpunkt steht der *tiefere* Sinn, wofür

---

[16] Vgl. als Einführung in die Hermeneutik allgemein Jung (2001) und an dieser Stelle insbesondere ebd.:31f.

die (in den meisten Fällen wenig problematische) Rekonstruktion der wörtlichen Bedeutung eines Textes nur eine ‚triviale' Vorstufe darstellt. 3. Das Produzieren und das Verstehen von Texten sind nicht isoliert als kognitive Prozesse, Phänomene des Denkens, zu sehen, sondern stehen in Wechselbeziehung zum Fühlen, Wollen, Handeln der Personen. Diese (bislang noch nicht angesprochene) ‚pragmatische Wende' in der Hermeneutik kennzeichnet besonders die Auffassungen von Dilthey (1833–1911) und Heidegger (1889–1976).

Vor diesem Hintergrund lässt sich nun die ganz unterschiedliche Schwerpunktsetzung der Kognitivistik deutlich herausstellen: 1. Ihr geht es nicht um die Kunst des Verstehens von Einzeltexten und Individuen (schon gar nicht um individuellen Lebenssinn), sondern um eine präzise und formalisierte Modellierung von Gedächtnis- und Wissensstrukturen sowie Textverarbeitungsprozessen als *allgemeinen* Grundlagen des menschlichen Denkapparats. 2. Die präzise Explizierung der kognitiven Textbasen betrifft die elementaren, ‚trivialen' mentalen Konzepte und Relationen, die dem Oberflächentext zugrunde liegen. An nicht wörtlichen Bedeutungen können allenfalls Phänomene wie (usuelle) Metaphern, Ironie und dergleichen erfasst werden. Wie dagegen weitergehende Interpretationen und Sinnzuschreibugen (die eben auch immer subjektiv sind) vollständig formal expliziert werden können, ist – zumindest derzeit – kaum vorstellbar und liegt auch gar nicht im Interessenfokus der Kognitivistik. 3. Am weitesten entfernt sind die kognitivistischen Ansätze von einer intergrierten Betrachtung von Denken, Handeln, Fühlen und Wollen, zumal die Unabhängigkeit eines kognitiven Moduls wenigstens in den dominierenden Strömungen des Kognitivismus explizites Postulat ist.[17]

Innerhalb der Textlinguistik ist allerdings – wegen der fortdauernd starken pragmatischen Sichtweise – zu erwarten, dass gerade dies als entscheidendes Manko der ‚kognitivistischen Phase' (wieder-)entdeckt und in einer weiteren Neuorientierung zurückgenommen werden wird. Überhaupt ist bereits jetzt zu beobachten, dass innerhalb der Textlinguistik zwar allenthalben auf Redeweisen und Erkenntnisse der Kognitivistik zurückgegriffen und diese als wesentlichster Fortschritt der letzten Jahrzehnte apostrophiert werden, dass jedoch diese Rückgriffe auf einem relativ niedrigen Spezialisierungsniveau verbleiben. Angesichts des enormen technischen und intellektuellen Aufwands, den die Lektüre der Spezialstudien und die Anwendung entsprechender Modelle – bei gleichzeitig geringem Nutzen für Interpretationen anspruchsvollerer Texte – erfordern, ist dies auch nicht weiter erstaunlich und wird sich wohl auch in der Zukunft kaum ändern. Insofern dürften für die Textlinguistik in philologischer Tradition aus dem Kognitivismus gerade die Elemente auch in der Zukunft besonders fruchtbar sein, die inhaltlich mit den hermeneutischen Positionen übereinstimmen, diese freilich differenzierter und präziser fassen und sie auch durch Experimente abstützen können. Daher ist aus textlinguistischer Sicht eine Rückbesinnung auf die hermeneutische Tradition dringend geboten, während man leichter Verständnis dafür aufbringen wird, dass „die Kognitionsforschung" selbst diese Tradition weitgehend „ignoriert" (Biere 1991:1).

---

[17] Vgl. dazu mit weiterführender Diskussion und Literaturhinweisen auch zu hermeneutisch inspirierter Kognitionswissenschaft Jung (2001:155ff.)

1.7. Der Text als Folge von Sätzen

Nach dem Blick auf die nächst verwandten Disziplinen kommen wir nun zur Sprachwissenschaft im engeren Sinne. Die engste Auslegung von Linguistik schreibt ihr als zentralen Gegenstandsbereich die Grammatik zu. Damit sind die Traditionslinien insbesondere zur ersten Phase der modernen Textlinguistik, der Textgrammatik oder Transphrastik zu ziehen, für die sich der Text als eine Folge von Sätzen darstellt. Genau diese Sichtweise wird nun mit (negativem) Bezug auf den Kronzeugen Bloomfield gegenüber der früheren als besonders neu dargestellt. Bloomfield ist freilich selbst bereits ein sehr moderner Linguist, nämlich ein wichtiger Vertreter des amerikanischen Strukturalismus, so dass sich aus einer weiteren historischen Perspektive ein Blick auf die vorstrukturalistische Grammatik aufdrängt.

Die Grammatik als spezielle Disziplin entwickelt sich, wie bereits gesagt, nicht nur sehr früh, sondern die (für das Griechische und Lateinische entwickelten) Systeme der antiken Autoren haben das ganze Mittelalter und bis in die Neuzeit als Vorbilder auch für die Beschreibung moderner Volkssprachen gewirkt. Grammatik in diesem traditionellen Sinne umfasst nun in der Regel nur zwei Hauptteile, nämlich Laut- und Formenlehre (Flexion). Der Syntax, die man heute als im Zentrum der Grammatik stehend betrachtet, wird entweder überhaupt kein oder nur ein sehr kurzes Kapitel gewidmet.[18] Ein Hauptgewicht wird ihr erst seit der Wende vom 18. zum 19. Jahrhundert zugewiesen, und dort ist der Satz die größte Einheit, die in eigenen Kapiteln oder Teilen behandelt wird.

Dies ist also der Hintergrund für die so oft beklagte Abstinenz der älteren Forschung gegenüber textrelevanten Phänomenen. Allerdings wird mit der Behauptung, die frühere Grammatikografie sei gegenüber dem Text blind gewesen und habe satzübergreifende Phänomene ‚in die Stilistik verbannt' ein Topos tradiert, der den vorstrukturalistischen Autoren keineswegs gerecht wird. Wenn wir zunächst zu verstehen suchen, warum es keine Kapitel zum Text gibt, so kann man ein Argument anführen, das schon im Zusammenhang mit der Rhetorik genannt wurde: Als praktisch orientierte erläutert sie nichts, was sich für kompetente Sprecher von selbst versteht. Dazu gehört für die Rhetorik die gesamte Grammatik; deren Kenntnis wird vorausgesetzt. Auch Grammatikschreibung ist aber zunächst eine praktische Angelegenheit. Sie entsteht als Lehrmaterial für den Erwerb fremder Sprachen, speziell des Lateinischen. Die Aufgabe von Grammatiken für Volks- und damit auch Muttersprachen besteht zunächst in der normativen Festlegung von einheitlichen Regeln für die gesamte Sprachgemeinschaft und konzentriert sich dementsprechend auf Phänomene, die (etwa in verschiedenen Dialekten) unterschiedlich gehandhabt werden, wo also auch Muttersprachler ‚Probleme' haben. Eine allgemein gültige grammatische Kompetenz wird hier also gerade nicht vorausgesetzt; vorausgesetzt wird aber die nicht einzelsprachgebundene *kommunikative* Kompetenz. Zu dieser gehört nun auch vieles, was die Satz-, insbe-

---

[18] Scherner (1996:122f.) macht immerhin auf eine „bemerkenswerte Ausnahme" in Gestalt des Werks *Der Teutschen Sprache Grundrichtigkeit und Zierlichkeit* (1672) von Christian Pudor als der ersten deutschen Grammatik aufmerksam, „die über die Behandlung des ‚Satzes' bis zum ‚Text' führt." Diese Schrift hatte aber auf die weitere Grammatikografie keinen Einfluss.

sondere aber die Textbildung angeht; d. h. viele Regeln, die den textuellen Zusammenhang zwischen Sätzen betreffen, sind eben nicht einzelsprachspezifisch und sie fallen nicht ausschließlich in die Domäne der Grammatik, sondern sind semantisch und pragmatisch fundiert. Setzt man aber als Grammatiker einen vernünftigen und kommunikativ kompetenten Leser voraus, so wird man es etwa für überflüssig halten, ihm zu erklären, dass am Textbeginn z. B. die Ausdrücke *aber, dieser Umstand, drittens, infolgedessen* usw. merkwürdig sind, dass Sätze mit diesen Ausdrücken also normalerweise Vorgänger-Sätze verlangen.

Die Erweiterung von Satz- zu Textgrammatiken lässt sich nun systematisch zwei Ausgangspositionen zuordnen: Einerseits kann man es sich natürlich doch zur Aufgabe machen, systematisch alle Sprachmittel zusammenzustellen, die Bezüge zwischen Sätzen, ihre Abhängigkeit untereinander betreffen, auch wenn diese nicht einzelsprachspezifisch sind. Dies wird insbesondere notwendig bei dem Vorhaben, eine vollständige und explizite Grammatik zu schreiben, die (nur) akzeptable Äußerungen erzeugt – und dies womöglich auch noch maschinell. Denn hier darf man natürlich einen mitdenkenden und kommunikativ kompetenten Leser nicht voraussetzen. Daher hat auch die Idee der generativen Grammatik, die sich eben zur Aufgabe macht, Regeln zur Erzeugung möglicher, nicht zur Beschreibung tatsächlicher Äußerungen zu formulieren, in ihrer Frühphase eine außerordentliche inspirierende Wirkung auf textlinguistische Arbeiten gehabt.[19] Andererseits gibt es aber auch – teilweise einzelsprachspezifische – Phänomene im Bereich der Satzverknüpfung, die nicht so trivial sind wie die eben genannten in Eingangssätzen ungeeigneten Ausdrücke. Der zweite Ausgangspunkt ist der für normale Sprachteilhaber relevantere und daher auch der historisch frühere.

Die Tatsache, dass in älteren Grammatiken ‚nur‘ die Syntax behandelt wird, darf nämlich nicht zu der Annahme verleiten, hier ginge es allein um die Beschreibung von Einzelsätzen. Dies sei an den für die deutsche vorstrukturalistische Grammatikschreibung besonders wichtigen Werken von Hermann Paul und Otto Behaghel erläutert, der eine vierbändige *Deutsche Syntax* vorgelegt hat, um „zu vollenden, was unvollendet geblieben war, das zu leisten, was Jakob Grimm nicht mehr hatte leisten können oder wollen" (Behaghel 1923– 1932, I:VII).[20] Gemessen an heutiger typografischer Praxis sind beide Darstellungen zwar relativ unübersichtlich;[21] es macht aber keinerlei Schwierigkeiten, Aussagen zu textrelevanten Phänomenen aufzufinden, zumal sich überhaupt die Frage stellt, wie man ausführlich über Pronomina, Konjunktionen, Artikel und Partikel handeln können soll, *ohne* auf satzübergreifende Aspekte einzugehen. Paul und Behaghel kommt überdies ihre konsequent sprachhistorische Sichtweise zugute: Sprachgeschichtliche Veränderungen lassen nämlich viel offensichtlicher die fließenden Übergänge zwischen der Nebeneinanderstellung von Sätzen und ihrer syntaktischen Integration erkennen. Dabei wird übrigens oft insbesondere

---

[19] Vgl. dazu weiter S.25ff.

[20] Die vier Bände der Grammatik von Jakob Grimm sind 1819–1837 erschienen.

[21] Bei Paul kann man allerdings auch auf die theoretisch ausgerichtete Schrift *Prinzipien der Sprachgeschichte* (1. Aufl. 1880) zurückgreifen, wo großenteils dasselbe wie in der späteren Grammatik systematischer und knapper dargestellt ist.

die „Wechselrede", das Gespräch, als originäre Kommunikationssituation benannt. Aus ihr erklären sich etwa die konditionalen Nebensätze mit Verb-Erst-Stellung, die sich auf die Folge ,Frage – (vorausgesetzte Antwort) – Replik auf die Antwort' zurückführen lassen: *Bist du nicht willig (?) – (Nein) – So brauch ich Gewalt* (vgl. Paul 1975:150). Unmissverständlich stellt Paul allgemein fest:

> „Vollkommen selbständig ist ein Satz nur, wenn er isoliert für sich hingestellt wird. Man reiht nicht mehrere Sätze aneinander, wenn nicht irgend ein Verhältnis zwischen ihnen besteht." (Paul 1916–1920, IV:160)

> „Es liegt [...] auf der Hand, dass gar kein vernünftiger Grund vorhanden sein könnte Sätze parataktisch an einander zu reihen, wenn nicht zwischen ihnen ein innerer Zusammenhang bestünde, d. h. wenn nicht einer den andern irgendwie bestimmte. Ein rein parataktisches Verhältnis zwischen zwei Sätzen in dem Sinne, dass keiner den anderen bestimmt, gibt es also nicht." (Paul 1975:148)

Das heißt nichts anderes, als dass der Text eben keineswegs als eine (unverbundene) Folge von Sätzen betrachtet wird. Auch in Bezug auf den bestimmten Artikel – neben den Demonstrativpronomina Paradebeispiel für die Verknüpfung nebeneinander stehender Sätze – ist die historische Entwicklung erhellend:

> „Der bestimmte Artikel stammt aus dem anaphorischen Pronomen – nicht aus dem deiktischen, wie vielfach angenommen wird" (Behaghel 1923–1932, I: 33)
> „[Er] dient der Aufnahme von bekannten Größen" (ebd.: 39)

Behaghel geht dann über mehrere Seiten hin darauf ein, woraus sich die Bekanntheit der Größe ergeben kann und unterscheidet u. a. „mittelbare Anaphora", die auch in der transphrastischen Textlinguistik besondere Aufmerksamkeit fanden, da hier nicht – der einfachere Fall – Referenzidentität vorliegt (also: *der König – er/dieser König/der Monarch* usw.):

> „das mit dem Artikel versehene Substantiv verkörpert einen Begriff, der mit vorher ausgesprochenen Vorstellungen (Nachbarvorstellungen) verknüpft ist und durch sie in der Seele des Sprechenden hervorgerufen wird. [...] Diese mittelbare Anaphora spielt im Gespräch eine große Rolle. Es wird mitgeteilt: *X. ist gestorben*, und es erfolgt die Antwort. *Hat man das Testament schon gefunden?"* (Behaghel 1923–1932, I:41f.)

Außer auf diese klassischen Mittel, die der Verknüpfung von Sätzen untereinander dienen, kommen textrelevante Aspekte noch gelegentlich bei der Erläuterung von Modus und Tempus und ausführlich bei Ellipsen (Paul 1916–1920, IV:Kap. 15 „Sparsamkeit im Ausdruck"), komplexen Sätzen und schließlich bei der Wortstellung zum Tragen – das sind genau die Phänomene, die auch in der Transphrastik im Vordergrund standen.

Aus diesen wenigen Beispielen dürfte hinreichend erhellen, dass die frühere Grammatikografie keineswegs blind gegenüber dem Text war. Den negativen Bezugspunkt für die ,neue' Textlinguistik stellt also nicht allgemein die ältere, sondern die strukturalistische Sprachwissenschaft dar. Dafür, dass diese nicht zum Text vorstößt, scheint mir allerdings nicht so sehr die Tatsache wichtig, dass man die Satzgrenze nicht überschreiten will, als dass man dabei über das rein Sprachliche hinausgehen muss. Letzten Endes erklären sich die Dinge nämlich nur mit Rücksicht auf den kommunikativen Zusammenhang, die spezifi-

20

schen Bedingungen der konkreten Äußerungssituation. Mitunter oder sogar sehr häufig reicht zwar der Rückgriff auf das aus, was in der sprachlichen Umgebung, in Nachbarsätzen, steht. Solche expliziten Anhaltspunkte im Oberflächentext (man nennt diese heute oft Mittel der *Kohäsion*; vgl. Kap. 7.1.) sind aber gewissermaßen nur der Sonderfall einer allgemeineren Erscheinung, des inhaltlichen Zusammenhangs nämlich (*Kohärenz*), wobei die Kommunikationssituation und das Vorwissen eine herausragende Rolle spielen. Pragmatische Faktoren wie die Situation und die kommunikative Intention und psychologische Aspekte wie das Vorwissen will aber die strukturalistische Schule im Bemühen um Autonomie aus der linguistischen Beschreibung heraushalten. Und sie will sich auch gar nicht um die Beschreibung von konkreten Äußerungen-in-Funktion kümmern, sondern aus solchen nur das System abstrahieren.

Ganz anders in der vorstrukturalistischen Sprachwissenschaft! Paul hatte nicht nur keine Berührungsängste gegenüber der Psychologie, sondern fundiert im Gegenteil seine grammatischen Beschreibungen psychologisch. Auch die Beschränkung auf die Analyse des Systems wird erst mit dem Strukturalismus Programm und liegt Paul fern. Sehr modern wirkt dementsprechend die folgende Aussage von ihm:

> „Die deskriptive Grammatik [sie entspricht dem, was später als synchrone Systemlinguistik bezeichnet wird] verzeichnet, was von grammatischen Formen und Verhältnissen innerhalb einer Sprachgenossenschaft zu einer gewissen Zeit üblich ist [...] Ihr Inhalt sind nicht Tatsachen, sondern nur eine Abstraktion [vgl. das oben angeführte Zitat von Hartmann 1968c/1978:99] aus den beobachteten Tatsachen. [...] So lange man sich mit der deskriptiven Grammatik bei den ersteren [den Abstraktionen] beruhigt, ist man noch sehr weit entfernt von einer wissenschaftlichen Erfassung des Sprachlebens.
> § 12. *Das wahre Objekt für den Sprachforscher sind vielmehr sämtliche Äusserungen der Sprechtätigkeit an sämtlichen Individuen in ihrer Wechselwirkung auf einander.*" (Paul 1975:24; Hervorhebung im Original gesperrt)

Diesen Punkt abschließend sei noch kurz auf Pauls Äußerungen zur Satzgliedstellung eingegangen, die uns langsam zu den jüngeren ‚Vorläufern‘ der Textlinguistik führen. Was in einer Äußerung überhaupt explizit gesagt werden muss (nicht „erspart" werden kann) und in welcher Reihenfolge die einzelnen Elemente am besten präsentiert werden, hängt klarerweise vom Kontext ab. Den Kontext eines Satzes bilden aber nicht nur die daneben stehenden Sätze, sondern auch „die dem Sprechenden und Hörenden gemeinsame Anschauung" (*Gib her!* – nämlich das, was du, wie wir beide sehen, in der Hand hast) und die „Gemeinsamkeit des Aufenthaltsortes, der Lebenszeit, der Stellung und Beschäftigung, überhaupt mannigfacher Erfahrungen" (Paul 1975:79).[22] Solche mannigfachen Voraussetzungen determinieren nun den grammatischen Aufbau einer Äußerung, „ist doch das grammatische Verhältnis nur auf Grundlage des psychologischen auferbaut" (Paul 1975:124). Als grammatische Elemente des Satzes werden seit dem Mittelalter Subjekt und Prädikat unterschieden. „Diese grammatischen Kategorien beruhen auf einem psychologi-

---

[22] Ausführlicher als Hermann Paul hat Ph. Wegener (1885) noch Teilbereiche der „Situation des Bewußtseins" differenziert. Vgl. dazu Scherner (1984:32ff.).

schen Verhältnis" (ebd.), für das die Ausdrücke *psychologisches Subjekt* bzw. *Prädikat* eingeführt werden:

> „Das psychologische Subjekt ist die zuerst in dem Bewusstsein des Sprechenden, Denkenden vorhandene Vorstellungsmasse, an die sich eine zweite, das psychologische Prädikat anschliesst" (Paul 1975:124).

Was Paul und andere[23] psychologisches Subjekt–psychologisches Prädikat nennen, wird heute mit den Begriffen *Thema–Rhema* oder *topic–comment* bezeichnet. Besonders intensiv hat sich die Prager Schule diesem Bereich gewidmet, für den Vilém Mathesius 1929 den Terminus *Funktionelle Satzperspektive* geprägt hat.[24] Diese Theorie von der kommunikativ und kontextuell bedingten Abfolge von Satzgliedern in der aktuellen Äußerung ist (im Gegensatz zu den entsprechenden Ansätzen deutscher Grammatiker) in der modernen Textlinguistik sehr früh auf Beachtung gestoßen und in die textlinguistische Ahnenreihe aufgenommen worden. Dies erklärt sich u. a. daraus, dass der Prager Linguistenkreis – wiederum im Gegensatz zu anderen strukturalistischen Strömungen – von Anfang an ältere Traditionen einbezogen und den Strukturalismus nicht so sehr als Gegen-Programm dazu verstanden hat;[25] die faschistische Okkupation erzwang eine Unterbrechung der Arbeit, die aber nach Kriegsende wieder aufgenommen wurde.[26] Dabei weitete insbesondere František Daneš das Konzept der Funktionalen *Satz*perspektive zu einer Analyse der *Text*struktur aus und entwickelte die Theorie der *thematischen Progression* (vgl. dazu auch Kap. 6.1.).[27]

Die Theorie der Funktionalen Satzperspektive bzw. die entsprechenden Erläuterungen der Satzgliedfolge von Grammatikern wie Paul oder Behaghel[28] sind insofern von einem praktischen Interesse geleitet, als sie einzelsprachspezifische Besonderheiten betreffen: Die slavischen Sprachen und in geringerem Ausmaß auch das Deutsche haben, gegenüber etwa dem Englischen oder Französischen, eine relativ freie Wortstellung, so dass sich die Untersuchung der Funktion verschiedener Stellungsvarianten (auch in kontrastiver Sicht) hier

---

[23] Die Vorstellungen der älteren Sprachwissenschaft können hier nicht genauer behandelt werden. Vgl. dazu Eroms (1986.2ff.).

[24] Für das Verständnis des Terminus und des gesamten Ansatzes ist besonders wichtig, dass der Prager Linguistenkreis im Gegensatz zu anderen strukturalistischen Schulen sich nicht nur, wie bereits erwähnt, intensiv mit poetischer Sprache und Stilistik beschäftigt, sondern auch von Anfang an den kommunikativ-funktionalen Charakter der Sprache betont. Vgl. dazu Eroms (2000) mit weiterführender Literatur.

[25] Vgl. dazu Helbig (1986:Kap. 3.2.).

[26] In der BRD wurde der Strukturalismus in den 60er Jahren dagegen (mit großer Verspätung gegenüber der internationalen Entwicklung) betont als anti-traditionalistischer Ansatz propagiert, wobei nicht nur eine frühe deutsche Variante des Strukturalismus, nämlich die sog. Sprachinhaltsforschung (v. a. Jost Trier und Leo Weisgeber), in Deutschland übergangen bzw. vehement abgelehnt wurde, sondern die gesamte sprachwissenschaftliche Arbeit während des Nationalsozialismus und in diesem Zusammenhang auch gleich diejenige vor dieser Zeit von der ab ca. 1970 ausgebildeten Generation erst einmal kaum noch rezipiert wurde. In der DDR wiederum orientierte man sich bei der ‚Neubegründung' der Sprachwissenschaft stark an der osteuropäischen Tradition, u. a. auch an der Prager Schule.

[27] Zum Beitrag der Prager Schule für die Textlinguistik insgesamt vgl. zusammenfassend Eroms (2000).

[28] Weiter sind hier besonders die Arbeiten von Drach (1937) und Boost (1955) zu nennen.

besonders anbietet. Daneš' Überlegungen zur thematischen Progression gehen nun nicht nur von der Ebene des Satzes bzw. der Satzfolgen auf die Ebene des Gesamttextes über, vielmehr kommt es bei diesem Wechsel auch zu einer stärker theoretisch und allgemein orientierten Fragestellung, eben der, wie innerhalb von Texten Themen entfaltet oder Sub-Themen miteinander verbunden werden, eine Frage, die viel grundsätzlicher die Textkonstitution und auch kaum Einzelsprachspezifisches (eher schon: Kulturspezifisches) betrifft.

Damit dringen wir zu dem vor, was man als Kern der modernen Textlinguistik betrachten kann, zu Ansätzen nämlich, die die Größe Text als Einheit sui generis betrachten und zunächst bestimmen wollen, was einen Text überhaupt ausmacht. Das führte unmittelbar zu einer Problematisierung des – bis dahin als intuitiv klar verstandenen – Gegenstandes, die in die Frage mündet, was eine Satzfolge zu einem Text macht, welche Bedingungen gegeben sein müssen, damit man von einem Text sprechen kann und einen solchen von ‚zufälligen Satzfolgen‘ abgrenzen kann, die als ‚Nicht-Texte‘ bezeichnet werden müssen – diese Frage hat besonders die frühe Textlinguistik sehr intensiv beschäftigt. Dass gleich zu Beginn der explizit textuell orientierten Linguistik die Frage nach der Definition des Forschungsobjekts (in dieser Formulierung) ins Zentrum tritt, verdeutlicht, wieso für die erste Phase der transphrastische Gesichtspunkt als so bedeutsam wahrgenommen wurde.

Stellt man die Frage, *was* eine Satzfolge zu einem Text macht, präsupponiert man bereits, *dass* ein Text als Satzfolge zu verstehen ist, geht also nicht mehr von Text im Sinne von ‚verwendete Sprache‘ aus, bei der es sich bekanntlich auch um nicht-satzförmige Phänomene handeln kann. Das Standardbeispiel hierfür ist *Hilfe!* (das übrigens auch Paul diskutiert); man kann aber z. B. auch an die übliche Form diverser Kleinanzeigen denken. Zugrunde gelegt wird also – trotz des ausgeprägt grundlagentheoretisch orientierten Anspruchs – offenbar eine gängige Alltagsvorstellung von *Text*, im Sinne von ‚längeres Schriftstück‘. Wegen seiner Länge besteht es normalerweise aus mehreren Sätzen. Systematisch erhebt sich dann die Frage, wie die Satzfolgen beschaffen sind und ob es auch Satzfolgen geben kann, die keinen Text darstellen. Auf eine solche Frage dürfte man dagegen eigentlich gar nicht kommen, wenn man die Auffassung ernst nimmt, dass Sprache überhaupt nur in Texten vorkommt, und, wie Hartmann es vorschlug, phänomenologisch vorgeht. Denn dann ist einfach alles, was man an Sprache in natürlicher Kommunikation beobachten kann, per definitionem ein Text, oder wie Paul sagt: „Ein rein parataktisches Verhältnis zwischen zwei Sätzen in dem Sinne, dass keiner den anderen bestimmt, gibt es also nicht" (Paul 1975:148), d. h. es kommt gar nicht vor, dass Sprecher ‚zufällige Satzfolgen‘ produzieren. Prinzipiell kann man dieser letzten Auffassung zweifellos zustimmen, es gibt aber doch auch Gründe, die Frage danach, was eine Satzfolge zum Text macht, nicht als bloß akademische zu betrachten.

Unter einem sehr praktischen Gesichtspunkt wird sie v. a. virulent, wenn man es mit Sprachmaterial zu tun hat, das uns in unordentlicher Gestalt begegnet. Das ist häufig der Fall, wenn man es etwa mit mittelalterlichen Handschriften zu tun hat, kann aber auch vorkommen, wenn einem ein Stapel von Papieren, die auf dem Schreibtisch lagen, auf die Erde fällt. Man wird dann versuchen, wieder Ordnung herzustellen, im ersten Fall auch offensichtlich Fehlendes sinnvoll zu ergänzen, und dabei greift man auf sein implizites Wissen darüber zurück, was als ein Text zusammengehört und wie seine Teile sinnvoll aufeinander folgen können. Praktische Bedeutung hat eine Explizierung der Prinzipien, nach denen Sätze (sinnvoll) miteinander verbunden werden, natürlich auch im Kontext des Sprachunterrichts. Ferner müssen wir aber auch mit nicht-natürlichem Sprachvorkommen rechnen. Dazu gehören nicht nur maschinen-generierte Texte – wenngleich natürlich für die automatische Sprachverarbeitung Prinzipien der Satzverknüpfung von zentraler Bedeutung sind –, sondern auch diverse linguistische Aktivitäten und Produkte wie etwa die Satzfolgen in Testserien oder Wörterbücher.

Wenden wir uns also den zentralen Fragen aus der Frühzeit der programmatisch etablierten Textlinguistik zu: Was macht eine Satzfolge zu einem Text? Welche Satzfolgen müssen als ‚Nicht-Texte‘ betrachtet werden? Welche Sätze eignen sich als Texteröffnungen? Welche Ausdrücke können in Textanfangssätzen nicht vorkommen? Fragen wie diese bilden den Gegenstand der ersten großen textlinguistischen Monografie, die von Roland Harweg, einem Schüler Peter Hartmanns, stammt und die schon zwischen 1962 und 1964 entstanden ist. Ihr Titel ist *Pronomina und Textkonstitution*. In ihr schreibt Harweg den Pronomina (die wir schon oben als wesentliche Kohäsionsmittel kennengelernt haben) die zentrale Rolle bei der Textkonstitution zu und gelangt zu folgender Definition von *Text*: *„ein durch ununterbrochene pronominale Verkettung konstituiertes Nacheinander sprachlicher Einheiten"* (Harweg 1979:148; Hervorhebung im Original gesperrt). Sehr vereinfacht gesagt bedeutet dies: Am Textbeginn werden bestimmte (bis dahin als unbekannt zu betrachtende) Redegegenstände eingeführt (charakteristischerweise mit einem indefiniten Ausdruck): *Es war einmal ein* ... Im Folgesatz wird dieser Ausdruck dann durch einen definiten Ausdruck (hier z. B. *das/dieses*) wieder aufgegriffen, mit einem neu eingeführten Redegegenstand verbunden, der in der Folge seinerseits pronominalisiert wieder aufgenommen werden kann usw. usw. Diese Struktur kann man besonders gut in Märchentexten auffinden (vgl. Textbeispiel 1).

Schon dieser einfache Text zeigt jedoch, dass nicht alles, wovon neu die Rede ist, vorher als unbekannt zu gelten hat: Die Eltern werden mit dem definiten Ausdruck *seine* eingeführt und *die Leute* von vornherein mit dem definiten Artikel. Harwegs Definition kann daher nur greifen, wenn man nicht den traditionellen Begriff von *Pronomen* zugrunde legt; tatsächlich erarbeitet er eine neue Definition: Bei ihm fallen unter *Pronomina* alle Ausdrücke, die einen vorerwähnten wiederaufnehmen (*substituieren*) können, insbesondere Ausdrücke mit dem definiten Artikel. Harweg entwickelt nun eine außerordentlich differenzierte (und terminologisch wenig eingängige) Typologie von am Texteingang und nur in Folgesätzen möglichen Ausdrücken, die hier nicht referiert werden soll. Erwähnt sei nur, dass dabei auch das eine große Rolle spielt, was Behaghel mittelbare Anaphora genannt hatte und was bei Harweg als „Text-Nichtidentitäts-Substitutionen = Text-Kontiguitäts-Substitutionen" erscheint, die logisch (*ein Problem – die Lösung*), naturgesetzlich (*ein Blitz – der Donner*), kulturell (*eine Stadt – der Bahnhof*) oder auch situationell (*ein Mann – das lose Sporthemd*) begründet sein können. Den letzten Typ möchte Harweg jedoch „als illegitim ablehnen und unter Annahme einer Ellipse [hier: *er trug ein loses Sporthemd*] katalysieren" (Harweg 1979:197). Festzuhalten ist danach Folgendes: Von den ‚mannigfachen Erfahrungen‘, die in einer konkreten Kommunikationssituation als gemeinsames Wissen der Teilnehmer vorausgesetzt werden können und die die Interpretation von defini-

24

ten Ausdrücken entscheidend beeinflussen, berücksichtigt Harweg nur allgemeiner verbreitetes Wissen (z. B. dass ein Mädchen Eltern hat, auf ein Blitz ein Donner folgt usw.). Ihm geht es nicht um die (hermeneutische) Fragestellung, wie eine Satzfolge interpretiert wird, sondern nur um die Strukturen des Oberflächentexts, für die er die ununterbrochene pronominale Verkettung als (formale) Bedingung für Textualität fordert.

Textbeispiel 1
Frau Trude
Es war einmal ein kleines Mädchen, das war eigensinnig und vorwitzig, und wenn ihm seine Eltern etwas sagten, so gehorchte es nicht: wie konnte es dem gutgehen? Eines Tages sagte es zu seinen Eltern ‚Ich habe so viel von der Frau Trude gehört, ich will einmal zu ihr hingehen: die Leute sagen, es sehe so wunderlich bei ihr aus, und erzählen, es seien so seltsame Dinge in ihrem Hause, da bin ich ganz neugierig geworden.' Die Eltern verboten es ihr streng und sagten ‚die Frau Trude ist eine böse Frau, die gottlose Dinge treibt, und wenn du zu ihr hingehst, so bist du unser Kind nicht mehr.' Aber das Mädchen kehrte sich nicht an das Verbot seiner Eltern und ging doch zu der Frau Trude. Und als es zu ihr kam, fragte die Frau Trude ‚warum bist du so bleich?' ‚Ach,' antwortete es und zitterte am Leibe, ‚ich habe mich so erschrocken über das, was ich gesehen habe.' ‚Was hast du gesehen?' ‚Ich sah auf Eurer Stiege einen schwarzen Mann.' ‚Das war ein Köhler.' ‚Dann sah ich einen grünen Mann.' ‚Das war ein Jäger.' ‚Danach sah ich einen blutroten Mann.' ‚Das war ein Metzger.' ‚Ach, Frau Trude, mir grauste, ich sah durchs Fenster und sah Euch nicht, wohl aber den Teufel mit feurigem Kopf.' ‚Oho,' sagte sie, ‚so hast du die Hexe in ihrem rechten Schmuck gesehen: ich habe schon lange auf dich gewartet und nach dir verlangt, du sollst mir leuchten.' Da verwandelte sie das Mädchen in einen Holzblock und warf ihn ins Feuer. Und als er in voller Glut war, setzte sie sich daneben, wärmte sich daran und sprach ‚das leuchtet einmal hell!'

Diese – die vertraute Größe Text stark verfremdende – Definition von Harweg hat den Vorteil, gut überprüfbar, genauer falsifizierbar zu sein. Tatsächlich nahmen mehrere Forscher die Herausforderung an und konstruierten (in einer typisch nicht-natürlichen Art von Sprachverwendung) einerseits Satzfolgen, die zwar ununterbrochen pronominal verkettet sind, aber trotzdem nicht als (normale) Texte verstanden werden (Textbeispiel 2); andererseits konstruierten sie auch Satzfolgen, die den Bedingungen Harwegs nicht entsprechen und trotzdem als Texte funktionieren, bzw. sie suchten entsprechende Textpassagen in unter natürlichen Bedingungen geschaffenen Texten auf (vgl. z. B. Textbeispiel 3, Zeile 14ff.; dazu Aufgabe 1 in Kap. 7). Auf dieser Grundlage kommt man zu dem Schluss, dass ununterbrochene pronominale Verkettung weder eine notwendige noch eine hinreichende Bedingung für Texte darstellt – und damit wieder zurück zum Ausgangspunkt, nämlich der These, das Wesentliche an Texten sei eben, dass es sich um kommunikativ funktionierende Ganzheiten handele, was (entsprechend der groben Strukturierung der Entwicklung der Textlinguistik) zur zweiten, kommunikativ-funktionalen, Phase hinleitete.

Textbeispiel 2
Ich habe eine alte Freundin in Hamburg getroffen. Dort gibt es zahlreiche öffentliche Bibliotheken. Diese Bibliotheken wurden von Jungen und Mädchen besucht. Die Jungen gehen oft in die Schwimmbäder. Die Schwimmbäder waren im letzten Jahr mehrere Wochen geschlossen. Die Woche hat 7 Tage.

Einen fundamentalen Bruch mit der transphrastischen Hypothese stellte dies freilich nicht dar, da niemand ernsthaft bestreitet, dass pronominale Verkettung, wenn auch kein notwendiges oder hinreichendes, so doch auf jeden Fall ein ganz entscheidendes Mittel der Text-konstitution darstellt. Es ging also mehr um eine Erweiterung der Textgrammatik bzw. eine Integration der an den Ausdrucksmitteln ansetzenden Untersuchungsrichtung[29] und des kommunikativen Aspekts.[30]

Zum Abschluss dieses Abschnittes, der den aus grammatischer Perspektive vorgenom-menen textlinguistischen Untersuchungen gewidmet ist, soll nun noch auf die in diesem Zusammenhang ambitioniertesten Projekte eingegangen werden, die Versuche nämlich, ein vollständiges Regelsystem zur Textbildung zu entwickeln (statt jeweils nur einzelne für die Textbildung wichtige Phänomene zu untersuchen). Entgegen einer verbreiteten Meinung sind, wie schon oben angedeutet, von der frühen Transformationsgrammatik (TG), d. h. der der 1960er Jahre, in diese Richtung sehr viele Anstöße ausgegangen. Es ist nämlich dieser Ansatz, der zum ersten Mal versucht, einen kohärenten Rahmen zu entwickeln, innerhalb dessen alle grammatischen Phänomene integriert, vollständig und explizit darstellbar sind. Als Beschreibungsobjekt wird entsprechend der grammatischen Tradition der Satz be-stimmt, das Anfangssymbol der generativen Regeln ist daher zunächst S (für Satz). Durch Ersetzungsregeln (S → NP + VP; NP → Det + N *oder* Pron *oder ... usw.*) werden komplexe Strukturen abgeleitet (auf denen dann zusätzlich Transformationsregeln und interpretative Komponenten operieren). Wenn man sich nun die These zu eigen macht, dass der Sprach-gebrauch eben nicht in der Produktion von Sätzen, sondern von Texten besteht, aber den-noch an dem Ableitungssystem festhalten will, muss man es um eine textuelle Komponente erweitern. Dabei kann man zunächst entweder den Text als eine Art Supersatz auffassen, in dem mehrere Sätze miteinander verbunden sind (z. B. S → S$^{(n)}$) oder gleich ein neues Eingangssymbol für Text einführen (z. B. T → S$_1$ + S$_2$ + S$_3$ ...+ S$_n$). Genau das ist auch vorgeschlagen worden.[31] Allerdings ist damit natürlich noch nicht viel gewonnen, denn das Wesentliche besteht ja darin, dass ein Text keine beliebige Abfolge von Sätzen darstellt, sondern eben Verknüpfungsregeln erforderlich sind, die Restriktionen für die Satzverbin-dung festlegen. Ganz entsprechend zum Vorgehen etwa von Harweg muss also z. B. eine Regel dafür gefunden werden, wann kontextabhängig der definite Artikel ausgewählt werden muss – man kann die Wahl nicht einfach freistellen, wie das in den Regeln für die Ableitung von Einzelsätzen der Fall war. Die Probleme (etwa mit den mittelbaren Anaphora) bleiben dieselben, sie werden jetzt nur ,in einem anderen Format' beschrieben. Einen guten (und in Dressler 1978a leicht zugänglichen) Überblick über diese frühen Ver-suche gibt ein Aufsatz von van Dijk (1971), der in diesem Gebiet kontinuierlich weiter gearbeitet, seine Fragestellung aber drastisch verlagert hat. Ganz Entsprechendes gilt für die Forschergruppe um J. S. Petöfi, von dem ebenfalls ein Aufsatz aus dem Jahre 1971 in Dresslers Sammelband abgedruckt ist.

---

[29] Außer der pronominalen Verkettung im Sinne Harwegs werden dabei natürlich auch noch andere grammatische und lexikalische Mittel der Kohäsion untersucht; vgl. dazu Kap. 7.1.
[30] Vgl. dazu z. B. die Darstellung bei Brinker (2001:Kap. 2.2.) oder Viehweger et al. (1977:Kap. 10.2.).
[31] Hier ist insbesondere auf Arbeiten aus der Ost-Berliner Arbeitsstelle für strukturelle Grammatik hinzuweisen, die allerdings nur intern verbreitet wurden und heute schwer zugänglich sind.

26

Textbeispiel 3
Unverhofftes Wiedersehen
In Falun in Schweden küßte vor guten fünfzig Jahren und mehr ein junger Bergmann seine junge, hübsche Braut und sagte zu ihr: „Auf Sanct Luciä wird unsere Liebe von des Priesters Hand gesegnet. Dann sind wir Mann und Weib, und bauen uns ein eigenes Nestlein." – und Friede und Liebe soll darinn wohnen," sagte die schöne Braut mit holdem Lächeln, dann du bist mein Einziges und Alles, und ohne dich möchte ich lieber im Grab seyn, als an einem andern Ort. Als sie aber vor St. Luciä der Pfarrer zum zweytenmal in der Kirche ausgerufen hatte: So nun jemand Hinderniß wüßte anzuzeigen, warum diese Personen nicht möchten ehelich zusammenkommen." Da meldete sich der Tod. Denn als der Jüngling den andern Morgen in seiner schwarzen Bergmannskleidung an ihrem Haus vorbeygieng, der Bergmann hat sein Todtenkleid immer an, da klopfte er zwar noch einmal an ihrem Fenster, und sagte ihr guten Morgen, aber keinen guten Abend mehr. Er kam nimmer aus dem Bergwerk zurück, und sie saumte vergeblich selbigen Morgen ein schwarzes Halstuch mit rothem Rand für ihn zum Hochzeittag, sondern als er nimmer kam, legte sie es weg, und weinte um ihn und vergaß ihn nie. Unterdessen wurde die Stadt Lissabon in Portugall durch ein Erdbeben zerstört, und der siebenjährige Krieg gieng vorüber, und Kayser Franz der erste starb, und der JesuitenOrden wurde aufgehoben und Polen getheilt, und die Kaiserin Maria Theresia starb, und der Struensee wurde hingerichtet, Amerika wurde frey, und die vereinigte französische und spanische Macht konnte Gibraltar nicht erobern. Die Türken schloßen den General Stein in der Veteraner Höle in Ungarn ein, und der Kayser Joseph starb auch. Der König Gustav von Schweden eroberte russisch Finnland, und die französische Revolution und der lange Krieg fieng an, und der Kaiser Leopold der zweite gieng auch ins Grab. Napoleon eroberte Preußen, und die Engländer bombardirten Koppenhagen, und die Ackerleute säeten und schnitten. Der Müller mahlte, und die Schmiede hämmerten, und die Bergleute gruben nach den Metalladern in ihrer unterirrdischen Werkstatt. Als aber die Bergleute in Falun im Jahr 1809 etwas vor oder nach Johannis zwischen zwey Schachten eine Öffnung durchgraben wollten, gute dreyhundert Ehlen tief unter dem Boden gruben sie aus dem Schutt und Vitriolwasser den Leichnam eines Jünglings heraus, der ganz mit Eisenvitriol durchdrungen, sonst aber unverwest und unverändert war; also daß man seine Gesichtszüge und sein Alter noch völlig erkennen konnte, als wenn er erst vor einer Stunde gestorben, oder ein wenig eingeschlafen wäre, an der Arbeit. Als man ihn aber zu Tag ausgefördert hatte, Vater und Mutter, Gefreundte und Bekannte waren schon lange todt, kein Mensch wollte den schlafenden Jüngling kennen oder etwas von seinem Unglück wissen, bis die ehemalige Verlobte des Bergmanns kam, der eines Tages auf die Schicht gegangen war und nimmer zurückkehrte. Grau und zusammengeschrumpft kam sie an einer Krücke an den Platz und erkannte ihren Bräutigam; und mehr mit freudigem Entzücken als mit Schmerz sank sie auf die geliebte Leiche nieder, und erst als sie sich von einer langen heftigen Bewegung des Gemüths erholt hatte, „es ist mein Verlobter," sagte sie endlich, „um den ich fünfzig Jahre lang getrauert hatte und den mich Gott noch einmal sehen läßt vor meinem Ende. Acht Tage vor der Hochzeit ist er auf die Grube gegangen und nimmer gekommen. Da wurden die Gemüther aller Umstehenden von Wehmuth und Tränen ergriffen, als sie sahen die ehemalige Braut jetzt in der Gestalt des hingewelkten kraftlosen Alters und den Bräutigam noch in seiner jugendlichen Schöne, und wie in ihrer Brust nach 50 Jahren die Flamme der jugendlichen Liebe noch einmal erwachte; aber er öffnete den Mund nimmer zum Lächeln oder die Augen zum Wiedererkennen; und wie sie ihn endlich von den Bergleuten in ihr Stüblein tragen ließ, als die einzige, die ihm angehöre, und ein Recht an ihn habe, bis sein Grab gerüstet sey auf dem Kirchhof. Den andern Tag, als das Grab gerüstet war auf dem Kirchhof und ihn die Bergleute holten, legte sie ihm das schwarzseidene Halstuch mit rothen Streifen um, und begleitete ihn in ihrem Sonntagsgewand, als wenn es ihr Hochzeittag und nicht der Tag seiner Beerdigung wäre. Denn als man ihn auf dem Kirchhof ins Grab legte, sagte sie: „Schlafe nun wohl, noch einen Tag oder zehen im kühlen Hochzeitbett, und laß dir die Zeit nicht lang werden. Ich habe nur noch wenig zu thun, und komme bald, und bald wirds wieder Tag. – Was die Erde einmal wiedergegeben hat, wird sie zum zweytenmal auch nicht behalten," sagte sie, als sie fortgieng, und noch einmal umschaute.

Beide teilen die Überzeugung, dass ein Ableitungssystem für Texte auf einer semantischen Basis beruhen muss, „daß der *semantischen Repräsentation* primäre Wichtigkeit" (Petöfi 1971/1978:302) zuzuschreiben ist, dass eine „Texttheorie auf *semantischer* Grundlage aufgebaut sein muß [...] und daß sie, soweit nur möglich, auch mit Informationen *pragmatischer* Art operieren können muß" (ebd.:322).

Petöfi entwickelt in seiner weiteren Arbeit eine „Text-Struktur-Welt-Struktur-Theorie, abgekürzt: TeSWeST" (ebd.:323), um dieser Aufgabe gerecht zu werden. van Dijk legt den Schwerpunkt auf die Untersuchung von globalen Textstrukturen, die auf einer hierarchisch höheren Ebene als der von Satzfolgen anzusetzen sind – denn mit Satzverbindungsregeln kann man ja nicht einmal die elementare Gliederung eines Textes in *Einleitung – Hauptteil – Schluss* beschreiben (vgl. dazu weiter Kap. 6.5.). Beide wollen zwar an die Generativistik anschließen, setzen allerdings auf die – in den 1970er Jahren als Gegenmodell zur ‚klassischen' (syntax-zentrierten) TG konzipierte – *generative Semantik*. Diese hat sich jedoch in der weiteren Entwicklung der Generativistik nicht durchgesetzt und damit ist die enge Verbindung von Textlinguistik und Generativistik eigentlich schon in den ersten Anfängen wieder zu Ende. Die Chomsky-Schule hat sich nämlich im Weiteren – ganz anders als in der Frühphase, in der sehr viel mit den unterschiedlichsten Regeln experimentiert wurde – als recht dogmatische Schule etabliert, deren Schwerpunktinteresse nach wie vor auf dem Regelsystem für Einzelsätze liegt und sich ansonsten auf universale Eigenschaften der menschlichen Sprachfähigkeit verlagert hat.

Wenn damit auch aus dem Kernbereich der gegenwärtigen generativistischen Forschung für die Textlinguistik nichts zu holen ist, so gibt es doch textlinguistische Ansätze, die eine Verbindung dazu aufrecht erhalten. Als charakteristisch für diese Ausrichtung kann man – ganz in Fortsetzung des ursprünglichen Anliegens – das Bestreben ansehen, ein *Gesamtmodell* für die Textverarbeitung zu entwickeln, in dem die unterschiedlichen Komponenten, die dabei wichtig sind, präzise bestimmt (und formalisiert) werden. *Dass* bei der Textverarbeitung verschiedene Komponenten (etwa Sprachwissen, Situationswissen, Handlungswissen, Weltwissen) eine Rolle spielen, ist die heute allgemein akzeptierte Grundvoraussetzung textlinguistischer Studien, anders gesagt: man ist sich einig darüber, dass Texte höchst komplexe Gebilde darstellen, die man nicht allein unter Rückgriff auf einzelne Faktoren (z. B. Kohäsionsmittel, kommunikative Funktion) angemessen erfassen kann.

Vielfach bleibt es jedoch bei dieser (natürlich trivialen) Grundannahme und man stellt die verschiedenen Aspekte nur gewissermaßen additiv nebeneinander, sucht aber nicht deren genaues Zusammenwirken zu erfassen. Genau dies zu tun, ist aber spätestens dann notwendig, wenn es auch um die (maschinelle) Simulation natürlichen Sprachverhaltens geht, und auf eben diesem Sektor bietet die generative Grammatik den fortgeschrittensten Rahmen. Dabei hat sie im Laufe ihrer Entwicklung eine immer engere Anbindung an die kognitive Psychologie gesucht und aus ihr insbesondere die Vorstellung einer modularen Organisation der menschlichen Kognition übernommen.[32]

---

[32] Dies bedeutet, dass es für spezifische Aufgaben eigene kognitive Subsysteme gibt (die sich auch im Gehirn lokalisieren lassen), dass z. B. ein besonderes Modul für die Gesichtererkennung exis-

Danach stellt die Grammatik ein autonomes Modul dar, d. h. etwa dass syntaktische Strukturen unabhängig von semantischem und Kontextwissen verarbeitet werden. Wir finden hier also das Autonomiestreben aus dem Strukturalismus wieder, das nun aber nicht (nur) durch disziplinäre Territorialkämpfe erklärt werden kann; denn es wird ja damit argumentiert, dass die Modularität der menschlichen Sprachverarbeitung durch neurologische und kognitionspsychologische Erkenntnisse gestützt ist. Die Verbindung zu nichtszientistischen Disziplinen (etwa der Rhetorik, Hermeneutik, Literaturwissenschaft) geht dabei jedoch weitgehend verloren.

Auch in der Textlinguistik arbeitet man nun mit modularen Modellen, um das Zusammenwirken verschiedener Faktoren bei der Textverarbeitung zu beschreiben. Im Gegensatz zu den frühen Ansätzen versucht man also nicht mehr, aus einem Anfangssymbol T alles abzuleiten bzw. alle Komponenten an eine Grundstruktur (sei sie nun syntaktisch oder semantisch) anzuhängen. Als Beispiele für solche Modelle seien für das Deutsche die Arbeiten aus dem Forschungsprogramm *Sprache und Pragmatik* (vgl. dazu Motsch 1996), für das Französische Roulet et al. (2001) genannt. Das Problem – für die Beurteilung der Frage, inwieweit sich diese Entwürfe auch mit Vorstellungen aus dem Kernbereich der Generativistik vereinbaren lassen – besteht darin, dass umstritten ist, auf welcher Ebene oder ,in welchem Moment' Module miteinander interagieren können. Man kann nämlich auch eine modulare Grundauffassung vertreten und dennoch von einer Wechselwirkung auf elementarer Ebene ausgehen; danach würde also z. B. eine Satzstruktur je nach Kontext unterschiedlich verarbeitet werden. Ausdrücklich vorgesehen sind entsprechend auch Interrelationen zwischen grammatischen, semantischen, pragmatischen Modulen usw. in verschiedenen Stadien der Verarbeitung.

1.8. Fazit: Textwissenschaften und der disziplinäre Stellenwert der Textlinguistik

Nach diesem Rückblick auf die Geschichte der wissenschaftlichen Beschreibung der Größe Text wollen wir noch einmal auf die Eingangsfeststellung zurückkommen, die Textlinguistik sei ein Konglomerat höchst heterogener Ansätze und Einigkeit über ihren Gegenstand, ihre Fragestellung und ihre Methoden sei nicht herzustellen. Diese These rührt zu einem nicht ganz unerheblichen Anteil aus einer Strategie beim Erzählen der Geschichten her: Zur besseren Abgrenzung streicht man die Unterschiede besonders heraus. Das macht die Sache zwar auf den ersten Blick übersichtlicher, führt aber bei der Menge unterschiedlicher Ansätze schließlich doch sehr leicht zur Verwirrung (abgesehen davon, dass man bei diesem Vorgehen den als Opponenten angeführten Forschern auch durchaus nicht immer gerecht wird).

---

tiert, andere für die Verarbeitung anderer visueller Eindrücke. Vgl. dazu genauer Schwarz (1992:Kap. 1.3.4. und 2.3.1.).

Natürlich gibt es auch wirklich relevante Gegensätze. Bevor man sich mit diesen beschäftigt, sollte man sich jedoch vor Augen halten, dass zunächst einmal ein allgemeiner Konsens besteht. Dies ist die (zugegebenermaßen triviale) Annahme, dass es sich beim Text um ein außerordentlich komplexes Objekt handelt. Wenn diese Binsenweisheit hier nochmals hervorgehoben wird, so deswegen, weil sich aus ihr allein bereits eine Vielfalt von Ansätzen mit Notwendigkeit ergibt (ganz so, wie sich unterschiedliche Spezialdisziplinen aus der Philologie heraus entwickeln mussten). Man darf dies also nicht als mangelhaften Zustand der Wissenschaft deuten.

Gibt es nun irgendwelche Anhaltspunkte dafür, in welchem Rahmen man am besten arbeitet, welchem Ansatz der Vorzug zu geben ist? Eine Antwort darauf zu geben ist theoretisch nahezu unmöglich, praktisch jedoch relativ einfach. Die verschiedenen Ansätze sind jeweils für bestimmte Interessen und Zielsetzungen besonders geeignet bzw. ungeeignet. Wem es etwa darum geht, anspruchsvolle Texte zu verstehen und zu deuten, dem wird die umfassende Beschreibung von Kohäsionsmitteln (in verschiedenen Sprachen) ebenso wenig helfen wie die Formalisierung anaphorischer Relationen in einem Syntaxmodell. Wer dagegen an einem Programm zur automatischen Übersetzung arbeitet, kommt an beidem nicht vorbei und ist sich auch bewusst, dass man z. B. für die Übertragung literarischer Texte ohnehin einen Humanübersetzer braucht.

Ein Konfliktpotential ergibt sich aus diesen Gegebenheiten bei dem Versuch, die Aufgaben einer bestimmten Einzelwissenschaft zu bestimmen, der schon oben mehrfach angesprochenen Disziplinabgrenzung also. Was die Text-Linguistik angeht, so sei nochmals an den Streit darüber erinnert, ob deren Gegenstand allein allgemeine Regeln der Textbildung und -verwendung sind oder dazu auch die Analyse von Einzeltexten um ‚ihrer selbst willen‘ gehört. Außerdem stellt sich die Frage, inwieweit man bei der Untersuchung von Einzelsprachen die (in der allgemeinen Sprachwissenschaft zu untersuchenden) universal gültigen Prinzipien der Textbildung als bekannt voraussetzen darf. Schließlich ist auch in der Textlinguistik die umstrittene Frage relevant, ob die Sprachwissenschaft eine rein deskriptive Disziplin ist bzw. zu sein hat oder ob zu ihrem Aufgabenbereich auch die wissenschaftlich fundierte Bewertung von Texten und Sprachkritik gehört und ob sie präskriptive Aussagen machen darf.

Unterschiede in der Auffassung von Aufgaben und disziplinärem Stellenwert der Textlinguistik ergeben sich aufgrund verschiedenartiger Positionen in diesen Fragen und es gibt immer wieder Versuche, eine bestimmte Auffassung als verbindliche durchzusetzen. Bislang hat jedoch keiner davon durchschlagenden Erfolg gehabt; insofern ist die Rede von der Heterogenität der Textlinguistik durchaus angebracht – umstritten ist allerdings auch, ob deren Überwindung überhaupt wünschbar ist. Ohne zu verhehlen, dass mir die Forderung nach einer präziseren Abgrenzung des Forschungsgebiets wenig realistisch erscheint und ich auch deren großen Nutzen in Zweifel ziehe, möchte ich die Debatte darüber hier nicht weiter referieren oder fortsetzen. In unserem Kontext kommt es vielmehr nur darauf an zu verdeutlichen, welche Überlegungen der folgenden Darstellung zugrunde liegen.

Da es sich bei diesem Buch um ein germanistisches Arbeitsheft handelt, wird als vorrangiges Publikum eine Leserschaft vorausgesetzt, die ein intensives Interesse an Texten als individuellen Größen und am praktischen Umgang mit Texten hat, wie er sich im (Berufs-)-

Alltag ergibt, d. h. angestrebt wird eine Erweiterung der Fähigkeit zur Analyse, Bewertung und Produktion von Texten. Um das Phänomen in seiner Komplexität zu erfassen, werden unterschiedliche Aspekte und Ansatzpunkte, damit auch verschiedenartige Forschungsausrichtungen vorgestellt. Dabei verbleibt die Darstellung durchgängig auf einem relativ elementaren Niveau, was auch bedeutet, dass Probleme der technischen Darstellung von Textstrukturen – und hier gibt es eine Vielzahl von speziellen Streitpunkten – nicht intensiv zur Sprache kommen. Durchgängig wird eher versucht, Gemeinsamkeiten unterschiedlicher Ansätze herauszustellen bzw. eine gegenstandszentrierte Präsentation vorzunehmen. Die Darstellung versteht sich also weniger als Einführung in textlinguistische Forschungsansätze denn als Erläuterung des Phänomens Text.

Dies führt unmittelbar zu einem der umstrittensten Punkte der Textlinguistik, der Frage nämlich, was ein Text eigentlich ist, welche Definition zugrunde gelegt werden soll. Wegen der großen Bedeutung, die dieser Frage allgemein zugeschrieben wird, sei ihr ein eigenes Kapitel gewidmet.

2. Zum Textbegriff

2.1. Vorbemerkungen zum Definitionsproblem

Kann man mit textlinguistischer Arbeit überhaupt beginnen, ohne über eine klare Vorstellung des Objekts, also eine Definition des Terminus *Text*, zu verfügen? Aber ist *Text* überhaupt ein wissenschaftlicher Terminus, der im Gegensatz zu essentiell vagen und mehrdeutigen Ausdrücken der ‚Gemein- oder Alltagssprache' präzise definiert ist/werden kann oder muss? Besser gefragt: Wenn wir wissenschaftlich von *Text* reden, müssen wir dann eine Terminologisierung vornehmen, d. h. entweder aus dem Bedeutungsspektrum des alltagssprachlichen Ausdrucks eine Lesart auswählen oder eine neue Definition kreieren, die für den Terminus *Text* verbindlich ist?

Die Anhäufung der Fragen soll zum Ausdruck bringen, welches Gewicht der Diskussion um die Bedeutung von *Text* in der Textlinguistik zukommt und wie problematisch die Koexistenz des alltagssprachlichen Ausdrucks und verschiedener linguistischer Definitionsversuche erscheint. Das äußert sich vor allem in der nicht aufhören wollenden Klage darüber, dass sich die Textlinguistik bislang noch nicht auf einen einheitlichen Begriff hat einigen können.[1] Um es nicht bei dieser in doppelter Hinsicht unbefriedigenden Feststellung zu belassen, sei im Folgenden versucht, ihren Gründen nachzugehen und (partielle) Lösungsmöglichkeiten anzubieten. Um die wesentliche These jedoch gleich vorwegzunehmen: Die Suche nach einer verbindlichen und allgemein akzeptierten Textdefinition scheint mir nicht nur aussichtslos, sondern müßig. Statt einer griffigen Definition bedarf es einer Einsicht in die Eigenschaften von Texten, die die Grundlage für eine differenzierte Beschreibung darstellen können. Diesen Fragen sind die Kapitel 3–7 gewidmet.

Zunächst ist festzuhalten, dass mit der Wahl des signifiant *Text* als Erkennungszeichen für eine linguistische Subdisziplin das Problem um dessen Bedeutung unausweichlich und auf Dauer festgeschrieben wird; denn *Text* ist (ebenso wie *Sprache, Wort, Satz*) als alltagssprachlicher Ausdruck einfach zu geläufig, als dass er nicht immer wieder in Konflikt mit terminologischen Umprägungen treten könnte. Wenn Unklarheiten ausgeschlossen werden sollen, müsste daher nicht nur eine Definition (als signifié), sondern auch ein unbesetzter Kunstausdruck (als signifiant) geschaffen werden (z. B. *TXT, Taxt, Texis* oder dergl.). Dass dies nun nicht geschehen ist, dürfte weniger mit der diesbezüglichen Einfallslosigkeit der Linguisten oder mangelnder Einsicht in das Problem zusammenhängen als damit, dass ein vollständiger Bruch mit dem Alltagskonzept gar nicht für wünschbar gehalten wird, anders gesagt, dass das Phänomen Text als überaus komplexes, vielgestaltiges und vielschichtiges Objekt der wissenschaftlichen Betrachtung durchaus im Blick bleiben soll. Dafür eignet sich am besten der gemeinsprachliche Ausdruck (mit seiner Polysemie), nicht ein streng definierter Terminus, der den Analysegesichtspunkt notwendig stark verengt.

---

[1]   Vgl. dazu Fix et al. (2002).

Nun gibt es innerhalb wissenschaftlicher Arbeitsprojekte natürlich Situationen, in denen ein verengter Blickwinkel nicht nur sinnvoll und zulässig, sondern unumgänglich ist. Dies gilt z. B. bei der Festlegung eines Untersuchungskorpus, etwa: das Textmaterial aus einer Zeitungsausgabe, wobei festgelegt werden kann, unter *Text* nur den redaktionellen Anteil, unter Ausschluss von Titeln, Bildunterschriften usw., d. h. nur den als fortlaufend präsentierten Text, zu verstehen. Es gilt aber auch, wenn eine bestimmte Spezialfragestellung verfolgt werden soll, etwa die pronominale Verkettung von Sätzen, wie es Harwegs Anliegen war. Auch wenn er dabei eine Definition von *Text* zugrunde legt, die nur auf dieses Merkmal abzielt, wird man ihm nicht unterstellen dürfen, ihm sei nicht klar, dass Texte auch als kommunikative Ganzheiten betrachtet werden können.

Allgemeiner gesagt: Präzise Definitionen haben den Zweck, eine bestimmte Gebrauchsweise eines Ausdrucks in einem bestimmten Forschungskontext und für diesen festzusetzen, sie konstruieren damit ein Forschungsobjekt für einen bestimmten Zweck. Sie wollen dagegen nicht beschreiben (oder vorschreiben), wie der gewählte Ausdruck im Allgemeinen oder in anderen Kontexten verwendet wird, und sie können auch nicht den Anspruch erheben, das außersprachliche Objekt bzw. den Wirklichkeitsbereich, zu dem ihr Forschungsgegenstand gehört, (erschöpfend) auf seine wesentlichen Merkmale hin zu charakterisieren. Infolgedessen sind auch die vielen verschiedenen Definitionen von *Text*, die man nebeneinanderstellen kann (vgl. Klemm 2002), noch kein Beleg für allgemeine Begriffsverwirrung. Sie konkurrieren nicht notwendig miteinander, sondern sind auf bestimmte Forschungskontexte zugeschnitten.

Diese Sicht mag leicht denn doch zu ausgleichend-versöhnlerisch wirken, und es soll auch nicht bestritten werden, dass es (innerhalb der Textlinguistik) sehr wohl (unüberwindliche) Streitigkeiten um den rechten/angemessenen/zulässigen/sinnvollen Gebrauch des Ausdrucks *Text* gibt. Behauptet sei allerdings, dass solchen Auseinandersetzungen grundlegendere Differenzen über sinnvolle Forschungsprogramme zugrunde liegen (insbesondere zwischen sprachsystem- und sprachverwendungs-orientierten Ansätzen), und es wenig Sinn hat, sie auf unterschiedliche Definitionen von *Text* zurückführen zu wollen.

Nach diesen theoretischen Überlegungen zum (durchaus relativen) Nutzen präziser Definitionen des Begriffs *Text* kommen wir nun zu der inhaltlichen Frage, welche Bedeutungsmerkmale für dieses Konzept relevant sind. Dabei geht es zunächst nicht um *normierende* Festsetzungsdefinitionen im Rahmen der textlinguistischen Diskussion; vielmehr soll eine grobe *Beschreibung* unterschiedlicher Verwendungsweisen gegeben werden. Dazu ist es unbedingt geboten, die semasiologische Fragestellung (nach der Bedeutung von *Text*) mit einer onomasiologischen (nach den Ausdrücken für ,Text') zu verbinden. Es stellen sich also zwei Fragen:

1. Wie wird der Ausdruck *Text* verwendet, welches Bedeutungsspektrum hat er (in welchen Varietäten)?
2. Mit welchen Ausdrücken wird das, wofür heute im Deutschen sowohl alltagssprachlich als auch in der Wissenschaftssprache üblicherweise der Ausdruck *Text* benutzt wird, in der Geschichte der deutschen Sprache (und anderer Sprachen) bezeichnet und welche Merkmale werden der ,Sache' Text zugeschrieben?

Zur Beantwortung dieser Fragen kann man neben den Einträgen im Grimm'schen Wörterbuch (Bd. 11, 1935) und im Fremdwörterbuch von Schulz/Basler (Bd. V, 1981) inzwischen auf die ausführliche und materialreiche Studie von Scherner zurückgreifen, der darin freilich selbst doch nur eine „Skizze" sieht, da „weite Epochen der europäischen Geistesgeschichte [...] bisher hinsichtlich der vorherrschenden Begrifflichkeit von ‚Text' überhaupt nicht oder nur marginal untersucht worden sind" (Scherner 1996:104f.).

2.2. Zum Gebrauch des Ausdrucks *Text*

Immerhin fehlt in keiner Erläuterung des Begriffs der Hinweis, dass *Text* sich aus dem Lateinischen *textus, textum* ‚Gewebe, Geflecht' (zum Verb *texere* ‚weben, flechten') herleitet. Dennoch erweist sich diese etymologische Erläuterung insofern als irreführend, als diese Ausdrücke „bei klassischen Autoren sehr selten vorkommen", dass sie, wenn überhaupt, „metaphorisch gebraucht werden" und „keine Fachtermini, weder in der Grammatik noch in der Rhetorik, darstellen" (Scherner 1996:109). Wie das Phänomen im Altertum und im Mittelalter bezeichnet wurde, also die onomasiologische Fragestellung, soll später behandelt werden. Zunächst sei der Verwendungsweise von *Text* im Deutschen nachgegangen,[2] wo der Ausdruck seit dem 14. Jahrhundert nachgewiesen werden kann.

Unter den verschiedenen Lesarten ist zunächst diejenige zu nennen, bei der *Text* sich auf die Bibel oder eine Bibelstelle bezieht, nämlich der (eigentliche) Text den erläuternden Glossen oder der Predigt (über den Text) gegenübergestellt wird. Diese Lesart ‚Wortlaut eines auszulegenden Werkes' setzt sich bis in unsere Zeit fort und ist außer im theologischen besonders charakteristisch im literaturwissenschaftlich-philologischen Bereich, wo sie auch in vielen Zusammensetzungen vorkommt (*Urtext, Primärtext, Quellentext, Textkritik, Textausgabe* usw.).

Besonders geläufig ist ferner die (bei Grimm als erste geführte) und seit dem 16. Jahrhundert nachweisbare Lesart von *Text* als ‚sprachlicher Teil eines Musikstücks'. Systematisch dazu stellen kann man hier Text als ‚sprachlicher Teil einer Bild-Text-Einheit', die allerdings erst im 20. Jahrhundert z. B. mit Bildunterschriften zu Illustrationen, Pressefotos oder bei der Untertitelung von (Stumm-)Filmen aufkommt, wo auch die Ableitungen *textieren, Textierung, betexten* und schließlich – vor allem in der Werbebranche – der professionelle *Texter*[3] und entsprechende Komposita vorkommen.

Relativ viele Belege findet man in den Wörterbüchern zu heute z. T. nicht mehr üblichen umgangssprachlichen Redewendungen, die an die Lesart ‚Bibeltext' anschließen: *jemandem den Text lesen* ‚jemandem die Meinung sagen' (vgl. *die Leviten lesen, Klartext reden*), *tief in Text kommen* ‚sich verlieren, vom Thema abkommen', *aus dem Text kommen, weiter im Text.*

---

[2] Vgl. für genaue Belege die genannten Wörterbücher.
[3] Erstbeleg bei Schulz/Basler 1955 für die DDR, für die BRD 1960.

Die heute gängigste allgemeine Lesart ‚schriftlich festgehaltene, inhaltlich-thematisch zusammenhängende Folge von Wörtern, Sätzen; Wortlaut einer Rede, eines Schriftstücks‘ (so Schulz/Basler 1981:201) ist vor dem 20. Jahrhundert zwar gelegentlich, aber doch recht selten belegt. Für die Gegenwartssprache darf man annehmen, dass *Text* in dieser Bedeutung zwar allen Sprachteilhabern völlig geläufig ist, aber in der Gemeinsprache doch eher mit spezifizierenden Zusätzen bzw. in Komposita gebraucht wird (*Gesetzes-, Vertrags-, Zeitungstext, literarischer Text* usw.). Das gilt auch für die inzwischen sehr häufige Verwendung von *Text* im Zusammenhang mit den Neuen Medien: *Teletext, Textverarbeitung(sprogramm), Textbaustein, verborgener, elektronischer Text* usw. Wohl in diesem Zusammenhang ist auch der neue (und im *Duden Universalwörterbuch* von 2001 noch nicht angeführte) umgangs- bzw. substandardsprachliche Ausdruck *jemanden zutexten* ‚jemandem mit seinem Gerede auf die Nerven gehen‘ entstanden.

In den Textwissenschaften beginnt der Ausdruck *Text* dagegen erst in den 1960er Jahren seine steile Karriere, er wird in der Literatur(wissenschaft) programmatisch an die Stelle des bis dahin üblichen und eine Wertung implizierenden Ausdrucks *Werk* gesetzt und in der Linguistik, wie bereits oben gesehen, als Leitbegriff für ein neues Programm gewählt. Hier löst er früher übliche signifiants für den gemeinten Gegenstand nahezu vollständig ab. Einschränkend hinzuzufügen ist freilich, dass dies speziell für die deutsche Tradition gilt; in der englisch- und französischsprachigen Linguistik konkurriert er mit den Ausdrücken *discourse* bzw. *discours*.[3]

2.3.   Bezeichnungsvarianten für ‚Text‘ und Texteigenschaften

Damit kommen wir zu der Frage, wie denn in den Textwissenschaften vor der 2. Hälfte des 20. Jahrhunderts ‚Text‘ bezeichnet wurde. Denn bezeichnet wurde das Phänomen natürlich, und zwar in aller Regel mit dem Ausdruck *Rede*. Mit ihm werden seit dem Mittelalter die lateinischen Ausdrücke *oratio* oder auch *sermo* wiedergegeben, die ihrerseits inhaltlich dem heutigen *Text* entsprechen.

Alle diese Ausdrücke werden nun natürlich in der langen Geschichte ihrer Verwendung nicht einheitlich gebraucht, sie sind zu allen Zeiten polysem. Außerdem hat man ihre Lesarten und die relevanten Bedeutungskomponenten in der Regel nicht explizit benannt, sondern sie müssen aus dem Kontext rekonstruiert werden. Dies hat Scherner (1996) in sehr differenzierter Form geleistet, und auf der Grundlage seiner Ausführungen sollen im Folgenden wesentliche Bedeutungskomponenten von *Rede, sermo, oratio* und schließlich auch noch griechisch *logos*, für das im Lateinischen *oratio* steht, zusammengefasst werden. Dabei geht es nicht wie bei Scherner um eine begriffsgeschichtliche Fragestellung, vielmehr sollen lediglich systematisch Bedeutungskomponenten bzw. Merkmale des Phänomens iso-

---

[3]   Vgl. dazu auch Thiele (2000:132) und Pérennec (2000:146).

liert werden, die beim Reden über ‚Text' wichtig waren – und es auch für die gegenwärtige Diskussion noch sind.

Insgesamt ist es nützlich, zumindest grob zwei Traditionsstränge auseinander zu halten, innerhalb derer die Ausdrücke verwendet werden: einerseits den rhetorisch-philologischen, der von vornherein auf Texte als Ganzheiten bezogen ist, andererseits den grammatischen, bei dem die Frage des Aufbaus größerer Einheiten aus kleineren, also von hierarchischen Ebenen oder Rängen der Sprache, im Vordergrund steht.

Bei Platon und Aristoteles bezeichnet *logos* z. T. eindeutig die Größe ‚Satz', z. T. eindeutig die Größe ‚Rede, Text'; beide Ebenen werden also nicht systematisch unterschieden (vgl. Scherner 1996:105ff.). Ein Auseinanderlaufen beider Stränge finden wir dann im Lateinischen, wo innerhalb der Rhetorik *oratio* (neben *sermo*) die Größe ‚Text' bezeichnet, während der Grammatiker Priscian dessen Begriffsinhalt auf die sprachliche Ebene des Satzes eingrenzt (vgl. ebd.:115). In dieser Tradition übernimmt dann auch der Ausdruck *Rede* beide Lesarten, er kann also sowohl ‚Satz' als auch ‚Text' bedeuten (vgl. ebd.:121). Man könnte daher versucht sein, die Beschränkung der grammatischen Perspektive auf die Satzebene auf eine alte Tradition zurückzuführen; diese Interpretation entspricht jedoch nicht den Gegebenheiten. Vielmehr bildet auch bei Grammatikern wie Priscian „die Größe ‚Text' implizit den Hintergrund der gesamten Sprachanalyse" (ebd.:115), so dass „auch beim Fehlen eines expliziten Textbegriffs die textuelle Dimension der Sprache immer vorausgesetzt" ist (ebd.:116).

Die Reflexion auf satzüberschreitende Fragestellungen wird regelmäßig virulent, wenn es um die Behandlung von Konjunktionen und Pronomina geht. In solchen Zusammenhängen tritt auch das Merkmal ‚(durchgängige) Verkettung (von Sätzen)' besonders hervor, das generell „als gegeben vorausgesetzt" wird (ebd.:109) und auf das, wenn auch unterminologisch, charakteristischerweise mit dem Ausdruck *(con)textus* Bezug genommen wird (vgl. ebd.:114ff.). Besonders deutlich wird die Annahme eines fließenden Übergangs zwischen Satz und Text dann in der deutschen Grammatikschreibung und Stilistik des 18. Jahrhunderts, wo die *Periode*, eine Satzverbindung, als wesentliche Zwischengröße behandelt wird:

> „Ein bis zu einer gewissen Länge erweiterter Satz wird mit einem von den Griechen herstammenden Kunstworte eine Periode genannt. Ich sage, ein bis zu einer gewissen Länge erweiterter Satz; indem sich die Linie, wo sich die erweiterten Sätze und Perioden von einander scheiden, nicht genau angeben läßt, daher so wohl die ältern als neuern Lehrer der Wohlredenheit auch oft so schwankend und unbestimmt von den Perioden reden [...]. Die Periode unterscheidet sich daher nicht allein durch die größere Länge und Ausführlichkeit, sondern auch durch die genaue Verkettung [!] mehrerer einander untergeordneter Sätze, von einem bloßen ausgebildeten oder erweiterten Satze." (Adelung 1785, I:253f.)

> „Eine Periode überhaupt ist eine kurze Rede, die einen, oder etliche Gedanken in sich schließt, und für sich selbst einen völligen Verstand hat. Ich nenne sie eine kurze Rede, um dadurch anzuzeigen daß sie sich zu einer langen, wie ein Theil zum Ganzen verhält: denn aus vielen Perioden entsteht erst eine gebundene oder ungebundene Schrift" (Gottsched 1742/1973:351).

In diesen Erläuterungen werden schon andere Bedeutungskomponenten angesprochen, und wir können mit der Feststellung, dass in der grammatischen Tradition auch die Lesart ‚Satz' für *logos/oratio/Rede* keine Beschränkung der Grammatik auf die Analyseebene des Satzes impliziert, den Bereich der Grammatik verlassen und zur näheren Kennzeichnung der Bedeutungskomponenten von *logos/oratio/Rede* als ‚Text‘ übergehen.

Von der rhetorischen Tradition her ist es verständlich, dass zunächst besonders das Merkmal ‚aus mehreren Teilen bestehend‘ in den Vordergrund tritt, bildet doch die *dispositio*, also die Frage, *wie* die einzelnen Teile sinnvoll angeordnet werden können, eine der fundamentalen Aufgaben des Redners, dem überdies mit der Lehre von den (klassischen vier) Redeteilen bereits eine Grobgliederung vorgegeben wird. Spricht man von Teilen von etwas, so denkt man dabei notwendigerweise eine ‚Ganzheit‘ mit, so dass wir dies als weitere Bedeutungskomponente isolieren können. Scherner hebt mehrfach hervor, dass diese Komponente häufig nicht explizit genannt wird (vgl. ebd.:106, 110, 112), was jedoch m. E. eher auf das nicht sehr ausgeprägte Bedürfnis expliziter Merkmalnennung als auf die Abwesenheit dieses Merkmals schließen lässt. Ebenfalls implizit (sich aber gewissermaßen von selbst ergebend) bleibt zunächst auch das Merkmal, dass es sich nicht um eine ungeordnete Menge von Teilen, sondern um eine ‚strukturierte‘ Ganzheit handelt, das etwa bei Melanchthon mit der Metapher des Redners als *architectus orationis* deutlicher wird. Schließlich kann gerade für die Rhetorik mit ihrer Lehre von den (klassischen drei) Gattungen auch die ‚Textsortenspezifik‘ als weiteres Merkmal angesetzt werden.

Während die Rhetorik auf sehr spezifische Vorkommensweisen von ‚Text‘ konzentriert ist, werden in anderen Zusammenhängen die Ausdrücke *logos/oratio/Rede* auch im allgemeinen Sinne von ‚verwendete Sprache‘ oder, wie es in Kapitel 1 hieß, im Sinne von ‚Sprache als Text‘ gebraucht, so bei Platon (vgl. Scherner 1996:106), Dionysios Thrax (vgl. ebd.:108), Quintilian (vgl. ebd.:111), in einem Donat-Kommentar (vgl. ebd.:113) oder bei Isidor von Sevilla (vgl. ebd.:114). Etwas spezialisierter, aber derselben Grundbedeutung zuzuordnen ist die Verwendung von *Rede* im Sinne der ‚je individuellen, aktuellen Sprachäußerung‘ in der Hermeneutik Schleiermachers (vgl. ebd.:128f.), bei Humboldt und in der Sprachtheorie des 19. Jahrhunderts (vgl. ebd.:131f.).

Die bisher genannten Merkmale werden zwar keineswegs bei allen Autoren jeweils ausdrücklich erwähnt, dürften aber – als weitestgehend dem *common sense* entsprechend – wenig kontrovers sein. Umstritten ist dagegen die Bedeutung der Dimension ‚Medialität‘, die auch heute häufig besonders problematisch erscheint, die Frage nämlich, ob als *Text* nur eine ‚schriftliche‘ Sprachäußerung bezeichnet werden sollte. Spannt man den historischen Bogen so weit, wie es bei Scherner geschieht, so umfasst er auch ganz unterschiedliche Stadien der Mediengeschichte und das heißt im konkreten Fall, dass sich in einer durch Oralität geprägten Kultur die Frage zunächst umgekehrt stellt, ob nämlich nur ‚mündliche oder auch schriftliche‘ Sprachäußerungen mit Ganzheitscharakter als *logos/oratio* bezeichnet werden sollen. Bei der Mehrheit der von Scherner zitierten Autoren wird diese Frage positiv beantwortet, wobei allerdings meist die Mündlichkeit als originäre Form der Sprachverwendung präsupponiert wird (vgl. ebd.:110, 113f., 118, 126). Eine „Umpolung des Begriffsinhalts“ registriert Scherner in der rhetorischen Tradition der Spätantike und des Mittelalters, wo „als neues wesentliches Kriterium des ‚oratio‘-Begriffs die Schriftlichkeit“ hinzukommt, „aber nicht im Sinne der vorgängigen schriftlichen Ausarbeitung eines mündlichen Vortrages, sondern vom Abschluß her betrachtet des als Resultat schriftlich vorliegenden Redetextes“ (ebd.:112).

Dennoch wird seit der Antike nicht unterschiedslos alle Sprachverwendung als *oratio* bezeichnet, sondern dieser Begriff auf einen (kunstvoll) ausgearbeiteten und strukturierten Text beschränkt. Quintilian grenzt ihn etwa vom *contextus sermonis cotidiani*, also der alltäglichen Sprachverwendung, ab. In heutiger Redeweise kann man feststellen, dass mit *oratio* nur ‚konzeptionell schriftliche Sprachproduktion' gemeint ist.[4] Da jedoch die konzeptionell mündliche Sprachproduktion gar nicht im Interessensbereich der antiken, mittelalterlichen und auch frühneuzeitlichen Autoren lag, ist es nicht verwunderlich, dass sich zu diesem Merkmal nur wenig explizite Äußerungen finden. Ausdrücklich unter den Begriff *Rede* subsumiert werden konzeptionell mündliche Äußerungen dann seit der Hermeneutik, wobei sich eine begriffliche Differenzierung zwischen dem (allgemeineren) Ausdruck *Rede* und solchen anbahnt, die explizit die materielle (und konzeptionelle) Schriftlichkeit benennen, nämlich etwa *Schrift, Schriften, Schriftwerk, Werk, Literatur, Dichtung* (vgl. ebd.:129f.). Auch Paul und Behaghel subsumieren mündlichen Sprachgebrauch unter *Rede*, häufig speziell *Wechselrede* genannt, und heben wiederum den ‚Verflechtungscharakter' als wesentliches Merkmal hervor (vgl. ebd.:131 und Kap. 1.7). Im Zusammenhang mit der Frage nach der Medialität muss aus heutiger Sicht noch ausdrücklich hervorgehoben werden, dass es vor dem 20. Jahrhundert dabei immer nur um die beiden Erscheinungsformen von Sprache geht, nicht um andere Medien wie insbesondere Bilder, bei denen heute diskutiert wird, ob sie selbst als Texte oder wenigstens Textbestandteile betrachtet werden sollen (vgl. Kap. 4.3.). Dass es sich bei den fraglichen Einheiten um ‚sprachliche Gebilde' handelt, ist daher vorausgesetzt und wird oft nicht einmal explizit erwähnt.

Wenn man bei *logos/oratio/Rede* zunächst an Mündlichkeit als originäre Form der Sprachverwendung denkt, so steht damit auch die Face-to-face-Kommunikation als exemplarischer Fall vor Augen. Es ist daher wenig verwunderlich, dass auch das Merkmal ‚eingebettet in eine Kommunikationssituation' schon früh erscheint: Dionysios Thrax nennt in Anlehnung an Aristoteles z. B. ausdrücklich die drei Faktoren „der Redner, der Sachverhalt, über den er redet, und der Adressat" (Scherner 1996:108) als konstitutive Faktoren eines Textes. Innerhalb der grammatischen Tradition kommt die situative Einbettung speziell bei der Behandlung der Pronomina (der 1. und 2. Person) zur Sprache (vgl. ebd.:115f., 121). Die ausdrückliche Nennung der ‚kommunikativen Funktionalität', bei der sich Bühler bekanntlich an Platon anlehnt, hebt Scherner (ebd.:118) bei der Besprechung von Augustinus und Thomas von Aquin hervor, bei dem sich auch das Wort findet: „lingua per locutionem est communicativa ad alterum". Gegenüber seinen unmittelbaren Vorläufern verweist dann wieder Adelung explizit auf die Intentionalität, „den Zweck der Rede aus der Absicht des Schreibenden" (vgl. ebd.:124), genauer gesagt enthält der 2. Teil seiner Schrift *Über*

---

4   Die Unterscheidung von konzeptioneller Schriftlichkeit und Mündlichkeit betrifft die Frage der Gesamtgestaltung des Textes und hängt wesentlich mit der Spontaneität der Formulierung und der Formalität der Situation zusammen, die mehr oder weniger stark ausgeprägt sein können. Es handelt sich daher um eine graduelle Differenzierung (der Pol der Mündlichkeit ist von hoher Spontaneität und geringer Formalität gekennzeichnet). Dem steht gegenüber die dichotomische Unterscheidung zwischen medialer Schriftlichkeit/Mündlichkeit, die lediglich davon abhägt, ob das Äußerungsprodukt sicht- oder hörbar ist. Vgl. dazu Koch/Oesterreicher (1985 und 1990).

den Styl ausführliche Erörterungen über verschiedene „Arten [des Styles] nach der Absicht des Schreibenden" (Adelung 1785/1974, II:65-346) – in heutiger Ausdrucksweise würde man das eine Klassifikation von Textsorten entsprechend der Kommunikationsfunktion nennen.

Häufiger – und letztlich auch bei Platon und Bühler mit der Konzentration auf die Mitteilungs- oder Darstellungsfunktion – tritt jedoch in diesem Zusammenhang der Text als kognitive Größe, als ‚Sinneinheit' (die dann eben auch kommunikativ übermittelt wird), ins Zentrum, so bei Isidor (vgl. Scherner 1996:113f.), Dante (vgl. ebd.:118), Gottsched (vgl. ebd.:123) und insbesondere in der Hermeneutik (vgl. ebd. 126ff.). Dabei kann es sogar zu einer speziellen Lesart ‚geistige Seite des Textes' kommen, die meist mit dem Ausdruck *Sinn* oder auch *Verstand* bezeichnet wird.[5] G. F. Meier 1751 benutzt aber einmal sogar den Ausdruck *Text* (im Gegensatz zu *Rede*) für ‚Sinn': „Der Text (textus) ist die Rede, in so ferne sie, als der Gegenstand der Auslegung, betrachtet wird", während er ansonsten (wie auch andere Autoren) *Rede* und *Text* synonym verwendet (vgl. ebd.:126, ferner 129, 132).

2.4.   Übersicht über Texteigenschaften und moderne Textdefinitionen

Die Übersicht über die Bedeutungskomponenten von *logos/oratio/Rede/(Text)* bzw. über die der Größe Text zugeschriebenen Merkmale, in der absichtlich ältere Traditionen in den Vordergrund gestellt wurden, kann damit abgeschlossen werden. Sie sei jetzt schematisch zusammengefasst (Abb. 1), so dass sie als Folie zum Vergleich mit modernen Bestimmungen herangezogen werden kann. Zu diesem Zweck werden auch heute gängige Merkmalbezeichnungen hinzugefügt. In den bereits ausgefüllten Spalten der Abbildung sind die Definitionen 1-3 aus der folgenden Sammlung aufgeschlüsselt. Die übrigen bilden den Gegenstand der Aufgabe 1.[6]

1.   „Ein Text ist ein durch ununterbrochene pronominale Verkettung konstituiertes Nacheinander sprachlicher Einheiten" (Harweg 1968:148).

2.   „Der Terminus ‚Text' bezeichnet eine begrenzte Folge von sprachlichen Zeichen, die in sich kohärent ist und die als Ganzes eine erkennbare kommunikative Funktion signalisiert" (Brinker 2001:17).

3.   „Ein Text ist eine abgeschlossene sprachliche Äußerung" (Dressler 1972:1).

4.   „The word TEXT is used in linguistics to refer to any passage, spoken or written, of whatever length, that does form a unified whole" (Halliday/Hasan 1976:1).

---

[5]   Vgl. so Gottsched in dem obigen Zitat oder Adelung (1785/1974:142), wo er für die Rede „Einheit des Verstandes" fordert.

[6]   + bedeutet, dass das Merkmal ausdrücklich als gegeben genannt wird, –, dass es ausdrücklich ausgeschlossen wird. Bei eingeklammerten Zeichen ist das Merkmal als ‚implizit gemeint' zu verstehen.

5. „Ein Text [ist] ein komplexes sprachliches Zeichen, das nach den Regeln des Sprachsystems (Langue) gebildet ist. Textextern gesehen wäre ein Text [...] gleichbedeutend mit ‚Kommunikationsakt'" (Gülich/Raible 1977:47).

6. „Ich verstehe im folgenden unter Text immer eine monologische geschriebene sprachliche Äusserung von mehreren Sätzen Länge, wobei die Sätze untereinander einen – noch zu spezifizierenden – Zusammenhang haben" (Nussbaumer 1991:33)

7. „I am using the term *text* to designate a semiotic object, preserved in writing, on tape, or video-tape, for which at least two native speakers of the given language agree that the given object is a text" (Petöfi 1980:74).

8. „Text ist die Gesamtmenge der in einer kommunikativen Interaktion auftretenden Signale." (Kallmeyer et al. 1974:45).

9. „We do not see an advantage in trying to determine constitutive formal features which a text must possess to qualify as a ‚text'. Texts are what hearers and readers treat as texts." (Brown/ Yule 1983:199).

10. „Unter Texten werden Ergebnisse sprachlicher Tätigkeiten sozial handelnder Menschen verstanden, durch die in Abhängigkeit von der kognitiven Bewertung der Handlungsbeteiligten wie auch des Handlungskontextes vom Textproduzenten Wissen unterschiedlicher Art aktualisiert wurde, das sich in Texten in spezifischer Weise manifestiert. [...] Der dynamischen Textauffassung folgend, wird davon ausgegangen, daß Texte keine Bedeutung, keine Funktion an sich haben, sondern immer nur relativ zu Interaktionskontexten sowie zu den Handlungsbeteiligten, die Texte produzieren und rezipieren" (Heinemann/Viehweger 1991:126).[7]

Die vollständig ausgefüllte Tabelle zeigt zweierlei: Erstens wird in allen Definitionen immer nur ein (kleiner) Teil der für das Phänomen Text als relevant isolierten Merkmale genannt – mitunter (insbesondere in den Definitionen 7 und 9) werden allerdings auch Kriterien angeführt, die sich in der Ausgangsliste nicht finden und die offensichtlich nur im Kontext der Diskussion um den Textbegriff eingeordnet werden können. Zweitens zeigt schon die Notwendigkeit, manche Belegungen einzuklammern, dass als wichtig erachtete Merkmale nicht unbedingt (explizit) in der Definition genannt werden, sondern sich erst aus den Erläuterungen, d. h. dem weiteren Kontext, ergeben. Vieles, was hier und auch sonst in der Sekundärliteratur als ‚Definition' präsentiert wird, weil es in einem Satz wie *Ein Text ist/Ich fasse Text auf als ...* steht, ist tatsächlich gar nicht als (endgültige) Definition gemeint, sondern lediglich als Stellungnahme zu einem (umstrittenen) Punkt. Würde man alle Merkmale explizit nennen (und gar noch erläutern), ergäbe sich nicht mehr etwas, das einer Definition ähnlich sieht, sondern eine umfassende Beschreibung des Phänomens. Anders gesagt: Eine bündige Definition von *Text* kann nur Teilaspekte erfassen und die Vielzahl von Definitionen ist wesentlich darauf zurückzuführen, dass man jeweils unterschiedliche (Kombinationen von) Teilaspekte(n) fokussiert.

Angesichts dessen ist seit den 1980er Jahren der Streit um *eine* einheitliche und klare Definition von *Text* denn auch in den Hintergrund getreten und man bemüht sich um eine

---

[7] Für die zehnte Definition ist keine Spalte mehr vorgesehen, da die Erläuterungselemente nur schwer auf die bisher zusammengetragenen Merkmale abbildbar sind und im Vordergrund weiter führende Überlegungen stehen.

40

Überwindung der (teilweise nur vermeintlichen) Gegensätze durch integrative Ansätze, bei denen es weniger um eine Definition geht als um die Zusammenstellung von Aspekten, die sich in der Diskussion als wesentlich für die Charakterisierung und Beschreibung des Phänomens herausgestellt haben.

IN 2.3. GENANNTE MERKMALE	1	2	3	4	5	6	7	8	9
verwendete Sprache/parole									
(individuelle) Sprachäußerung			+						
Ganzheit/Abgeschlossenheit	(+)[9]	+	+						
aus mehreren Teilen bestehend	+	+							
strukturiert									
gehört zu einer Textsorte									
Verkettung (von Sätzen)/Kohäsion	+								
schriftlich		(–)[10]							
konzeptionell schriftlich		(–)							
in situativer Einbettung									
mit kommunikativer Funktion		+							
Sinneinheit/Kohärenz		+							
sprachlich	+	+	+						
...									

Abb. 1: Bestimmungsmerkmale für die Größe ‚Text'

Statt einer Definition wird dabei „ein nach Beschreibungsebenen differenziertes Modell" (Feilke 2000:68) vorgestellt, letzten Endes ein Konglomerat verschiedener Untersuchungsaspekte. Dieses Vorgehen kennzeichnet nach Feilke auch die Gliederung des HSK-Bandes zur Textlinguistik (Brinker et al. 2000/01), und es ist zweifellos sehr bezeichnend, dass es dort nicht einmal einen Artikel gibt, der dem Problem des Textbegriffs gewidmet ist. Von einem solchen Sammelwerk kann man eine wirkliche theoretische Synthese der verschiedenen Ansätze sicherlich nicht erwarten,[11] mit unmissverständlicher Ablehnung kommentiert Feilke deren Fehlen allerdings bei Beaugrande/Dressler (1981). Sie böten in ihrem Syntheseversuch „ein Spiegelkabinett texttheoretischer Begriffe an [...,] die völlig heterogenen Theorietraditionen verpflichtet sind [...] Der Zugang belegt die Vielfalt textlinguistischer und texttheoretischer Untersuchungsansätze der 70er Jahre, aber eine theoretische Synthese wird gar nicht erst angestrebt" (Feilke 2000:76). Dennoch kann man nicht umhin, in den sieben von Beaugrande/Dressler formulierten Textualitätskriterien den einflussreichsten Versuch einer Zusammenschau zu sehen. Er wird daher hier im Kap. 3 genauer behandelt. Dass es sich bei dem Ansatz von Beaugrande/Dressler nicht um ein geschlossenes theoretisches System, sondern um eine Nebeneinanderstellung verschiedener Aspekte handelt, stößt anders als bei Feilke in der Regel gerade nicht auf Ablehnung,

---

[9] Dies geht nicht unmittelbar aus der Definition hervor, insgesamt ist die Frage nach den Textgrenzen, also der Abgeschlossenheit der Satzfolge für Harweg aber zentral.

[10] Dies ergibt sich aus der Erläuterung der Definition bei Brinker (2001:19).

[11] Angestrebt wird sie in den in Kap. 1.7. vorgestellten modularen Modellen, allerdings gibt es auch zu diesen keine Einzelartikel.

sondern wird eher als positiv bewertete Offenheit des Modells betrachtet, innerhalb dessen sich auch unterschiedlich orientierte Forschungsrichtungen situieren können.

2.5. Kontroverse Kriterien

Bevor wir jedoch zu diesen Textualitätskriterien kommen, muss die Darstellung zum Problem des Textbegriffs abgeschlossen werden. Hierfür ist es zunächst wichtig, diejenigen Merkmale zu nennen, in Bezug auf die tatsächlich kontroverse Meinungen bestehen.

a) Medium: geschrieben – gesprochen; sprachlich – nicht-sprachlich

Nach wie vor umstritten ist das Kriterium der Medialität. Dabei stand zunächst die Frage im Vordergrund, ob man auch bei mündlichem Sprachgebrauch von Texten sprechen soll. In den Einführungen in die Textlinguistik wird diese Frage durchweg bejaht, und zwar mitunter mit einer gewissen Emphase:

> Eine von drei Ebenen im Bereich des Sprachlichen: „Die Ebene der Texte, der Redeakte bzw. der Gefüge von Redeakten, die von einem bestimmten Sprecher in einer bestimmten Situation realisiert werden, was natürlich in mündlicher oder schriftlicher Form geschehen kann." (Coseriu 1994:10)
> „Ein solches [= unser] Textverständnis macht die bisher noch vielfach anzutreffende Unterscheidung zwischen Text und Gespräch gegenstandslos" (Heinemann/Viehweger 1991:90).

Hervorgehoben wird dabei nicht selten, dass gerade die Einbeziehung mündlichen Sprachgebrauchs den linguistischen Begriff von der alltagssprachlichen Verwendung des Ausdrucks *Text* unterscheide. Diese Einheitlichkeit eines weiten, Mündliches einbeziehenden Textbegriffs in einführenden Werken (und linguistischen Wörterbüchern) verdankt sich jedoch nicht der Tatsache, dass in Bezug auf diese Frage allgemeiner Konsens herrschte, sondern erklärt sich daraus, dass in diesen Zusammenhängen das Forschungsspektrum dargestellt werden soll und man dementsprechend zu einer weiten Auslegung tendiert. Daneben bestehen aber auch Auffassungen, in denen zumindest konzeptionelle Schriftlichkeit gefordert wird (vgl. schon Definition 6). Bei konzeptionell schriftlicher Sprachproduktion kommuniziert der Sprecher/Schreiber nicht (nur) für eine aktuelle und vergängliche (Face-to-face-)Interaktion, sondern gestaltet seine Botschaft so, dass sie in anderen Situationen reaktualisierbar ist, dass sie überliefert werden kann.

> „unter T e x t verstehen wir ein von seinem Hersteller von vorneherein als mehr oder weniger dauerhaft intendiertes (oder, wenn es von einem anderen stammt, dauerhaft gemachtes) sprachliches Gebilde" (Glinz 1974:122).
> „Text ist nicht auf Schriftlichkeit einzuschränken, sondern Text ist auch mündlich." Aber: „Der Text ist [...] ein sprachliches Handlungsmittel, um die Gebundenheit dieses Handelns an die Unmittelbarkeit und die Vergänglichkeit ihres Vollzuges zu überwinden. [...] Text als Mittel sprachlichen Handelns hat seinen Zweck in der Überlieferung" (Ehlich 1984:18f.).

Da (konzeptionell) mündliche Texte in einer konkreten Interaktionssituation verankert sind, an der in aller Regel außer dem Sprecher auch mindestens ein Hörer beteiligt ist, führt die

Berücksichtigung von Mündlichkeit weiter auf die Frage, ob in diesem Fall immerhin nur monologische Rede als *Text* bezeichnet werden soll oder ob dieser Ausdruck auch Gespräche umfasst, wie Heinemann/Viehweger es ausdrücklich hervorheben. Auch hier sind die Meinungen geteilt, Brinker kommentiert eine solche Entscheidung vorsichtig ablehnend:

> „Im Unterschied zur alltagssprachlichen Verwendung bezeichnet der Terminus ‚Text' in der Linguistik nicht nur schriftliche (schriftkonstituierte [= konzeptionell schriftliche]) sprachliche Gebilde, sondern auch mündliche Äußerungen. Allerdings ist dabei eine Einschränkung hinsichtlich der Kommunikationsrichtung zu machen: Die linguistische Textanalyse beschäftigt sich vornehmlich [!] mit dem monologischen Text (ein Schreiber bzw. Sprecher). Dialogische sprachliche Gebilde (Gespräche) werden demgegenüber weniger [!] innerhalb der Textlinguistik untersucht als vielmehr im Rahmen einer neuen linguistischen Teildisziplin, der sog. Dialog- oder Gesprächsanalyse." (Brinker 2001:20f.)

Die abgeschwächten Formulierungen dürften sich daraus erklären, dass man auch bei einem engen Begriff von *Text* zumindest die Gespräche einbeziehen wird, die wiederum für die Überlieferung konzipiert sind, wie etwa philosophische Lehrdialoge, Dramen oder Wechselgesänge in der Liturgie.

Festzuhalten ist also, dass die Subsumtion von mündlichen und speziell dialogischen Sprachvorkommen unter den Begriff *Text* noch umstritten ist. Brinker und Heinemann, die in ihren Einführungen gegensätzliche Positionen vertreten, verzeichnen allerdings in dem von beiden mitherausgegebenen HSK-Band einen Umschwung zu einem engeren Begriff von Text(linguistik) hin:

> „Während die Textlinguistik in ihren Anfängen den schriftkonstituierten Text wie das mündlich konstituierte Gespräch noch unter den übergreifenden Begriff des ‚Textes' subsumiert hat, um die grundlegenden Gemeinsamkeiten zu berücksichtigen, wird seit einiger Zeit zunehmend die Verschiedenheit von ‚Text' und ‚Gespräch' herausgestellt. [...] Die Textlinguistik [...] läßt sich [...] auf folgende Form sprachlicher Kommunikation eingrenzen: Sie wird von einer bestimmten Instanz (Einzelperson, Gruppe, Institution etc.) schriftlich konstituiert; Produktion und Rezeption sind nicht interaktiv-gleichzeitig, sondern zeitlich und räumlich versetzt" (Brinker et al. 2000:XVII).[11]

Ein noch weiterer Textbegriff als der, der Mündliches einbezieht, liegt vor, wenn das Merkmal ‚sprachlich' als nicht notwendig oder zu eng gekennzeichnet und unter *Text* ein semiotisches Objekt gefasst wird, das auch (oder sogar ausschließlich) nichtsprachliche Zeichen enthalten kann, wie es in der Definition 8 oder in der folgenden geschieht.

> „Wir gehen von einem erweiterten Begriff des Textes aus, der linear, flächig oder auch räumlich angeordnete Mengen von Material und diskret gegebenen Elementen, die als Zeichen fungieren können, auf Grund gewisser Regeln zu Teilen oder zu einer Ganzheit zusammenfaßt" (Bense 1969:76).

Ein auch auf andere Zeichensysteme als Sprache angewandter Begriff von *Text* drängt sich vielen insbesondere mit Rücksicht auf die multimedialen Computer auf, wo Sprachliches

---

[11] W. Heinemann hat jedoch nur in dieser gemeinsamen Veröffentlichung diese Sichtweise akzeptiert. Ansonsten bleibt er bei der Überzeugung, dass auch die Gemeinsamkeiten (und fließenden Übergänge) zwischen schriftlichen und mündlichen Kommunikaten hervorzuheben sind (vgl. Heinemann/Heinemann 2002:97).

häufig im Verbund mit grafischen, bildlichen Zeichen, Musik oder anderen nichtsprachlichen Geräuschen ein komplexes Ganzes bildet. Auch bei sonstigen über Tastaturen er-
stellten Texten wie etwa E-mails oder SMS werden mehr oder weniger systematisch auch
nichtsprachliche Zeichen verwendet[12] und die sprachlichen sind nicht unbedingt, wie es
Definition 5 fordert, nach den Regeln des (schon gar nicht *eines*) Sprachsystems kombiniert.[13]

Im Folgenden wird ein auf Sprachliches eingegrenzter Begriff von *Text* benutzt. Als
Oberbegriff für „die Gesamtmenge der in einer kommunikativen Interaktion auftretenden
Signale" (Definition 8) habe ich an anderer Stelle (Adamzik 2002c:174) vorgeschlagen, den
Ausdruck *Kommunikat* zu benutzen. Unterscheiden kann man danach Kommunikate in
mono- vs. multimediale. Monomedial sprachliche heißen Text, und bei den multimedialen
wird nur der sprachliche Teil als *Text* bezeichnet.

b) produktbezogene („objektive') – verwenderbezogene („subjektive') Kriterien

Beim zweiten Punkt, über den es grundsätzlich differierende Anschauungen gibt, geht es
um die Frage, ob eine produktorientierte Bestimmung des Textbegriffs möglich ist oder ein
(sprachliches) Gebilde immer nur für Sprachverwender (Produzenten und/oder Rezipienten) *als Text fungieren* kann, diese also die eigentliche ‚Definitionsmacht' haben – dies
unterstellen die Definitionen 7 und 9.[14] Dass es zu einer solchen Auffassung überhaupt
kommen konnte, erklärt sich aus der großen Bedeutung, die die Behandlung von Grenzfällen in der Diskussion um den Textbegriff bekommen hat, und aus der zunehmend wichtiger
gewordenen Berücksichtigung pragmatischer und kognitiver Aspekte. Am Beginn steht die
produktorientierte Sicht und der Versuch, objektive Kriterien für Texthaftigkeit zu formulieren, Kriterien, die man am Text selbst festmachen kann, wie etwa die pronominale Verkettung. Dabei wurden in nicht-natürlicher Sprachverwendung Satzfolgen konstruiert, die
Nicht-Texte darstellen sollen, ausdrücklich als solche gemeint sind. Legt man nun solche
Gebilde oder auch in natürlicher Sprachverwendung entstandenes, aber doch irgendwie
merkwürdiges Sprachmaterial hinreichend vielen kompetenten Sprechern als Versuchsper-
sonen vor, so finden sich bald auch solche, die ihnen dennoch einen Sinn abgewinnen
können und sie daher als Texte akzeptieren. Es wiederholt sich damit auf der Textebene,
was für den Satz schon die Diskussion um Chomskys berühmtes Beispiel *Colourless green
ideas sleep furiously* ergeben hat: Er sollte als Beleg für einen grammatisch korrekt gebil-
deten Satz fungieren, der allerdings semantisch nicht interpretierbar ist, veranlasste aber
eine Reihe von Linguisten dazu, Kontexte zu konstruieren, in denen er auch inhaltlich akzeptabel wird. Damit wird also die große Bedeutung deutlich, die bei der Beurteilung eines

---

[12] Allerdings sind die Schriftsysteme natürlicher Sprachen ohnehin Mischsysteme; insbesondere
kommt kein ausgebautes Schriftsystem ohne Logogramme (z. B. Zeichen für Zahlen, &, § usw.)
aus; vgl. Eisenberg (1996:1373).
[13] Vgl. zu diesem Komplex etwa die Beiträge von Eckkrammer und Meier in Fix et al. (2002).
[14] Dieses Kriterium haben jetzt auch Heinemann/Heinemann (2002:108) als „Merkmal der *subjektiven Deklarierbarkeit*" übernommen.

44

sprachlichen Gebildes der aktiven Sinn-Konstruktion von Rezipienten zukommt. Besser als in Definition 7 erfasst man dies aber etwa in folgender Feststellung:

„Wenn jemand eine Satzfolge kohärent deutet, ist sie ein Text. Oder, anders formuliert: Keine Satzfolge ist davor geschützt, als Text verstanden zu werden" (Linke et al. 1996:247).

Dem sollte man jedoch als Ergänzung eine weitere Feststellung hinzufügen, etwa: ‚Die meisten als abgeschlossen präsentierten Folgen schriftlicher Sätze sind davor geschützt, *nicht* als Text verstanden zu werden, oder anders formuliert: Was jemand als Text meint, wird normalerweise auch als Text verstanden, und zufällige Satzfolgen kommen in der Wirklichkeit kaum vor.' Für die vielen sprachlichen Gebilde, die auch entsprechend textinternen Kriterien als Text aufzufassen sind, braucht man also auf das Kriterium der subjektiven Sinnzuschreibung gar nicht zurückzugreifen, eine solche ergibt sich unter normalen Umständen von selbst (ist aber damit auf jeden Fall vorhanden). Relevant und notwendig wird dieses Kriterium jedoch in Zweifelsfällen. Dass es solche überhaupt gibt, zeigt zunächst, dass Textualität (ebenso wie die Grammatikalität und Akzeptabilität von Sätzen) eine relative Größe ist, die mehr oder weniger stark ausgeprägt sein kann. Zweitens müssen wir feststellen, dass die Urteile von kompetenten Sprechern in Bezug auf Grenzfälle variieren – es gibt tolerantere und phantasievollere und weniger tolerante und phantasievolle Rezipienten. Daraus ergibt sich schließlich, dass es wenig sinnvoll ist, eine – notwendigerweise normative – Textdefinition zu entwickeln, entsprechend der jedes sprachliche Gebilde entweder als Text oder als Nicht-Text klassifiziert werden kann, denn (glücklicherweise) hat in unserer Gesellschaft niemand die Macht, eine solche als verbindlich durchzusetzen. Sehr sinnvoll, insbesondere auch für praktische Zwecke, ist es demgegenüber jedoch, Kriterien zu benennen, die erlauben zu bestimmen, was einen Text zu einem mehr oder weniger guten, verständlichen, kohärenten, kommunikativ funktionalen usw. macht. Damit verliert auch das Argument von Scherner an Gewicht, die Textlinguistik unterscheide sich grundsätzlich von der auf rhetorisch-poetische Wirkung ausgerichteten Rhetorik. Denn auch in der Textlinguistik geht es – zumindest in ihren praktischen Anwendungen – zentral um die Frage der wirkungsvollen Gestaltung der Kommunikation.

c) minimaler Umfang und Abgeschlossenheit

Der letzte Punkt, in Bezug auf den eine gewisse Unstimmigkeit besteht, betrifft die Kriterien ‚Umfang' und ‚Abgeschlossenheit'. Wenn man einen Text als Folge von Sätzen oder als komplexes Zeichen-*Gefüge* ansieht, unterstellt man von vornherein eine gewisse Länge und klammert damit Äußerungen aus, die nur aus einem (eventuell auch noch unvollständigen) Satz oder gar nur aus einem Wort bestehen (*Eintritt verboten; Privatgelände* usw.), obwohl auch diese abgeschlossene kommunikative Akte darstellen. Dennoch besteht allgemeiner Konsens darüber, dass solche ‚Kurz-Texte' allenfalls Randphänomene sind und zweifellos keine guten Beispiele für die Kategorie *Text* darstellen.[15]

---

[15] Rolf (1993:18f.) lehnt die Subsumtion dieser Kurzäußerungen unter den Textbegriff ausdrücklich ab.

Schwieriger und auch theoretisch relevanter als die Frage nach dem Minimalumfang eines Textes ist die nach dem maximalen Umfang, die sich aus dem Kriterium ‚Ganzheit, Abgeschlossenheit' ergibt. In den angeführten Definitionen wird dieses Kriterium mehrfach genannt, teilweise als zentrales. Vater meint allerdings: „Das [...] Kriterium der Abgeschlossenheit findet sich kaum noch in neueren Definitionen" (Vater 1992:25; vgl. auch ebd.:16f.). Aber auch wenn dem so sein sollte, muss man doch feststellen, dass die älteren Definitionen nicht als überholt zu betrachten sind und weiter tradiert werden. So hat sich an dem Kommentar zu diesem Kriterium in Brinkers Einführung von der 1. bis in die 5. Auflage nichts geändert. Er lautet:

> „Die Bestimmung, daß Texte b e g r e n z t e Satzfolgen darstellen, verweist auf die sog. Textbegrenzungssignale. Es handelt sich dabei um bestimmte sprachliche und nicht-sprachliche Mittel. Zu den sprachlichen Signalen für Textanfang bzw. Textschluß gehören z. B. Überschriften, Buchtitel und bestimmte Einleitungs- und Schlußformeln; an nicht-sprachlichen Mitteln sind vor allem bestimmte Druckanordnungskonventionen zu nennen (Buchstabengröße bei Überschriften, Leerzeilenkontingent usw.) [...] Diese und andere Textbegrenzungssignale kennzeichnen also die Zeichen- bzw. Satzfolgen, die für den Emittenten den Charakter der Selbständigkeit und Abgeschlossenheit besitzen, kurz: die er als Texte verstanden wissen will." (Brinker 1985:18/⁵2001:19)

Bemerkenswert ist der letzte Teilsatz, der zeigt, dass Brinker die Abgeschlossenheit von der (subjektiven) Intention des Produzenten abhängig macht. Nehmen wir auch den Rezipienten hinzu, so kann dieser eventuell andere Textgrenzen setzen bzw. ‚verstehen', und zwar insbesondere dann, wenn innerhalb eines größeren Ganzen wiederum Textbegrenzungssignale auftreten, wie etwa Untertitel oder größere Abstände zwischen Absätzen. Solchen Einzelteilen muss auch eine zumindest relative Abgeschlossenheit und Selbständigkeit zugeschrieben werden. Das geschieht insbesondere dann, wenn Auszüge aus Gesamttexten aus der Ganzheit herausgeschnitten und z. B. in einer Anthologie in einen neuen Kontext gestellt werden, innerhalb dessen jeder einzelne Auszug nun als selbständiger und abgeschlossener Text fungiert und durch die von Brinker genannten Textbegrenzungssignale eindeutig als solcher markiert ist. Ist nun die Anthologie, eine Textsammlung, selbst wieder ein ‚Groß-Text'? Auf jeden Fall will ihn der Herausgeber wohl als solchen verstanden wissen, und er wird auch als Ganzheit rezensiert (aber nicht unbedingt von allen Lesern als solche rezipiert).

Festzuhalten ist damit, dass Urteile über die Abgeschlossenheit eines Textes variieren können. Die Aussage Vaters möchte ich dementsprechend abändern: Das Kriterium der Abgeschlossenheit spielt m. E. immer noch eine – sogar zentrale – Rolle für die Bestimmung dessen, was ein Text ist, nur ist man sich inzwischen sehr klar darüber, dass Abgeschlossenheit und Selbständigkeit immer nur relativ zu verstehen sind.

Die Diskussion um das Kriterium der Abgeschlossenheit wird in jüngster Zeit besonders intensiv geführt, und zwar einerseits angesichts der veränderten Kommunikationsgewohnheiten, die das Internet mit seinen Hypertexten mit sich bringt, andererseits aber auch aufgrund der Theoriedebatte, die um den Begriff *Diskurs* kreist. Die genaue Bedeutung, die diesem Ausdruck als Terminus zuzuweisen ist, ist freilich noch umstrittener als die des Begriffs *Text*. Zur Verwirrung trägt nicht zuletzt bei, dass er in seiner englischen und französischen Variante auch als gleichbedeutend mit dem deutschen *Text* verwendet wird (s. o.

S. 34). Für die theoretische Diskussion ist jedoch nicht diese und sind auch nicht andere Lesarten des französischen Ausdrucks *discours* wichtig geworden, sondern eine begriffliche Umprägung, wie sie insbesondere Michel Foucault vorgenommen hat. Nur die auf Foucaults Überlegungen aufbauende Bedeutung, insoweit man sie seit einiger Zeit für die Textlinguistik fruchtbar zu machen sucht, soll hier kommentiert werden (vgl. dazu auch Kap. 4.6.).[16] Ausgangspunkt ist die eben schon erläuterte Überlegung, dass Texte, die vom Produzenten als abgeschlossene Ganzheiten gesetzt werden, dennoch nie völlig unabhängig von anderen Texten sind. Sie stehen vielmehr immer in Traditions- und/oder Diskussionszusammenhängen, greifen Stichworte und Gedanken anderer auf, wenden sich gegen diese o. ä., und sie sind auf jeden Fall vollständig nur mit Rücksicht auf das verstehbar, was der Produzent schon an anderen Texten zum selben Thema rezipiert hat. Für die – nicht individuell, sondern gesellschaftlich konstituierte – Gesamtheit der Texte, die in einem solchen Sinne inhaltlich miteinander verbunden sind, benutzt man inzwischen häufiger den Begriff *Diskurs*. Natürlich handelt es sich bei dieser Gesamtmenge um eine prinzipiell offene Größe, denn jeder Diskurs kann ja durch neue Texte fortgesetzt werden. Außerdem ist auch niemandem die Gesamtheit zugänglich, sondern es können – auch für die Analyse – immer nur Ausschnitte daraus überblickt werden. Besonders interessant und am häufigsten untersucht sind Diskurse zu ideologieträchtigen und gesellschaftlich besonders relevanten thematischen Komplexen, in denen man auch so etwas wie Veränderungen im Zeitgeist aufspüren kann, z. B. der Einwanderungsdiskurs, der Diskurs über die Atomenergie, die Abtreibung, die Wende usw.[17]

Sehr oft gibt es innerhalb von Texten explizite Signale für (mehr oder weniger) eindeutige Bezüge auf andere Texte oder eine bestimmte Tradition, z. B. Gattungsbezeichnungen wie *Novelle* oder *Roman*, Titel wie *Antwort auf Hiob* (C. G. Jung, 1952), Zitate oder Anspielungen. Solche Phänomene fasst man meist unter den Begriff *Intertextualität* (vgl. dazu weiter Kap. 4.6.), der allerdings seinerseits sehr vieldeutig verwendet wird, teilweise auch gleichbedeutend mit *Diskursivität*, nämlich zur Kennzeichnung der Eingebundenheit jedes Textes in umfassendere Zusammenhänge, in das gesamte ‚Text-Universum'. Diese terminologischen Debatten sollen nicht weiter vertieft werden. Festgehalten sei hier nur, dass man – anders als in der Frühphase der modernen Textlinguistik – den Text nicht mehr als absolut selbständige und unabhängige Größe und auch nicht mehr als (gegenüber dem Satz) neue oberste Einheit linguistischer Beschreibung betrachtet, sondern ihn jetzt auch als Bestandteil von übergreifenden Diskursen begreift, in die er eingebettet ist.

---

[16] Vgl. dazu etwa Warnke (2002) und die dort angeführten Literaturhinweise.
[17] Vgl. z. B. Jung (1994), Girnth (1996), Fricke (1999), Jäger (1999).

2.6. Fazit: Text als prototypisches Konzept

Mit der Besprechung der kontroversen Kriterien hat sich die Verwirrung um die vielen Textbegriffe vielleicht etwas gemindert, es bleibt aber dabei, dass eine klare und einheitliche Verwendung des Ausdrucks in der (Text-)Linguistik so wenig gegeben oder erwartbar ist wie in der Gemeinsprache. Zweifellos sind, wie Vater feststellt, die „Schwierigkeiten bei der Textdefinition [...] teilweise objektiver, teilweise subjektiver Natur: Sie liegen sowohl im Phänomen ‚Text' selbst begründet als auch in der Verschiedenheit der verwendeten Ansätze" (Vater 1992:25). Hinzu kommt aber noch ein weiterer Faktor, der nicht nur den Begriff ‚Text', sondern viele andere Kategorien betrifft, mit denen man sich im Alltag und in der Wissenschaft in der Welt orientiert. Zwischen vielen Kategorien bestehen nämlich keine scharfen Grenzen, und viele Kategorien können nicht definiert werden, indem man die notwendigen und hinreichenden Merkmale benennt, die Objekte aufweisen müssen, damit sie unter diese Kategorie fallen. In Bezug auf solche Kategorien ist es daher weniger wichtig oder sogar unmöglich (d. h. lediglich arbiträr festlegbar), ob ein Objekt zu einer Kategorie gehört oder nicht – in unserem Fall also: ob etwas ein Text ist oder ein Nicht-Text. Vielmehr geht es eher darum, entscheiden und begründen zu können, ob es ein gutes Beispiel, ein typischer Vertreter der Kategorie ist. Diese Überlegungen bilden den Kern der seit den 1970er Jahren in der Kognitionspsychologie entwickelten Prototypentheorie. Ein besonders berühmtes Beispiel für die prototypische Struktur einer Kategorie sind Vögel. In Experimenten wurde festgestellt, dass für Amerikaner Rotkehlchen besonders typische Vögel sind, Papageien weniger typische, Straußen und Pinguine schließlich ganz untypische. Wichtig ist, dass die Vorstellungen über Prototypen kultur- und gewiss auch gruppenabhängig variieren können, für viele Inder sind z. B. Pfauen besonders typische Vögel.[18]

Die Prototypentheorie ist kein Gegenkonzept zur Merkmalbeschreibung, sondern weist den Merkmalen nur einen anderen Status zu: Der Prototyp ist nämlich der Vertreter, der zentrale Merkmale der Kategorie gleichermaßen aufweist – bei den Vögeln z. B. Flügel, Flugfähigkeit, Nestbau, eierlegend – während Vertreter, die sich an der Peripherie befinden, zentrale Merkmale nicht aufweisen – z. B. können Straußen nicht fliegen und die ‚Flügel' von Pinguinen sind noch dazu eher so etwas wie Flossen.

Vom Text als ebenfalls prototypischer Kategorie ist gleichfalls schon seit geraumer Zeit die Rede, kürzlich hat Barbara Sandig dieser Frage einen eigenen Artikel gewidmet.[19] Sie behandelt ausgehend von den Textualitätskriterien von Beaugrande/Dressler zentrale Merkmale von Text und unterscheidet daraufhin „mehrere Prototypen von Text: Themadominierte literarische [diese stelle Vater in den Vordergrund] vs. Gebrauchstexte [so bei Brinker] und bei den Gebrauchstexten wieder die themadominierten vs. die funktionsdominierten" (Sandig 2000:101). In einem abschließenden Schema (hier Abb. 2) fügt sie weitere allgemeine Merkmale hinzu, die sie als weniger entscheidend betrachtet. Ungewöhnlich ist an ihrer Darstellung, dass sie Merkmale und nicht Repräsentanten der Kategorie in das

---

[18] Vgl. Aitchison (1997:Kap. 5 und 6, und hier insbesondere S. 84).
[19] Er findet sich in dem Sammelband von Mangasser-Wahl (2000), deren eigener Beitrag zum Verständnis der Prototypentheorie allgemein empfohlen sei.

48

Schema einträgt. Da Prototypen mehrere zentrale Merkmale vereinen, müsste bei dem üblicherweise verwendeten Schematyp im Zentrum also ein Textexemplar oder eine Textsorte stehen; diese sollte außer den zentralen Merkmalen natürlich auch die notwendigen aufweisen. Dazu gehört auf jeden Fall, dass jeder Text einen Autor/Rezipienten hat und ein Medium braucht. Unfraglich ist ferner, dass *prototypische* Texte ‚sprachliche Objekte‘ sind und dass solche in schriftlicher Form (bei Sandig: ‚grafische Gestalt‘) und mit größerem Umfang (bei Sandig ‚Sequenz‘) – ohne den ja auch ‚Kohäsion‘ gar nicht realisiert werden kann – die typischeren Texte sind.

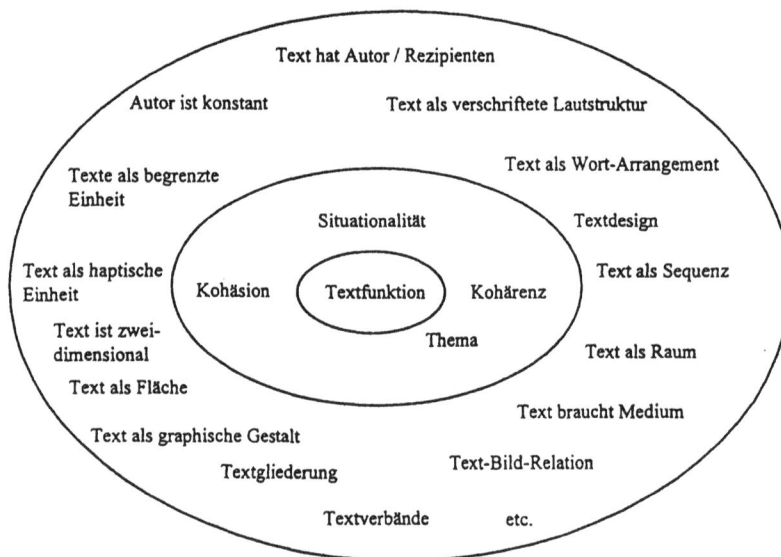

Abb. 2 (Sandig 2000:108)

Aufgaben

1. Ergänzen Sie das Schema 1.

2. In der Darstellung der Gebrauchsweisen von *Text* ergab sich, dass eine sehr wichtige die Bedeutung ‚Bibel‘ oder ‚Bibelstelle‘ hat. Inwiefern handelt es sich dabei nicht um einen prototypischen Text?

3. Versuchen Sie eine Darstellung der prototypischen Struktur der Kategorie Text, und tragen Sie dabei die folgenden Repräsentanten in die Kreise ein: Brief, Dokumentarfilm, Einkaufsliste, Fernsehnachrichten, Gebrauchsanweisung, Kochrezept, Konversationslexikon, Landkarte, Lehrbuch, Lexikonartikel, Patentschrift, Reiseführer, Roman, Small talk, Sonett, Talk Show, Telefonbuch, Todesanzeige, Verkehrsschild (Stop), Werbeplakat, Wörterbuch, Zeitungsnachricht.

3. Texteigenschaften als Beschreibungsdimensionen

In Abschnitt 2.4. wurde bereits darauf hingewiesen, dass in jüngerer Zeit die Diskussion um eine bündige Textdefinition zurückgetreten ist hinter die Arbeit mit einem Katalog von relevanten Texteigenschaften. Dies ist einerseits notwendig, weil eine – selbst trennscharfe – Definition, die auf nur ein Kriterium oder eine kleine Auswahl davon zurückgreift, nur wenig über den Gegenstand aussagt und ihn auf jeden Fall nicht ausreichend charakterisiert (vgl. 2.1.); andererseits ist mit einer Definition allein ohnehin noch nicht viel gewonnen, wenn man sich zur Aufgabe stellt, Untergruppen der Großklasse ‚Text' und Einzeltexte differenziert zu beschreiben. Es reicht ja nicht aus festzustellen, dass ein bestimmtes Merkmal notwendig oder in mehr oder weniger ausgeprägter Form gegeben sein muss, vielmehr kommt es darauf an, sehr allgemein gehaltene Kategorien wie Funktionalität, Situationsgebundenheit usw. konkret auszufüllen, d. h. diese als Beschreibungsdimensionen zu begreifen und eine Reihe von Ausprägungen innerhalb jeder Dimension zu bestimmen.

Damit stellt sich zunächst die Frage, in Bezug auf welche Merkmale Texte beschrieben werden sollen. Die in Kapitel 2 besprochenen Merkmale (Abb. 1) können selbstverständlich als Grundlage dienen, allerdings wurden diese unter Rückgriff auf die unterschiedlichsten Ansätze ungeordnet nebeneinander gestellt und entsprechen daher keiner zusammenhängenden Sichtweise. Im Folgenden seien zunächst Vorschläge einer integrierten Darstellung relevanter Aspekte von Texten vorgestellt, im Weiteren wird dann ein eigener Vorschlag von Dimensionen und den für die Beschreibung benutzten Kategorien vorgestellt.

Wie bereits erwähnt, stellt die Liste der Textualitätskriterien von Beaugrande/Dressler einen besonders häufig gewählten Bezugspunkt dar. Bereits Sowinski (1983:53) bemerkt, dass in den Definitionen der meisten „Autoren, die sich zum Text als Gegenstand der Textlinguistik definierend geäußert haben [...] mehr oder weniger vollzählig die sieben Merkmale" dieser beiden Autoren erscheinen. Sie seien hier in Sowinskis Zusammenfassung wiedergegeben:

> „1. *Kohäsion* als Verbindung der Worte in der Textoberfläche, 2. *Kohärenz* als vorwiegend semantischer Textzusammenhang (der ‚Textwelt'), [...], 3. *Intentionalität* als Ausdruck der Textabsicht, 4. *Akzeptabilität* als Einstellung des Rezipienten, der die vorliegenden Sprachäußerungen als Text anerkennt, 5. *Informativität* als Kennzeichen der Neuigkeit und Unerwartetheit eines Textes [...], 6. *Situationalität* als Situationsangemessenheit des Textes, 7. *Intertextualität* als Ausdruck der Abhängigkeit von anderen Texten." (Sowinski 1983:53f.)

Auch in neueren Beiträgen erscheinen diese Kriterien als geeigneter gemeinsamer Nenner:

> „Meines Erachtens sind die Kriterien der Textualität nach R. de Beaugrande und W. Dressler (1981) noch immer einschlägig, sie sind gleichsam die Matrixkarte der Textlinguistik" (Warnke 2002:127).[1]

---

[1] Vgl. auch Eckkrammer (2002:41).

3.1. Die Textualitätskriterien von Beaugrande/Dressler

Das Buch von Beaugrande/Dressler sollte eine Neufassung der frühesten Einführung in die Textlinguistik werden, die W. U. Dressler bereits 1972 vorgelegt hat. Es geriet jedoch zu einem gänzlich neuen Werk von mehr als doppelt so großem Umfang, das die Autoren gleichwohl als durchaus tentative Darstellung betrachten, da sie „keineswegs eine erschöpfende oder endgültige Behandlung der besprochenen Probleme angestrebt haben", sondern nur eine „nicht-definitive Untersuchung fächerübergreifender Themen" (Beaugrande/Dressler 1981:XI) vorlegen wollten. Angesichts der in der Textlinguistik herrschenden Kontroversen stellen sie fest:

> „Unserer Meinung nach sollte sich die Entscheidung über die zu verwendenden Methoden nach dem Wesen des Textes als kommunikativen Ereignisses richten. Dabei soll der hier vertretene Ansatz bestehende Richtungen eher ergänzen als mit ihnen konkurrieren." (ebd.:XII)

Dies gilt umso mehr, als die beiden Autoren eine interdisziplinäre Herangehensweise propagieren, bei der insbesondere Ansätze aus dem Bereich der Kognitionswissenschaft aufgenommen werden. Wie Sowinski sehr zu Recht feststellt, hat dies zur Konsequenz, dass das Buch „durch die Häufung spezieller Kenntnisse und Methoden den Charakter einer Einführung überschreitet" (Sowinski 1983:43). Wenn die Kriterien von Beaugrande/Dressler dennoch gewissermaßen als Quintessenz aus der Diskussion behandelt werden, mag dies damit zusammenhängen, dass man sich mit ihnen meist gar nicht im Detail auseinandersetzt. Es spricht nämlich einiges dafür, dass häufig nur das erste Kapitel rezipiert worden ist, in dem die Autoren die „sieben Kriterien informell skizzieren" (Beaugrande/Dressler 1981:3), und dass gewisse Inkohärenzen der Darstellung ausgeblendet werden.

Gemäß der grundsätzlich kommunikativen Ausrichtung tritt bei Beaugrande/Dressler die in der Textgrammatik im Vordergrund stehende Kennzeichnung des Textes als Satzfolge zurück, und die Autoren stellen dem folgende Definition gegenüber:

> „Wir definieren einen TEXT als eine KOMMUNIKATIVE OKKURENZ (engl. ‚occurrence'), die sieben Kriterien der TEXTUALITÄT erfüllt" (ebd.:3)

Trotz der betont kommunikativen Ausrichtung ist die Definition von der Diskussion aus dem textgrammatischen Ansatz geprägt, und zwar weil ihr die Erläuterung folgt:

> „Wenn irgendeines dieser Kriterien als nicht erfüllt betrachtet wird, so gilt der Text nicht als kommunikativ. Daher werden nicht-kommunikative Texte als Nicht-Texte behandelt." (ebd.)

Hier kommt in aller Deutlichkeit die Sorge um eine Abgrenzung zwischen Texten und Nicht-Texten zum Ausdruck, die so charakteristisch für die frühen Versuche war, Texthaftigkeit am Vorliegen bestimmter Kohäsionsmittel festzumachen, und bezeichnenderweise erscheint Kohäsion auch im Katalog von Beaugrande/Dressler als erstes Kriterium. Dadurch dass sie diesem nun noch sechs weitere Eigenschaften hinzufügen, die notwendigerweise gegeben sein sollen, um von einem Text sprechen zu können, erhöhen sie die Ausschlusskriterien beträchtlich – und zwar offenkundig ins gänzlich Aussichtslose. Denn wenn im Laufe der Diskussion bereits aufgezeigt worden war, dass Kohäsion – etwa durchgängige Verkettung durch Pronomina und Konnektoren – nicht unbedingt notwendig ist, damit eine Äußerung kommunikativ als Text funktionieren kann, dann können mehrere

Eigenschaften für Textualität erst recht nicht notwendig sein. Entsprechend hat man Beaugrande/Dressler denn auch entgegengehalten, dass ihre Kriterien nicht notwendig gegeben sein müssten und außerdem als relative Größen zu verstehen sind, dass es sich also um Eigenschaften handelt, die mehr oder weniger ausgeprägt vorliegen können.[2]

Allerdings waren sich Beaugrande/Dressler, wie ihr Gesamttext zeigt, dessen von Anfang an selbst sehr bewusst. Irreführend formuliert ist also v. a. ihre – freilich leider besonders häufig zitierte – ,Definition' samt der Zusatzbemerkung zu den ,Nicht-Texten', die sich m. E. nur als Tribut an die formale Grammatik verstehen lässt. Dieser erklärt sich wiederum in erster Linie aus der Geschichte des Buches, denn in der Fassung von 1972 geht Dressler besonders ausführlich auf textgrammatische Ansätze im Rahmen der Generativistik ein, wenngleich auch dort schon semantische und pragmatische Konzeptionen, die Verwender-Perspektive und in einem eigenen Kapitel interdisziplinäre Beziehungen berücksichtigt werden. In der Neufassung lässt sich nun eine deutlich kritischere Infragestellung generativistischer Methodik ausmachen, die allerdings in keinem Absatz kohärent entfaltet wird, sondern ein Zusammenlesen unterschiedlicher Stellen erfordert. Der Anschluss an die Prinzipien einer Erzeugungsgrammatik wird am deutlichsten in folgender Feststellung:

> Man kann „nicht ohne die Unterscheidung von Sätzen und Nicht-Sätzen auskommen, wenn es um die Erstellung einer abstrakten Grammatik geht, da diese Unterscheidung angibt, was die Grammatik zulassen soll oder nicht." (Beaugrande/Dressler 1981:35)

Die eine Frage ist nun, inwieweit es auch in der Textlinguistik sinnvoll ist, ein Regelsystem zu entwickeln, das nur bestimmte Ableitungen als Texte zulässt. Im Vorwort nehmen die Autoren dazu allgemein folgendermaßen Stellung:

> „Linguistische Termini und Begriffe zeigen oft das Streben nach naturwissenschaftlicher, logischer oder mathematischer Strenge. Aber dies allein genügt in der Textlinguistik nicht, da eine Wissenschaft von Texten eigene Termini und Begriffe braucht. Dabei sind, wie wir betonen möchten, *probabilistische* Modelle angemessener als *deterministische*, Darstellungen der Dynamik *strukturbildender Vorgänge* sind fruchtbarer als Beschreibungen der Statik dieser Strukturen; wir sollten eher *Regelmäßigkeiten, Strategien, Motivationen, Präferenzen* und *Standardfälle* (,defaults') als *Regeln* und *Gesetze* zu entdecken suchen; oft können *Dominanzen* realistischere Klassifikationen erlauben als *strikte Kategorien*; *Akzeptabilität* und *Angemessenheit* sind wichtigere Kriterien von Texten als *Grammatikalität* und *Wohlgeformtheit*; Prozesse *menschlichen Urteilens* sind wesentlicher für die Verwendung und Mitteilung von Wissen als *logische Beweise* [...]. Eine solche *Unschärfe* ihrer Untersuchungsgegenstände sollte von einer Wissenschaft systematisch dargestellt, nicht ignoriert oder wegdiskutiert werden." (Beaugrande/Dressler 1981: XIII).

Dieser Absatz lässt sich nicht anders interpretieren denn als klare Stellungnahme gegen ein Konzept, in dem Texte als ,strikte Kategorien' behandelt werden; es wird explizit die ,Unschärfe' des Gegenstandes betont und damit dem Sinne nach der Text als prototypische Kategorie aufgefasst.

Die zweite relevante Frage betrifft die Praktikabilität der Arbeit mit Grammatikalitätsurteilen für die Satzebene, die wiederum an anderer Stelle behandelt wird:

---

[2] Dies geschieht besonders ausführlich bei Vater (1992:Kap.2); vgl. auch Sandig (2000).

„Schon in früheren Untersuchungen war es bekanntermaßen schwierig, einheitliche Urteile über Sätze zu erhalten [...]. Umfassendere Forschungen haben seitdem diese Schwierigkeiten über allen Zweifel hinaus bestätigt [...]. Lambek (1961:167) stellte die Verschiedenheit der Auffassungen sarkastisch dar: ‚Am einen Ende sind jene, die jede Äußerung einen Satz nennen, das heißt, irgendeine jemals von Dichter oder Bauer in den Mund genommenen [sic] Wortkette. Am anderen Ende sind jene, die den Ausdruck ‚Menschenfresser' für ungrammatisch erklären würden, weil ‚Mensch' nicht zur Klasse der Nahrungsmittel gehört'." (Beaugrande/Dressler 1981:136)

Vor diesem Hintergrund lässt sich nun der Kontext der oben zitierten Feststellung, man käme nicht ohne die Unterscheidung von Sätzen und Nicht-Sätzen aus, besser verstehen. Vorausgeschickt wird zunächst die Forderung:

„Die Gültigkeit von Theorien und Modellen muß an natürlichen menschlichen Aktivitäten demonstriert werden." (ebd.:35)

Dies bedeutet, dass die Zugehörigkeit einer sprachlichen Äußerung zur Klasse der Sätze oder Texte vom Urteil kompetenter Sprecher abhängt, freilich weniger von dem explizit ausgedrückten Urteil, das Linguisten in künstlichen Situationen elizitieren, als von den (in der Regel implizit bleibenden) Urteilen, die den kommunikativen Aktivitäten in natürlichen Situationen zugrunde liegen. Inhaltlich anschließend an die späteren Ausführungen zur Schwierigkeit, eindeutige Sprecherurteile zu erheben, heißt es dann:

„Wenn aber die Sprecher nachweislich nicht imstande sind, solch eine Unterscheidung [zwischen Sätzen und Nicht-Sätzen] durchgehend zu machen [... = Querverweis auf S. 136], so ist die Grammatikalität von Sätzen ein selbstverständlicher Standardfall (‚DEFAULT') in einer Theorie von Sprache als menschlicher Tätigkeit, das heißt, etwas, das in Ermangelung gegenteiliger Angaben als gültig angenommen wird [...]. Ein Spracherzeugnis dürfte nur dann als Nicht-Text zurückgewiesen werden, wenn die Kriterien der Textualität so stark verletzt werden (z. B. durch völliges Fehlen jeglicher erkennbarer Kohäsion, Kohärenz und Situationsbezogenheit, etc.), daß kommunikative Verwendung ernstlich blockiert wird [...] Solch eine Grenzlinie kann von textexternen Faktoren abhängen, wie z. B. Toleranz und Vorwissen der Anwesenden, oder verwendeter Textsorte." (Beaugrande/Dressler 1981:35)

Einfacher ausgedrückt bedeutet dies, dass die Autoren auch in der Textlinguistik das als Text akzeptieren wollen, was die Sprachverwender als Text akzeptieren;[3] sie legen also ein verwender-orientiertes Kriterium zugrunde und heben selbst hervor, dass nach diesem ‚subjektiven' Kriterium bestimmte Äußerungen möglicherweise von manchen und in manchen Situationen als Texte akzeptiert werden, von anderen und in anderen Situationen dagegen nicht.

Diesem Versuch einer kohärenzstiftenden Interpretation der Position von Beaugrande/Dressler steht natürlich ihre explizite Definition (von Nicht-Texten) entgegen. Wie problematisch allerdings die dort versuchte Übertragung von Prinzipien aus der „abstrakten

---

[3] Dressler (1972:12ff.) bezieht sich auf diesen Unterschied zwischen Texten als Systemeinheiten (im Rahmen einer Theorie) und „aktuell geäußerten Texten" mit dem Begriffspaar *emischer* vs. *etischer Text*. In der Neufassung erscheinen diese (v. a. von Harweg benutzten) Begriffe nicht mehr und werden heute auch sonst kaum noch verwendet. Das Register der HSK-Bände zur Text- und Gesprächslinguistik weist nur zwei Erwähnungen dieser Ausdrücke auf, einerseits bei Harweg selbst, andererseits in einem Referat von Harwegs Position.

Grammatik" auf die Textebene ist,[4] zeigt schon die Textstelle selbst mit der in sich widersprüchlichen Formulierung, nicht-kommunikative *Texte* [!] seien Nicht-Texte, und auch den Passivkonstruktionen; diese lassen offen, *wer* „betrachtet" und „behandelt": der (Text)Grammatiker bzw. Linguist oder die Verwender von Texten? Dies ist aber eine sachlich außerordentlich wichtige Frage; sie lässt sich wohl relativ leicht dahingehend beantworten, dass sich für Sprachverwender kaum je die Frage stellen dürfte, ob etwas ein Nicht-Text sei; für sie ist vielmehr relevant, ob etwas ein (relativ) zusammenhangloser, schwer verständlicher, situativ nicht angemessener usw. Text ist. Die grundsätzliche Auffassung „des Textes als kommunikativen Ereignisses", so ist abschließend festzuhalten, macht den Kern des Ansatzes von Beaugrande/Dressler aus; sie verträgt sich allerdings nicht mit einer systemorientierten Sicht, wie sie ihre explizite Definition nahelegt.

Inwieweit nun auch mit der vorgetragenen Interpretation das Anliegen von Beaugrande/Dressler angemessen erfasst sein mag, sei dahingestellt, im Folgenden werden jedenfalls auch ihre ‚Textualitäts-*Kriterien*‘ nicht als (in mehr oder weniger großem Ausmaß) notwendig vorhandene Eigenschaften von Texten behandelt, sondern lediglich als Beschreibungsdimensionen für wesentliche Eigenschaften von (prototypischen) Texten.

3.2. Andere Kataloge von Beschreibungsdimensionen

Vergleicht man nun die Kriterien von Beaugrande/Dressler mit der Liste in Abb. 1 oder auch der Vielzahl von Textmerkmalen bei Sandig (Abb. 2), so erscheint die Festsetzung sowohl der Menge relevanter Texteigenschaften als auch ihrer Benennung einigermaßen willkürlich, so dass man sich geradezu fragen kann, ob es wohl die Heiligkeit der Zahl 7 ist, die dem Vorschlag von Beaugrande/Dressler eine so relativ breite Zustimmung eingetragen hat. Um dem Eindruck zu wehren, die Bestimmung von Beschreibungsdimensionen sei tatsächlich völlig willkürlich, ist es ratsam, verschiedene Vorschläge vergleichend gegenüber zu stellen, so dass sie auch aufeinander abbildbar sind.

Ein minimaler, besonders in der Anfangsphase der modernen Textlinguistik gebräuchlicher ‚Katalog‘ umfasst lediglich zwei Beschreibungsdimensionen, nämlich *textinterne* und *textexterne* Merkmale. Eine solche Zweiteilung liegt auch der Erstfassung von Dresslers Einführung (1972) zugrunde. Dort gibt es ein Hauptkapitel zur *Textgrammatik* und eines zur *Textpragmatik*. Ersteres umfasst allerdings auch *Textsemantik* und *-thematik* und entspricht damit insgesamt den ‚internen‘ Merkmalen. Auch bei Brinker findet sich eine entsprechende Gliederung. Ein Hauptkapitel gilt der *Textstruktur* und ist untergliedert in *grammatische* vs. *thematische* Bedingungen der Textkohärenz, ein weiteres der *Textfunktion*, also dem pragmatischen Aspekt.

---

[4] Besonders merkwürdig ist, dass es sich von der Redeweise her gar nicht um eine wirkliche Übertragung handelt. Denn in der formalen Grammatik spricht man nicht von *Nicht-Sätzen*, sondern von *ungrammatischen Sätzen*, und es ist allgemein bekannt, dass ungrammatische Sätze durchaus kommunikativ akzeptabel sein können.

54

Angesichts dessen ist es alles andere als erstaunlich, dass vielfach auch eine Dreiteilung vorgenommen wird, in der eben thematisch-inhaltlich-semantische Aspekte explizit von grammatischen abgegrenzt werden, wobei man sich oft ausdrücklich an die von Morris eingeführte Unterscheidung von drei Dimensionen des Zeichenprozesses anlehnt, nämlich Syntax (oder Syntaktik: untersucht die Beziehung von Zeichen zu Zeichen; oben: Grammatik), Semantik (untersucht die Beziehung von Zeichen zu den Gegenständen, über die gesprochen wird, oben: Thema) und Pragmatik (untersucht die Beziehung der Zeichen zu den Zeichenverwendern).

Relativ undifferenziert bleibt bei dieser Dreiteilung der Bereich Pragmatik, der daher in anderen Ansätzen noch untergliedert wird in die funktionale und die situative Dimension.[5] Diese Vierteilung propagiert jetzt auch W. Heinemann (2000a),[6] der dabei von folgenden Ebenen spricht: *formal-grammatische, inhaltlich-thematische, situative, funktionale.*[7] Sandig betrachtet dieselben Eigenschaften als zentral: Bei ihr erscheint die *Textfunktion* im innersten Kreis, *Situationalität, Thema* sowie *Kohäsion*, eine Kategorie, die Heinemanns formal-grammatischer Dimension entspricht, im folgenden.

Das fünfte zentrale Merkmal Sandigs ist Kohärenz, das nicht wie Kohäsion den grammatisch-formalen, sondern den inhaltlichen Zusammenhang betrifft. Sie unterscheidet hier also ebenso wie Beaugrande/Dressler, während andere Autoren beides zusammengreifen. An diesem Begriffspaar wird besonders deutlich, dass die verschiedenen Dimensionen miteinander in Zusammenhang stehen; es handelt sich nicht um voneinander unabhängige Kriterien. Brinker weist die genannte Unterscheidung daher ausdrücklich zurück:

> „In einigen textlinguistischen Arbeiten wird zwischen Kohäsion und Kohärenz unterschieden [...] ‚Kohäsion' meint dann die Verknüpfung der Oberflächenelemente des Textes durch bestimmte grammatische Mittel [...], während ‚Kohärenz' den konzeptionellen Zusammenhang des Textes, d. h. die zugrundeliegende Konstellation von Begriffen und Relationen, bezeichnet. Diese Unterscheidung ist unnötig; [...] Wir gehen im folgenden von einem umfassenden Kohärenzkonzept aus, das nach verschiedenen Aspekten (grammatisch, thematisch, pragmatisch, kognitiv; explizit, implizit usw.) differenziert wird" (Brinker 2001:18, Anm.).

Besonders relevant ist an dieser Passage, dass nicht nur die Möglichkeit der Unterscheidung des textinternen Merkmals Kohäsion vom – eher oder mindestens auch – textexternen der Kohärenz in Frage gestellt wird, sondern Brinker diese Grenzziehung überhaupt für unpraktikabel zu halten scheint und die verschiedenen Dimensionen offenbar alle miteinander in Zusammenhang setzt.

---

[5] So auch im Rahmen der kommunikativ-funktionalen Sprachbetrachtung; vgl. Krause (2000c).

[6] Im Gegensatz zur Aufgliederung bei Heinemann/Viehweger in fünf Ebenen, von denen zwei dem thematischen Aspekt zuzuordnen waren. Vgl. auch Heinemann/Heinemann (2002:134), wo die folgenden Ebenen angeführt sind: Funktionalität, Situativität, Thematizität und Formulierungsadäquatheit. Die Bezeichnung für die letzte Dimension, *Formulierungsadäquatheit* statt *Formuliertheit* oder eben *sprachliche Form*, erklärt sich wohl daraus, dass diese Liste im Kapitel *Textmuster – Textsorten – Texttypen* präsentiert wird und der Blick von vornherein auf die Frage nach der Übereinstimmung mit einer vorgegebenen Norm gerichtet ist.

[7] Ansatzweise ist sie auch schon bei Brinker gegeben, da er im Kapitel zu den Textsorten kontextuelle Kriterien von der Textfunktion abgrenzt.

Bevor wir weiter auf diese Frage eingehen, müssen noch die beiden bei Beaugrande/Dressler zusätzlich genannten Kriterien besprochen werden, das sind die Akzeptabilität und die Intertextualität. Akzeptabilität ist das (auch im selben Kapitel besprochene) Gegenstück zur Intentionalität, die dem Textproduzenten zugesprochen wird. Hier wird also ausdrücklich die Rezipientenperspektive berücksichtigt, die in den anderen Ansätzen (ebenso wie andere Gesichtspunkte der Produzentencharakterisierung als die Intention) in der situativen Dimension zu behandeln wäre. Die Intertextualität schließlich ist zwar ein in der Textlinguistik inzwischen sehr stark beachteter Faktor, in Konkurrenzkataloge zu Beaugrande/Dressler ist er jedoch nicht als eigenständige Hauptdimension eingegangen und auch bei Sandig erscheint er allenfalls unter dem Stichwort *Textverbände* und gilt ihr neben vielen anderen Faktoren anscheinend als peripher. Zur Übersicht sind die Ergebnisse des Vergleichs in Abbildung 3 zusammengefasst.[8]

Grundunter-scheidung	Dressler 1972	Brinker 1985/2001	(Morris)	Heinemann 2000	Beaugrande/ Dressler 1981
textintern	Textgrammatik	Textstruktur grammatisch	Syntax	formal-grammatisch	Kohäsion
	-semantik -thematik	thematisch	Semantik	inhaltlich-thematisch	Kohärenz / Informativität[9]
textextern	Textpragmatik	Textfunktion	Pragmatik	funktional	Intentionalität / Akzeptabilität
				situativ	Situationalität
					Intertextualität

Abb. 3: Kataloge von Beschreibungsdimensionen

Kommen wir nun nochmals auf die in Kapitel 2 zusammengestellte Liste zurück, so zeigt ein Vergleich mit den Kriterien von Beaugrande/Dressler Folgendes: Dass es sich beim Text um eine sprachliche Einheit handelt, setzen sie offenbar voraus, (konzeptionelle) Schriftlichkeit gilt ihnen nicht als notwendiges oder prototypisches Kriterium. Selbstverständlich muss dieser Faktor bei der Beschreibung dennoch berücksichtigt werden. Auffällig ist weiter, dass bei ihnen drei miteinander zusammenhängende Merkmale aus der Liste fehlen, nämlich dass ein Text eine *aus mehreren Teilen* bestehende *strukturierte Ganzheit* darstellt.[10] Formuliert man dies in eine Beschreibungsdimension um, so handelt es sich um den Aspekt der globalen Struktur eines Textes. Dieser kann allerdings wiederum auf verschiedene Ebenen angewandt werden.

Wir kommen damit auf die Frage zurück, inwieweit die Dimensionen miteinander zusammenhängen bzw. voneinander abgrenzbar sind. Die Tatsache, dass man einzelne Dimensionen aus einer zunächst globaler angesetzten heraus differenziert hat, lässt schon

---

[8] Zu weiteren Katalogen vgl. Krause (2000a:Kap. 1 und 2).

[9] Die Zuordnung dieses Kriterium zu den inhaltlich-thematischen (textinternen) Merkmalen ist insofern unzutreffend, als Beaugrande/Dressler darin ein verwender-zentriertes Kriterium sehen und alles Inhaltliche dem Bereich der Kohärenz zuschlagen.

[10] Krause (2000c:52ff.) bezieht Ganzheitlichkeit und Strukturiertheit als allgemeine Textmerkmale ausdrücklich in sein Modell ein.

56

vermuten, dass sie nicht streng voneinander abgehoben werden können. Will man z. B. die Funktion eines Textes beschreiben, so ist dies eigentlich nur möglich, wenn man ihn als in einer bestimmten Situation eingebetteten begreift. Ein und derselbe Text kann in verschiedenen Situationen unterschiedliche Funktionen übernehmen. So kommt es z. B. gar nicht so selten vor, dass irgendwelche mehr oder weniger missglückten Gebrauchstexte in arbeitsentlasteten Situationen als Gegenstände der Belustigung (z. B. als Stilblütenreservoir) benutzt werden. Dabei handelt es sich um einen Sonderfall eines sehr wichtigen Typs von Intertextualität, nämlich um die Übernahme eines Textes oder Textausschnitts in einen anderen Zusammenhang, um irgendwelche Arten von Zitaten. Bei diesen kommt es generell außerordentlich häufig zu einer Veränderung der Funktion des Ausgangstextes. Textbeispiel 4 demonstriert den Sonderfall einer Weiterverwendung von Texten aus der Tagespresse in einem Roman. Selbstverständlich kann man dergleichen als gewissermaßen parasitäre Wiederverwendung von Texten betrachten und es aus einem elementaren Modell ausschließen. Bei der Beschreibung von Einzeltexten muss dem jedoch Rechnung getragen werden können.

Textbeispiel 4
Lokalnachrichten
Das war in Berlin in der zweiten Aprilwoche, als das Wetter schon manchmal frühlingsmäßig war und, wie die Presse einmütig feststellte, herrliches Osterwetter ins Freie lockte. In Berlin erschoß damals ein russischer Student, Alex Fränkel, seine Braut, die 22jährige Kunstgewerblerin Vera Kaminskaja, in ihrer Pension. Die gleichaltrige Erzieherin Tatjana Sanftleben, die sich dem Plan, gemeinsam aus dem Leben zu scheiden, angeschlossen hatte, bekam im letzten Augenblick Angst vor ihrem Entschluß und lief fort, als ihre Freundin schon leblos zu Boden lag. Sie traf eine Polizeistreife, erzählte ihr die furchtbaren Erlebnisse der letzten Monate und führte die Beamten an die Stelle, wo Vera und Alex tödlich verletzt lagen. Die Kriminalpolizei wurde alarmiert, die Mordkommission entsandte Beamte an die Unglücksstelle. Alex und Vera wollten heiraten, aber die wirtschaftlichen Verhältnisse ließen die eheliche Vereinigung nicht zu.
Weiterhin sind die Ermittelungen über die Schuldfrage an der Straßenbahnkatastrophe an der Heerstraße noch nicht abgeschlossen. Die Vernehmungen der beteiligten Personen und des Führers Redlich werden noch nachgeprüft. Die Gutachten der technischen Sachverständigen stehen noch aus. Erst nach ihrem Eingang wird es möglich sein, an die Prüfung der Frage heranzutreten, ob ein Verschulden des Führers durch zu spätes Bremsen vorliegt oder ob das Zusammenwirken unglücklicher Zufälle die Katastrophe veranlaßte.
An der Börse herrschte stiller Freiverkehr; die Freiverkehrskurse lagen fester im Hinblick auf den eben zur Veröffentlichung gelangenden Reichsbankausweis, der ein sehr günstiges Bild zeigen soll bei einer Abnahme des Notenumlaufs um 400 Millionen und dem des Wechselbestandes um 350 Millionen. Man hörte 18. April gegen 11 Uhr I. G. Farb. 260 einhalb bis 267, Siemens und Halske 297 einhalb bis 299; Dessauer Gas 202 bis 203, Zellstoff Waldhof 295. Für deutsches Erdöl bestand bei 134 einhalb einiges Interesse.
Um noch einmal auf das Straßenbahnunglück in der Heerstraße zu kommen, so befinden sich alle bei dem Unfall schwerverletzten Personen auf dem Weg der Besserung.
Schon am 11. April war der Redakteur Braun durch Waffengewalt aus Moabit befreit. Es war eine Wildwestszene, die Verfolgung wurde eingeleitet, von dem stellvertretenden Präsidenten des Kriminalgerichts wurde sofort der übergeordneten Justizbehörde eine entsprechende Meldung gemacht. Zurzeit werden die Vernehmungen der Augenzeugen und der beteiligten Beamten noch fortgesetzt. [...]

Ferner hängt die Frage, welche Funktionen überhaupt zulässig sind, davon ab, in welcher Situation man sich befindet und welche Rolle man darin zu übernehmen hat. Dies gilt ins-

besondere für institutionelle Kontexte; ein Beispiel dafür mag der – mindestens in Krimi-
nalfilmen häufiger zu hörende – Satz sein *Wir stellen hier die Fragen!* Ebenso besteht natürlich eine enge Beziehung zwischen Situation und behandelbaren bzw. erwartbaren Themen, und auch die sprachliche Gestaltung ist bekanntermaßen sowohl von der Situation als
auch von der Funktion des Textes abhängig. Am beunruhigendsten ist wohl, dass man nicht
einmal textinterne von textexternen Merkmalen klar unterscheiden kann, wie schon der
Streit um den Nutzen der Abgrenzung von Kohäsion und Kohärenz gezeigt hat. Insgesamt
gesehen ist eine Abgrenzung deswegen kaum möglich, weil textexterne Faktoren explizit
verbalisiert werden können. Dabei kann nicht etwa nur die – auch ohne solche Mittel erkennbare – Funktion, Situation usw. versprachlicht werden, vielmehr kann es auch vorkommen, dass erst der explizite Ausdruck deren Spezifik überhaupt konstituiert. Was das
Thema betrifft, so stellt Vater (1992:66) fest, dass es „allerdings eine nichtsprachliche
Größe [ist], die erst durch den Text versprachlicht wird und die eingebettet ist in einen
bestimmten Wissenszusammenhang". Darin kann man ihm natürlich zustimmen; allerdings
wird Außersprachliches erst *durch* die Versprachlichung zum Thema eines Textes, und
insofern kann man es kaum dem einen oder anderen Bereich zuordnen. Grundsätzlich werden Texte immer nur vor dem Hintergrund des Weltwissens im weitesten Sinne und einer
Situationseinschätzung produziert und rezipiert, wobei textinterne und textexterne Faktoren
einander wechselseitig beeinflussen. Die Frage nach der genauen Abgrenzung einzelner
Dimensionen scheint mir daher einigermaßen müßig zu sein, und die Übersicht zeigt, dass
ein großer Dissens darüber, welche Texteigenschaften denn nun besonders relevant sind,
auch gar nicht besteht.

Erstaunlich an den vorgestellten Katalogen ist es allerdings, dass sich im Laufe der Zeit
die Ebene der ‚textinternen' Eigenschaften nicht besonders differenziert hat und – wenn
man die Kohärenz als auf der Grenze zwischen extern und intern liegend begreift – alles
Textinterne in der Dimension Kohäsion aufzugehen scheint, obwohl an der sprachlichen
Gestalt von Texten natürlich vieles mehr zu beschreiben ist als lediglich die (grammatischen) Mittel des formalen Zusammenhangs der Äußerungsbestandteile (vgl. dazu weiter
Kap. 7.2). Ebenso muss es verwundern, dass auch in explizit kommunikativ-pragmatisch
orientierten Ansätzen die Kohäsion als erstes Merkmal beschrieben wird. Dies gilt nicht nur
für Beaugrande/Dressler, sondern auch für Brinker. Zum relativen Stellenwert interner und
externer Faktoren stellt er ausdrücklich fest:

> „Es ist inzwischen [...] deutlich geworden, daß eine bloß additive Erweiterung der sprachsyste-
> matisch ausgerichteten Textlinguistik um eine kommunikativ-pragmatische Komponente wohl
> kaum zu einem adäquaten textlinguistischen Beschreibungsmodell führen wird. Vielmehr sind die
> sprachsystematisch orientierten Textmodelle in den pragmatischen bzw. handlungstheoretischen
> Forschungsansatz zu integrieren. Denn dem pragmatischen Ansatz kommt innerhalb des gesamten
> textanalytischen Forschungsprozesses insofern eine dominierende Bedeutung zu, als er den um-
> fassendsten Aspekt der Textlinguistik repräsentiert. Bereits eine flüchtige Vergegenwärtigung des
> Ablaufs der Textproduktion kann zeigen, daß sowohl die Wahl der sprachlichen Mittel (grammati-
> scher [!] Aspekt) als auch die Entfaltung des Themas bzw. der Themen eines Textes (themati-
> scher Aspekt) kommunikativ gesteuert werden, d. h. durch die kommunikative Intention des
> Emittenten sowie durch Faktoren der sozialen Situation bestimmt sind" (Brinker 2001:16f.).

58

Dennoch beginnt auch er seine Darstellung mit dem Kapitel zur Grammatik und auch im Kapitel zu den Textfunktionen setzt Brinker immer zuerst bei den expliziten ‚Indikatoren‘ an, obwohl er ausdrücklich feststellt, dass es erstens nicht immer solche (eindeutigen) Indikatoren gibt und dass zweitens „die kontextuelle Analyse prinzipiell den Ausschlag gibt" (Brinker 2001:101). Es kann m. E. kein Zweifel bestehen, dass sich in diesen Anordnungen ganz einfach die wissenschaftsgeschichtliche Entwicklung spiegelt, in der die textgrammatischen Ansätze das größte Potenzial für eine grundlegende Umorientierung der Linguistik zu haben schienen und auch am schnellsten differenzierte und weitgehend unumstrittene Ergebnisse erzielen konnten. Sachlich bleibt die Frage nach der Satzverkettung als Ausgangspunkt für die Betrachtung von Texten gleichwohl ungeeignet. Ebenso wenig sinnvoll ist es (besonders wenn eigentlich die Produzentenperspektive in den Vordergrund gestellt wird), die Analyse bei den sprachlichen Mitteln anzusetzen, um von dort her zur Intention/Funktion vorzustoßen. Im Folgenden wird diese Vorgehensweise daher aufgegeben.

Dabei schließe ich mich Brinkers Auffassung von der Kohärenz als eines umfassenden Konzeptes an, das sowohl sprachliche und inhaltliche als auch funktionale und sogar situative Aspekte umfasst, d. h. in und zwischen den einzelnen Dimensionen muss jeweils untersucht werden, inwieweit Kohärenz gegeben ist und wodurch sie zustande kommt bzw. gestört ist. Als Kohärenzbruch betrachte ich es also auch, wenn inhaltlich sehr wohl zueinander passende Ausdrücke gegensätzlichen Stilniveaus gemischt werden, wenn das Thema oder auch ein bestimmter Ausdruck nicht zur Situation passt. Dafür bringen Glück/Sauer (1997:52) ein lustiges Beispiel, wenn sie über den Satz *Wegen dieses Mistes rufst du mich mitten in der Nacht an?* sagen, hier müsse „der Genitiv bei *wegen* nachgerade als Verstoß gegen pragmatische Regeln charakterisiert werden". Kohärenz fasse ich also nicht als eigenständige Dimension auf, sondern vielmehr als ‚regulatives Prinzip‘ von Textproduktion und -rezeption.

Die Kohäsion soll ebenfalls nicht als eigene Hauptdimension behandelt werden, da die grammatischen Beziehungen zwischen Ausdrücken nur einen Aspekt der sprachlichen Gestalt des Textes darstellen. Generell halte ich die Arbeit mit einem relativ kleinen Katalog von Grunddimensionen für vorteilhaft und lege insgesamt ein Raster zugrunde, das am ehesten der Auffassung Heinemanns entspricht und sich den folgenden Fragen zuordnen lässt: ‚Was‘ (Thema), ‚Wozu‘ (Funktion), ‚Wie‘ (sprachliche Gestalt) und ‚In welchem Kontext‘ (Situation)? Diese Grunddimensionen umfassen jeweils mehrere Unterkategorien, in denen auch andernorts zusätzlich angesetzte Beschreibungsdimensionen aufgehen.

3.3. Ein Raster für Dimensionen der Textbeschreibung

Im Kapitel 3.2. wurde das Problem des Verhältnisses verschiedener Ebenen oder Dimensionen erläutert. Die dort angestellten Überlegungen führen mich dazu, folgendes Schema (Abb. 4) als grobes Ordnungsraster für Dimensionen der Textbeschreibung zugrunde zu legen. Die sprachliche Gestalt wird also als Dimensionen betrachtet, die in Beziehung zum

Wo, Was und Wozu der kommunikativen Interaktion steht. Damit wird dem Faktum Rechnung getragen, dass eine scharfe Abgrenzung zwischen textexternen und textinternen Faktoren nicht möglich ist, sondern das Außersprachliche teilweise im Sprachlichen abgelesen werden muss, z. T. aber auch durch die sprachliche Interaktion erst als solches konstituiert wird. Wenn man die Kohäsion von der Kohärenz abgrenzen will, so besteht erstere zwischen den Elementen innerhalb des Kastens, der den Text repräsentiert. Die Frage, inwieweit Kohärenz vorliegt, muss jedoch nicht nur für die kohäsiv (nicht) verbundenen Sprachzeichen und mit Bezug auf die Ebenen Situation, Thema und Funktion untersucht/entschieden werden, sondern Kohärenz(bruch) kann auch zwischen den verschiedenen Dimensionen vorliegen, weshalb alle Dimensionen durch Doppelpfeile miteinander verbunden sind. Selbstverständlich kann man Kohärenzbrüche aber auch durch ihre Thematisierung auffangen (z. B.: *Das gehört jetzt eigentlich nicht hierher, aber ...*).

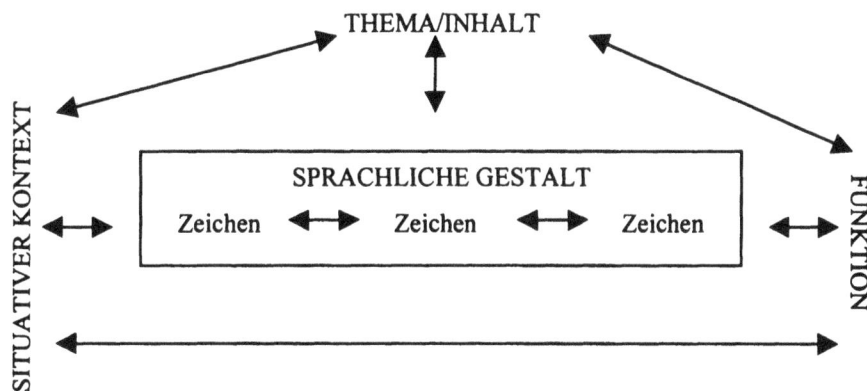

Abb. 4: Dimensionen der Textbeschreibung[11]

Diese Dimensionen müssen nun im Einzelnen erläutert bzw. gefüllt werden, denn sie umfassen jeweils mehrere Aspekte. Hier stellt sich allerdings das Problem, dass eine erschöpfende Auflistung und Ausdifferenzierung potenziell relevanter Faktoren kaum möglich und v. a. wenig sinnvoll ist: Nicht nur mögen nämlich viele Einzelfälle zusätzliche Kriterien oder eine weitere Auffächerung nötig machen, überdies dürften viele Aspekte bei der konkreten Analyse einzelner Texte oder Textsorten irrelevant bzw. trivial sein.

Deutlich werden wird bei der Besprechung der einzelnen Faktoren v. a., dass es sich tatsächlich um ein enges Beziehungsgeflecht handelt und die verschiedenen Aspekte aufeinander bezogen werden müssen. Schließlich ist noch hervorzuheben, dass im Folgenden der situativen Dimension ein besonderes Gewicht eingeräumt wird. Sie ist in anderen Darstellungen eher etwas stiefmütterlich behandelt, stellt m. E. aber einen ganz entscheidenden Faktor für einen pragmatisch orientierten Ansatz dar.

---

[11] Die Doppelpfeile symbolisieren die (Kohärenz-)Beziehungen zwischen den Dimensionen.

60

Aufgaben

1. Versuchen Sie – auf der Grundlage Ihrer kommunikativen Kompetenz bzw. Ihres Alltagswissens – die spezifischen Merkmale für die Einheit ‚Tageszeitung' zusammenzustellen.

2. Welchen Dimensionen lassen sich die in 1 eruierten Merkmale entsprechend den in Abbildung 3 zusammengestellten Gliederungsvorschlägen zuordnen?

3. Interpretieren Sie vor diesem Hintergrund Textbeispiel 4 (dies ist besonders ergiebig, wenn Sie auch noch den weiteren Kontext des Ausschnitts heranziehen): Inwieweit entspricht der Ausschnitt der im Titel genannten Textsorte *Lokalnachrichten*, unter welchen Gesichtspunkten weicht er davon ab?

4. Situativer Kontext

Auf den ersten Blick scheint der situative Kontext am ehesten eine rein außersprachliche und sogar objektivierbare Größe zu sein, und immerhin umfasst diese Dimension auch die zeitliche und räumliche Konstellation sowie die Charakterisierung der Interaktionsteilnehmer, wofür es samt und sonders übliche Maßstäbe gibt: Datum nach unserer Zeitrechnung, Adresse, Name, Alter, Geschlecht usw. Diese wenigstens großenteils eindeutig feststellbaren Daten sind aber für die Beschreibung und Interpretation von Texten weitgehend uninteressant. Relevant ist vielmehr die Frage, welche Typisierungen Sprachteilhaber (und Linguisten) vornehmen, welche Kategorien und Messlatten sie zugrunde legen. Zwar gibt es zweifellos einen nicht-zufälligen Zusammenhang zwischen objektiven Daten und subjektiver Situationseinschätzung, diese lässt sich jedoch nicht systematisch aus den objektiven Daten herleiten, sondern entspricht einer deutenden Interpretation.

Am Anfang steht also nicht der Text, das Wort, sondern die Deutung, denn sowohl für den Produzenten als auch für den Rezipienten beginnt die Beschäftigung mit dem Text in der Regel vor seiner Planung bzw. der Zurkenntnisnahme seiner Existenz; vorgelagert ist dem eine Einschätzung der ‚Lage der Dinge‘, die auch die Frage umfasst, ob hier ein Text zu produzieren oder zu rezipieren ist, was man in dieser Hinsicht selbst erwarten kann und was die anderen von einem erwarten.

Häufig erfolgt nun eine solche Situationsdefinition (sowohl in der kommunikativen Wirklichkeit als auch in der linguistischen Analyse) zwar nicht auf der Ebene der objektiven Daten, aber dennoch auf einem bereits relativ konkreten Niveau, indem der Interaktionsbereich (z. B. Schule, Massenmedien), die Partnerkonstellation (Privatbrief, Arzt-Patient-Interaktion), die Redekonstellation (Hochschulseminar, Pressekonferenz) oder auch eine Textsorte (wissenschaftlicher Artikel, Filmbesprechung) benannt werden.[1] Hier soll eine abstraktere Frage vorgeschaltet werden, nämlich die nach der Welt, in der die Texte angesiedelt sind bzw. in der die Interaktanten sie situieren.

4.1. Weltspezifik

Einen solchen Bezug auf unterschiedliche Welten kann man schon in vielen Grobklassifikationen erkennen, und zwar darin, dass auf einer obersten oder gesonderten Ebene literarische/fiktionale Texte von Gebrauchs-/Alltagstexten abgegrenzt werden,[2] also Texte der

---

[1] Die hier genannten Beschreibungsebenen lassen sich im Übrigen, wie schon die Beispiele zeigen, nicht säuberlich voneinander trennen: Das Arzt-Patienten-Gepräch kann man ebenso gut als Redekonstellation auffassen, einen Privatbrief auch als Textsorte ansehen usw.

[2] Vgl. z. B. Schmidt (1972); Werlich (1975); Gobyn (1982); Glinz (1983). Auch Brinker (2001: 139) spricht von verschiedenen Welten (Alltagswelt, Welt der Wissenschaft, des Rechts, der

‚realen Welt' von solchen einer literarisch geschaffenen Welt unterschieden werden. Eine solche Gegenüberstellung führt allerdings in Schwierigkeiten, da nicht-literarische Texte sich auch auf eine fiktionale oder nur mögliche Welt beziehen können und literarische Texte auch einen Bezug auf die Wirklichkeit einer konkreten historischen Situation aufweisen können (Prototyp: historische Romane); allemal ist für die literarisch geschaffenen Welten auch die Frage wichtig, inwieweit sie eine mit der Realität vereinbare Welt präsentieren (Prototyp: realistische Literatur) oder auch davon völlig abweichen (Prototyp: Fanasy-Literatur).

Schon 1976 hat Johannes Schwitalla dieses Problem näher ausgeführt und versucht, „aufgrund des Begriffs ‚Welt' in der philosophischen Tradition Husserls" (Schwitalla 1976:20),[3] Texte entsprechend dem Referenzsystem der jeweiligen Bezugswelt zu unterscheiden:

> „Sprache hat ihren Ursprung in der Alltagswelt; sie ist dazu da, alltagsweltliche Erfahrungen intersubjektiv zu machen und damit zu festigen. Aber sie kann die Alltagswelt transzendieren und auf andere Welten verweisen [...]. Beispiele eines solchen Sprachgebrauchs sind: einen Traum, einen Witz, ein Märchen, einen Mythos erzählen; einen wissenschaftlichen Vortrag halten; beten; ein Gedicht rezitieren; im Wahnsinn oder im Drogenrausch für andere unverständlich sprechen." (Schwitalla 1976:28)

Um „unsere intuitive Kenntnis von Welten explizit" (ebd.:30) zu machen, beschreibt er „weltenspezifisches Sprechen durch die Regeln [...], nach denen Referenzen und Prädikationen in einer bestimmten Welt vollzogen werden" (ebd.) und geht dabei auf alltagssprachliche, wissenschaftliche, poetische, religiöse Kommunikation und die Mitteilung von Trauminhalten ein, ein Vorschlag, der in der späteren Literatur jedoch nicht weiter verfolgt wurde. Wenn aber die Frage, welche Bezugswelt als Referenzsystem dient, schon darüber entscheidet, auf welche Entitäten man sich in einem Text überhaupt beziehen kann und welche Aussagen über diese Entitäten zugelassen sind[4] – und das ist zweifellos der Fall –, dann erweist sich eine Einschätzung der Bezugswelt als vorrangige Aufgabe bei der Begegnung mit einem Text. Dies gilt umso mehr, als die Welten nicht strikt gegeneinander abgegrenzt sind, sondern man gewissermaßen zwischen ihnen navigieren kann. Ein besonders virtuoses Spiel mit unterschiedlichen Welten realisiert der Film *Die fabelhafte Welt der Amélie*, der gleich als Beispielmaterial dienen soll.

Zuvor muss jedoch der Entwurf eines ‚Weltenmodells' vorgestellt werden, das im Weiteren als Orientierungsrahmen dienen wird (Abb. 5). Die gestrichelte Figur, umrandet von X,

---

Kunst, der Religion), die er jedoch zugleich als „gesellschaftliche Bereiche" bezeichnet und nicht von Kommunikationsbereichen (vgl. dazu 4.2.) unterscheidet. Vgl. auch die Bemerkungen bei Dimter (1981:100ff.).

[3] Gemeint sind mit dieser Tradition v. a. die Arbeiten von Alfred Schütz, Berger/Luckmann und aus der Ethnomethodologie, wo der Begriff *Alltagswelt* im Zentrum steht. Vgl. dazu einführend Auer (1999:Kap. 11).

[4] Dies betrifft die Dimension des Themas; gleichfalls betroffen ist aber auch die Dimension der Funktion, inklusive der Frage, welche Sprechakte zugelassen sind. Von der Weltspezifik hängt es schließlich ebenfalls ab, welche Erwartungen man in Bezug auf die Kohärenz des Textes hegen kann – man denke an Traumerzählungen, das Sprechen im Drogenrausch oder unter Hypnose, bei denen eine Kohärenzerwartung gerade nicht bzw. nur höchst eingeschränkt besteht.

symbolisiert die (unbekannte) Totalität des Gesamtuniversums, innerhalb dessen Menschen Welten kreieren. Diese Welten sind grob charakterisiert entsprechend dem grundlegenden Aktivitätstyp, den Menschen in ihnen entfalten. Als Ursprung 0 ist hier die Standardwelt angesetzt. Sie umfasst all das, was in größtmöglichem gesellschaftlichen Konsens als ‚Realität‘ akzeptiert wird; sie wird üblicherweise (so auch bei Schwitalla) als Alltagswelt bezeichnet,[5] der für alle, das „Jedermannsbewusstsein“, eine „selbstverständliche, zwingende Faktizität“ (Berger/Luckmann 1966/1980:26) zukommt. „Ihre Phänomene sind vorarrangiert nach Mustern, die unabhängig davon zu sein scheinen wie ich[6] sie erfahre“, sie erscheint „konstituiert durch eine Anordnung der Objekte, die schon zu Objekten deklariert worden waren, längst bevor ich auf der Bühne erschien“ (ebd.:24) und stellen mich daher vor die Aufgabe, diese Muster oder Schemata zu lernen, um routiniert in der Wirklichkeit funktionieren zu können.

Wenn ich den Ausdruck *Standardwelt* gegenüber *Alltagswelt* vorziehe, so deshalb, weil ich ein stärkeres Gewicht darauf legen möchte, dass es sich nicht um Alltägliches im gewöhnlichen Sinne handelt, sondern diese Wirklichkeit vieles umfasst, was „dem Verstand des gesellschaftlichen Normalverbrauchers“ (ebd.:21) gerade nicht zugänglich ist, insbesondere das Wissen um das Funktionieren diverser gesellschaftlicher Institutionen und die (inzwischen sehr komplexe) Organisation der Gesellschaft insgesamt. Für textlinguistische Fragestellungen ist es ja außerordentlich relevant zu wissen, was konkret das für die Allgemeinheit bzw. Jedermann zugängliche Weltwissen ausmacht, das bei Bedarf interpoliert werden kann. Der Bestand an solchem allgemein verbreiteten Wissen hat jedoch im vergangenen Jahrhundert dramatisch abgenommen, die Globalisierung hat nicht zu einer größeren Homogenität im Wissen und Verfügen über Routinen geführt, sondern im Gegenteil zu einer größeren Parzellierung von jeweils nur subkultur- oder gruppenspezifischen Kenntnissen und Fähigkeiten. Unbeschadet dessen kann man voraussetzen, dass Menschen auch ihnen unbekannte Bereiche der Standardwelt als solche akzeptieren und deren Wirklichkeit nicht in Zweifel ziehen.

Für die anderen Welten ist genau diese Bedingung der fraglosen Gegebenheit, der Ausschaltung jeden Zweifels hinsichtlich ihrer Realität, aufgehoben. Sie sind hier entsprechend ihrer (vermuteten) Zugänglichkeit für den ‚gesellschaftlichen Normalverbraucher‘ nummeriert. Im oberen Teil befinden sich Welten, die – im extremen Gegensatz zur Standardwelt – nur subjektive Geltung haben. An erster Stelle steht hier die Welt I des Spiels oder der Fantasie, die schon Kindern zugänglich ist. Sie wird geradezu identifiziert mit Nicht-Wirklichkeit, Fiktionalität, und ist daher auch das beste Zeugnis dafür, dass Welten Kreationen des Menschen darstellen.

Im unteren Bereich befinden sich die Welten mit einer gewissen kollektiven Verbindlichkeit. Hier habe ich zunächst (als Nr. II) die Welt der Wissenschaft angesetzt, die man heutzutage, vom Ursprung der Standardwelt herkommend, wohl eher erreichen kann als die Welt III des Übernatürlichen. Diese liegt freilich in früheren Zeiten (und anderen Gesell-

---

[5] Vgl. zu diesem Konzept am besten Berger/Luckmann (1966/1980:21 ff.).
[6] Das ‚ich‘ steht für das Jedermannsbewusstsein der Alltagswelt.

64

schaften) der Standardwelt näher, ja wird teilweise sogar als ein Teil von ihr aufgefasst, wenn man etwa die Existenz Gottes als Faktum akzeptiert, das sich vernünftigerweise nicht in Zweifel ziehen lässt.

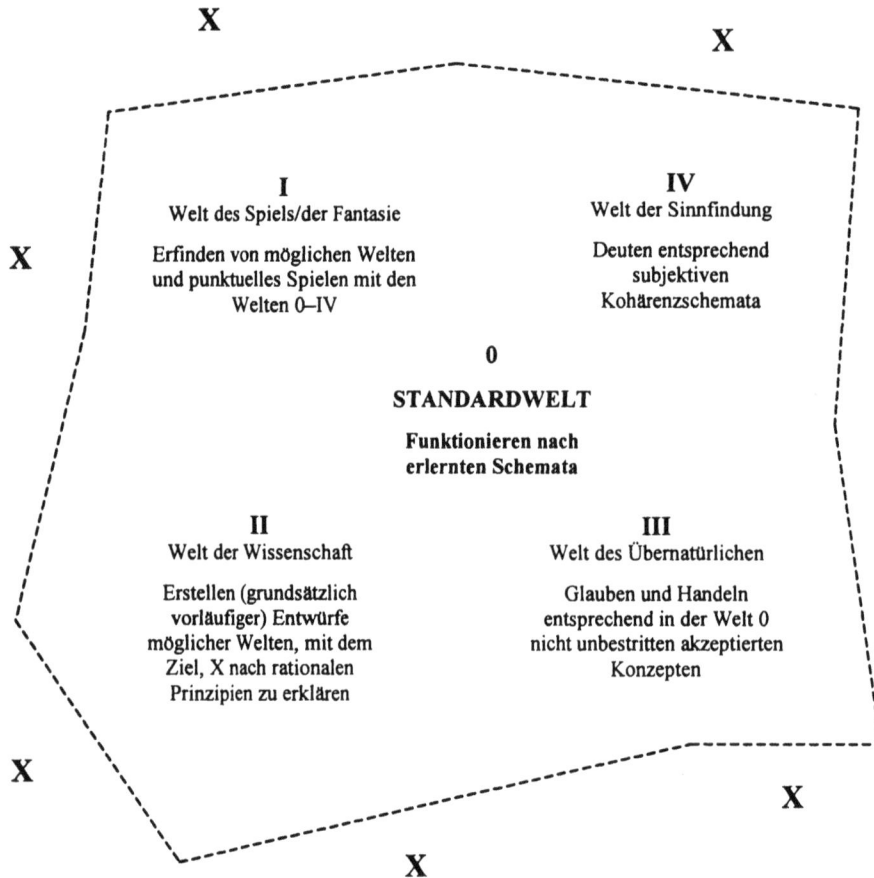

X   X

                     I   **IV**

X   Welt des Spiels/der Fantasie   Welt der Sinnfindung

        Erfinden von möglichen Welten   Deuten entsprechend
      und punktuelles Spielen mit den   subjektiven
              Welten 0–IV   Kohärenzschemata

                       0

               STANDARDWELT

                Funktionieren nach
                erlernten Schemata

                   II   **III**

              Welt der Wissenschaft   Welt des Übernatürlichen

         Erstellen (grundsätzlich   Glauben und Handeln
          vorläufiger) Entwürfe   entsprechend in der Welt 0
        möglicher Welten, mit dem   nicht unbestritten akzeptierten
        Ziel, X nach rationalen   Konzepten
        Prinzipien zu erklären

X   X

                        X

Abb. 5: Welten als Bezugssysteme für Texte

Für unsere säkularisierte Gesellschaft betrachte ich dagegen eine enge Verbindung zwischen der Standardwelt und der Welt der Wissenschaft als charakteristisch, sehe darin jedoch in erster Linie einen Beleg für den problematischen Status von Inhalten des ‚Alltagswissens‘, die als gegeben hingenommen werden, auch wenn sie dem Verstand des gesellschaftlichen Normalverbrauchers nicht zugänglich sind. Mit der Formel *Das ist wissenschaftlich erwiesen* oder auch der so wichtig genommenen Frage, ob sich etwas wissenschaftlich nachweisen lasse, werden nämlich Inhalte in ebenso orthodoxer Manier der Standardwelt zugerechnet oder aus ihr ausgeschlossen, wie es früher mit Glaubensinhalten geschah. Dem eigentlichen Spezifikum der Welt der Wissenschaft entspricht diese Haltung natürlich nicht, da auch ihre Aufgabe die Kreation von möglichen Welten ist, nur nicht von fiktionalen, sondern von hypothetischen. Als „Regel der Prädikation" setzt Schwitalla für die wissenschaftliche Kommunikation an: Der Sprecher glaubt, dass über das Referenzobjekt „nur nach Regeln eines geltenden wissenschaftlichen Normensystems Prädikationen zugelassen sind" (Schwitalla 1976:31), dass somit nur das gelten gelassen wird, was diesen Normen nicht widerspricht (vgl. ebd.:29). Genau diese Bedingung erfüllt aber der bloße Verweis auf die Welt der Wissenschaft in der Standardwelt nicht.

Die Welt IV, die der Sinnfindung, ist wiederum im nur subjektiv gültigen Bereich verortet. Damit ist natürlich nicht gemeint, dass das Bemühen, das eigene Leben als kohärent zu deuten und ihm einen Sinn zuzuschreiben, unabhängig von den kollektiv verbindlichen Welten stattfände. Man kann etwa Entwürfe für den eigenen Lebenssinn einfach übernehmen, insbesondere aus der Welt III, muss sie sich aber doch subjektiv zu eigen machen, ohne dass irgendein Anspruch damit verbunden werden kann, dass andere eben diese Deutung für angemessen halten oder ihr eine auch nur subjektive Wirklichkeit zuschreiben. Eine enge Verbindung kann natürlich auch zwischen Welt IV und der Standardwelt bestehen, wenn man etwa letztere für sich als überhaupt einzig wirkliche akzeptiert und der Sinn des Lebens dann nur darin bestehen kann, sich in der Welt 0 möglichst erfolgreich zu behaupten, sich um ein langes Leben, Gesundheit, beruflichen Erfolg, vielleicht (unter Einschluss von Welt I) auch um viel Freude und Spaß zu bemühen.

Insgesamt ist es wesentlich für dieses Konzept, dass die Welten nicht als gegeneinander abgegrenzte betrachtet werden, so dass ein bestimmter Text der einen oder anderen zugeordnet werden könnte oder gar müsste. Für die Frage, welchen Sinn Sprachteilhaber einem Text zuordnen, ist es vielmehr wichtig zu wissen, welche Welt oder auch Welten sie als Referenzsysteme einbeziehen.

Selbstverständlich gibt es Texte, für die (wenigstens üblicherweise) nur eine Welt als Referenzsystem in Frage kommt, und zwar nahezu ausschließlich die Standardwelt 0, die für alle anderen immer der Bezugspunkt bleibt. Es handelt sich um Gebrauchstexte im eigentlichen Sinne, deren Funktion sich darin erschöpft, „in der Welt der Arbeit und der Begegnung mit anderen zum Zweck der Sicherung der natürlichen und sozialen Lebensbedürfnisse" (Schwitalla 1976:27) eingesetzt zu werden, ohne im mindesten über die ,Alltagswelt' hinauszuweisen. Gerade solche Texte, also etwa Gebrauchsanweisungen, Mietverträge, Gesetze und dergl., stehen übrigens im Zentrum einer sich an der Sprechakttheorie orientierenden Textlinguistik, da nur in diesem Bereich die Grundvorstellung beibehalten werden kann, dass sprachliche Kommunikation allein als zweckrationales Handeln zu verstehen sei. Andere Aspekte, wie etwa Leserfreundlichkeit, Höflichkeit, ästhetisches Wirken werden als funktional nachgeordnet behandelt, sie erscheinen in erster Linie als Mittel zum Zweck, nicht als Fenster, die den Blick auch auf andere Welten erlauben.

Ich komme damit zu der Geschichte von Amélie, die das gegenteilige Extrem präsentiert und die Standardwelt nur als eine unter vielen möglichen behandelt.[7] Es handelt sich um

---

[7] Vgl. hier natürlich auch Robert Musils Rede vom *Möglichkeitssinn* und den mit diesem ausgestatteten *Möglichkeitsmenschen* (*Der Mann ohne Eigenschaften*, 1. Buch, 4. Kap.)

einen Film, also im Sinne der hier zugrunde gelegten Definition nicht um einen Text, sondern um ein komplexes Kommunikat. Dem Film liegt aber natürlich ein Drehbuch zugrunde, also eine sprachlich verfasste Vorlage; für die Erläuterung des Spiels mit den Welten ist allerdings die mediale Verfasstheit des Kommunikats ohnehin von geringer Relevanz.

In dem Film fungiert eine Off-Stimme als Erzähler, der über die Kindheit von Amélie sagt: „Die Welt, die sie erfindet, [ist] ihre einzige Zuflucht". Zuflucht sucht sie dort aus der Welt ihrer Familie mit einer hysterischen Mutter und einem extrem distanzierten gefühlskalten Vater. Weiter heißt es: „Die Außenwelt erscheint Amélie so tot, dass sie lieber ihr Leben träumt". Nun ist das Charakteristische allerdings, dass Amélie sich nicht etwa in eine Traumwelt flüchtet, zur realen eine fantasierte Gegenwelt entwirft; vielmehr weigert sie sich gewissermaßen, die Standardwelt, in der sie sehr wohl funktioniert (zumindest nachdem sie ihr Elternhaus verlassen hat – über Kindheit und Jugend erfährt man nur wenig) als vorrangig gültiges Referenzsystem zu akzeptieren. Das bedeutet v. a., dass sie die dort gültigen Relevanzsetzungen nicht teilt, sie interessiert sich besonders für ‚die kleinen Dinge', die den anderen ganz unwesentlich erscheinen, und sie interpretiert die Außenwelt anders, als es in der Standardwelt üblich ist; sie sucht Interpretationen, die die Banalität der Standardwelt transzendieren. Gerade diese Botschaft, dass man sich nämlich in der trivialen ‚Alltagswelt', in der alles schon vor-arrangiert ist, nicht einsperren lassen muss, dürfte den großen Erfolg dieses Films erklären.

Dass die Wirklichkeit und ihre Interpretation zweierlei sind, erfährt Amélie schon früh, und zwar wird zunächst ein Konflikt zwischen der wissenschaftlichen Welt und der erfahrenen Wirklichkeit dargestellt: Amélies Vater, ein Arzt, führt selbst an seiner Tochter regelmäßige Untersuchungen durch und kommt zu dem Schluss, dass sie herzkrank ist, was ihn dann dazu veranlasst, sie von der Außenwelt, der Schule und allen anderen Kindern fernzuhalten – und all dies lediglich, weil ihm die Gefühlswelt des Kindes nicht zugänglich ist. Dessen Herz schlägt nämlich nur deswegen bei den Untersuchungen so rasend, weil dies die einzige Situation ist, in der ihm der Vater körperlich nahe kommt.

In der zweiten Schlüsselszene kollidiert die Standardwelt mit einer spielerisch inszenierten: Amélie hat einen Fotoapparat bekommen und fotografiert mit großer Begeisterung (bevorzugt Wolkenmuster, in denen sie etwa Hasen und Teddys erkennt). Während sie ein Bild macht, stoßen zwei Autos zusammen.[8] Ein Nachbar versucht ihr nun einzureden, sie habe diesen Unfall durch ihr Fotografieren ausgelöst, was sie – noch nicht mit den Ursache-Wirkung-Schemata der Standardwelt vertraut – zunächst glaubt. Als ihr klar wird, dass es sich um einen (schlechten) Scherz gehandelt hat, rächt sie sich und tut dabei zum ersten Mal das, was in ihrem späteren Leben in Paris zu ihrem Hauptvergnügen wird: Sie nimmt

---

[8] Die Thematisierung der zeitlichen Koinzidenz von Ereignissen, die nicht das Geringste miteinander zu tun haben, bildet ein Leitmotiv (besonders am Anfang und Schluss des Films). Damit wird sozusagen Inkohärenz zelebriert, verstärkt noch dadurch, dass der Erzähler bei der zeitlichen Situierung und Schilderung der Ereignisse (wie dem Landen einer Schmeißfliege in Montmartre und dem Akt der Zeugung von Amélie), die doch zu einer fiktionalen Geschichte gehören, wissenschaftliche Redeweise benutzt.

in der realen Welt Manipulationen vor, die ihre Umgebung daran zweifeln lassen, dass die Welt so funktioniert, wie es das Jedermannsbewusstsein unterstellt. Als der Nachbar ein Fußballspiel im Fernsehen verfolgen will, bringt sie ihn geradezu zur Verzweiflung, indem sie auf dem Dach das Kabel der Antenne immer wieder herauszieht und ihn glauben lässt, entweder der Apparat oder die Sendestation funktionierten nicht richtig. Weder als Kind noch später kann (oder will) sie ihre Mitmenschen durch kommunikative Aktivitäten vom Sinn ihrer andersartigen Interpretation der Welt überzeugen. Was sie aber kann, das ist dergestalt in die reale Welt einzugreifen, dass in den anderen von selbst Zweifel an der alleinigen Gültigkeit der Standardwelt entstehen.

Während das Kind mit seinem Störmanöver den Nachbarn zwar zur Weißglut treibt, dessen Weltsicht jedoch nicht durcheinanderbringt (solche Störungen sind mit der Standardwelt völlig vereinbar und können als Pech kategorisiert werden), geht es ihr als Kellnerin in Paris nach dem Wendepunkt, an dem sie beschließt, „sich in das Leben anderer einzumischen", darum, tatsächlich Fenster in andere Welten zu öffnen, und zwar vorrangig in die Welt III des Übersinnlichen. Dies entspricht dem Handeln in Welt I, Amélie spielt und inszeniert mögliche Welten. Die dadurch bei den anderen provozierten ‚Begegnungen mit dem Unfassbaren' wirken aber früher oder später auf deren Welten vom Typ IV zurück: die ‚Opfer' sehen und gestalten ihr Leben anschließend in anderer Weise.

Das erste ‚Opfer' ist ein Mann, der 40 Jahre zuvor in der nun von Amélie gemieteten Wohnung gewohnt hat und dort als Kind hinter den Kacheln des Badezimmers ein Kästchen mit seinen Schätzen (ein Foto, Spielzeug usw.) versteckt hat. Dieses findet Amélie zufällig und setzt alles daran, den Besitzer des Kästchens ausfindig zu machen. Das gelingt ihr schließlich und sie erstattet es ihm zurück, jedoch nicht direkt, sondern vermittelt über eine Figur des Übersinnlichen, die der Mann prompt als seinen „Schutzengel" identifiziert. Sie legt nämlich das Kästchen in eine Telefonzelle und ruft dort an, während der Mann vorbeigeht. Er sagt: „Es war, als hätte die Telefonzelle mich gerufen." Anschließend beobachtet sie seine Reaktion in dem Bistro, in dem er auf den freudigen Schreck Kognak trinkt, hütet sich aber, sich zu offenbaren oder auch nur zu reagieren, als er von der Erinnerung an seine Kindheit zu Gedanken an seine Tochter und deren Sohn gebracht wird, mit denen er seit Jahren keinerlei Kontakt hat. Auf die Frage, ob sie nicht auch meine, er solle diesen Kontakt wieder aufnehmen, bleibt sie stumm; ihr Ziel hat sie längst erreicht: Der Mann sucht seine Tochter und man sieht ihn am Ende des Films mit seinem Enkel beim Grillen.

Der Film ist subtil genug, die ‚normalen' Leute nicht als gänzlich (auf die Standardwelt) beschränkte Menschen darzustellen, so auch Amélies Vater, der nach dem Tod seiner Frau alle Freude am Leben verloren hat. Jahre später holt er einen Gartenzwerg aus dem Schuppen, den er dort verstaut hatte, „weil die Mutter ihn nicht ausstehen konnte". Er montiert ihn auf dem Miniaturmausoleum, das er für seine Frau gebaut hatte, mit dem Ziel: „Jetzt versöhnen wir sie miteinander", eine Unternehmung, die zumindest an der Grenze dessen steht, was in der Standardwelt Sinn macht. Ebendiesen Gartenzwerg schickt Amélie nun auf die Reise; sie montiert ihn ab und gibt ihn einer Stewardess, die ihn vor Sehenswürdigkeiten aus der ganzen Welt fotografiert und diese Bilder an den Vater schickt. Der kann natürlich ganz und gar nicht fassen, was hier passiert, lässt sich durch diese Erfahrung – der Gartenzwerg ist inzwischen zurückgekehrt und steht wieder an seinem Platz – aber aus seiner Lethargie befreien und begibt sich am Ende selbst auf Reisen, während Amélies frühere Versuche, ihn eben dazu zu überreden, keinerlei Erfolg hatten. Aber wenn das schon ein Gartenzwerg kann ...

Es wird jedoch auch der umkehrte Weg, aus der Welt der Fantasie in den schnöden Alltag, inszeniert. Eine Amélie verwandte Seele, Nico, verbringt einen großen und den für ihn wohl wichtigsten Teil seines Lebens mit dem Sammeln von solchen Belanglosigkeiten wie Fußabdrücken in frisch gegossenem Beton oder verunglückten Passbildern, die die Kunden gleich beim Automaten wegwerfen. Nico macht daraus ein Album, in dem sich eine größere Anzahl von eigentlich anständigen Fotos ein und desselben Mannes befinden, die Nico an den verschiedensten Stellen in der Stadt eingesammelt hat. Beim Versuch, dieses Rätsel zu lösen, verliert er das Album; Amélie findet es und stellt allerlei Erklärungshypothesen auf: ein Phantom, ein Mann, der Angst hat, alt zu werden, ein Toter, der sich aus dem Jenseits meldet ... Schließlich stellt sich heraus, dass es sich einfach um einen Techniker handelt, der die Apparate repariert und zur Kontrolle am Schluss jeweils von sich selbst ein Foto macht.

Diese Kommentare zu ausgewählten Szenen aus *Die fabelhafte Welt der Amélie* mögen ausreichen, um den Nutzen der Kategorie Weltspezifik zu verdeutlichen. Es sei nochmals hervorgehoben, dass es sich bei den unterschiedenen Welten um außerordentlich abstrakte Konzepte handelt und Abbildung 5 nicht als Entwurf einer Klassifikation von Welten zu verstehen ist, denen Texte zuzuordnen wären. Denn ein solcher klassifikatorischer Ansatz bringt generell erhebliche Schwierigkeiten mit sich. Entsprechende Probleme werden uns noch öfter begegnen. Sie sind zunächst anhand der (weniger abstrakten) Kategorien zu zeigen, mit denen man die Situationsspezifik im Allgemeinen zu erfassen sucht; das geschieht zumeist unter dem Stichwort *Kommunikationsbereich*.

4.2. Kommunikationsbereiche

Aus forschungsgeschichtlicher Perspektive muss dabei zunächst der Ansatz der Funktionalstilistik erwähnt werden, der auf der Grundlage der Arbeiten aus der Prager Schule im osteuropäischen Raum entwickelt wurde und auch die Forschung in der DDR stark geprägt hat. Auf den ersten Blick ist der Zusammenhang zwischen (außersprachlichem) Kommunikationsbereich und einer Kategorie aus der Stilanalyse nicht unmittelbar einsichtig; tatsächlich geht es aber in der Funktionalstilistik genau darum, den „auf der kommunikativen Funktion der Sprache basierende[n] Zusammenhang zwischen bestimmten sprachlichen Gebrauchsweisen und bestimmten außersprachlichen Situationen" zu modellieren, „so daß sich auf bestimmte *Situationstypen* korrelativ bestimmte *Stiltypen* beziehen lassen" (Fleischer et al. 1983:483). Die Situationstypen werden auch als *gesellschaftliche Sphären*, *Tätigkeitsbereiche* oder *gesellschaftliche Bereiche* bezeichnet; besonders aufschlussreich ist, dass Fleischer/Michel/Starke (1993:30) gegenüber Fleischer/Michel (1975) den Ausdruck *Funktionalstil* durch *Bereichsstil* ersetzen. Schließlich findet man auch eine direkte Identifizierung von Funktionalstil und Kommunikationsbereich.[9]

Den Ansatz der Funktionalstilistik bringt Riesel (1975:50) ausdrücklich mit dem Bemühen in Verbindung, zu einem Klassifikationsprinzip zu gelangen; einzelne Texte sollen also jeweils einem bestimmten Funktionalstil zugeordnet werden, wobei man „von den 50er Jahren angefangen bis in die jüngste Gegenwart [...] mehr oder weniger einheitlich – teils mit unterschiedlicher Benennung, teils mit verschiedener Untergliederung [...] – die folgenden Funktionalstile" (ebd.) zugrunde legt:

1. (Stil der) öffentliche(n) Rede;
2. (Stil der) Wissenschaft;
3. (Stil der) Presse und Publizistik;
4. (Stil der) Alltagsrede;
5. (Stil der) schöne(n) Literatur.[10]

Dies stellt natürlich eine sehr grobe Gliederung dar; problematischer ist aber noch die Frage, ob sich die Funktionalstile überhaupt gegeneinander abgrenzen lassen. Bestritten wurde dies insbesondere für die Belletristik (vgl. Fleischer et al. 1983:484), da in literarischen Texten ja fiktionale Welten in allen Kommunikationsbereichen geschaffen werden bzw. alle Bereiche einbezogen sein können. (Fast) Gleiches dürfte auch für den Bereich der Presse und Publizistik bzw. der Medien gelten, und es ist auch fraglich, ob sich durchgängige Stilzüge allgemeiner Art für Texte aus den gesellschaftlichen Tätigkeitsbereichen Wissenschaft, Alltag und öffentlicher/Amtsverkehr finden lassen, die nicht ebenso in den anderen Kommunikationsbereichen vorkommen können.

Den Einwand, man solle wegen zu großer Uneinheitlichkeit nicht einen spezifischen Funktionalstil für Presse und Publizisitik ansetzen, weist Riesel noch zurück, und zwar mit dem Argument, dieser „ließe sich mehr oder weniger gegen fast alle funktionalen Stile erheben" (Riesel 1975:51). Damit hat sie insofern Recht behalten, als in der Folgezeit der Einwand tatsächlich verallgemeinert wurde, allerdings mit dem Ergebnis, dass man die Arbeit mit dem Konzept Funktionalstil quasi ganz aufgegeben hat: Fleischer et al. (1993) schlagen keine Grobgliederung für die Bereichsstile mehr vor und in Fleischer et al. (2001) werden die Ausdrücke *Funktional-* bzw. *Bereichsstil* nicht einmal mehr zitatweise verwendet.[11] In dem (von Michel verfassten) Abschnitt zur ‚inhaltlich-funktionalen Kennzeichnung von Stil' heißt es stattdessen nun:

> Sie „kann unter verschiedenen Gesichtspunkten erfolgen. Sie kann vorrangig autorbezogen, hörer-/leserbezogen, epochenbezogen, konnotativ-textbezogen, bereichs- und textsortenbezogen o. ä. sein. Es sind wechselnde Aspektualisierungen eines letztlich nur analytisch trennbaren Relationszusammenhangs." (Fleischer et al. 2001:430)

---

[9] Vgl. dazu Heinemann/Heinemann (2002:162), wo es über Fleischer/Michel (1975) heißt: „orientiert auf Funktional-Stile, d. h. Kommunikationsbereiche".

[10] Vgl. für eine neuere Übersicht über Klassifikationsansätze Gläser (1998). In Brinker et al. (2000/01) spielt das Konzept der Funktionalstile keine besondere Rolle.

[11] Sie finden sich auch nicht im Sachregister, obwohl in dem einführenden Kapitel zur Varietätenlinguistik, das Klaus J. Mattheier verfasst hat, der funktionalstilistische Ansatz kurz referiert wird (vgl. Fleischer et al. 2001:354f.).

Übrig geblieben ist also die Bereichsspezifik – als eines unter vielen anderen Merkmalen (u. a. der Textsortenspezifik), womit aber ein nur analytisch unterscheidbarer Aspekt bezeichnet werden soll und keine Ebene in einem fixen Ordnungssystem.[12]

In Michel (2001) findet man eine Erklärung für die Abwendung vom funktionalstilistischen Ansatz, gewinnt aber zunächst den Eindruck, es sollten nun anstelle der Funktionalstile Textsorten als grundlegende Kategorie herangezogen werden, eine Position, die auch Gläser (vgl. 1990:1 gegenüber 1979) zu vertreten scheint.

> Es „zeigt sich, daß es Merkmalskombinationen in Texten gibt, die für sehr verschiedene gesellschaftliche Bereiche typisch sind. Eine ‚informelle‘, ‚gefühlsbetonte‘ und zugleich ‚saloppe‘ Ausdrucksweise [die früher als charakteristisch für den Funktionalstil des Alltags angesehen wurde] z. B. ist im Alltag, in Wissenschaftlerdiskussionen, in der Presse, ja auch im Verkehr mit Behörden und selbstverständlich auch in künstlerischen (Prosa- oder Dramen-)Texten zu finden. In zunehmendem Maße werden daher anstelle [!] allgemeiner gesellschaftlicher Bereiche die Struktur und Funktion von **Textsorten** als konstitutiv für die Ausbildung und Beschaffenheit von Sprachstiltypen betrachtet" (Michel 2001:21; Hervorhebung im Original).

Der hier fokussierte Vorteil von Typisierungen auf der Ebene von Textsorten besteht darin, dass sie weniger abstrakt sind und daher wenigstens eine differenziertere Zuordnung erlauben. Über die Bedeutung des Aspekts Kommunikationsbereich und die Frage, ob sich denn Textsorten besser als Kommunikationsbereiche stilistisch charakterisieren lassen, ist damit freilich noch nichts ausgesagt. Im Weiteren weist Michel die Annahme, solche Zuordnungen seien möglich, explizit zurück:

> „Eine stringente und geschlossene Klassifikation von inhaltlichen (konnotativen) Merkmalen des Sprachstils kann nicht gegeben werden. Für eine Grundorientierung können nur offene Reihen von Prädikaten zur potentiellen Kennzeichnung stilistischer Leistungen aufgeführt werden. [...] Dieser (offene) Einteilungsansatz orientiert sich vorrangig an Grundfaktoren der Kommunikation: Kommunikationssphäre, Kommunikator, Kommunikant, Kommunikationsgegenstand, Kommunikationsmittel [...]. Letztlich gilt, daß mit dem Sprachstil eines Textes spezifische Informationen ‚kodiert‘ sind. ‚Die konkrete Form dieser Kodierung ist jedoch an die je spezifischen, einmaligen Textgegebenheiten gebunden, sie ist also hochgradig instabil und ephemer.‘ (Lerchner 1984, 45)

---

[12] Da die Unterscheidung zwischen diesen beiden Blickwinkeln oft Schwierigkeiten macht, sei sie hier an einem kognitiv leichter zugänglichen Objektbereich exemplifiziert, der Beschreibung und ‚Klassifizierung‘ von Menschen. Als Aspekte kommen in Frage: Geschlecht, Alter, Nationalität, Herkunft, Beruf ... Man kann nun jeden einzelnen Menschen unter Rückgriff auf diese und viele andere Kriterien charakterisieren, wobei die Reihenfolge, in der das geschieht, prinzipiell keine Rolle spielt und die Frage, welche Kriterien herangezogen werden, nur vom jeweiligen Beschreibungsinteresse abhängt. Dies entspricht den ‚wechselnden Aspektualisierungen eines letztlich nur analytisch trennbaren Relationszusammenhangs‘. Dass es tatsächlich einen komplexen Relationszusammenhang gibt, erkennt man daran, dass zwischen den verschiedenen Kriterien, z. B. Geschlecht und Beruf, bekanntlich nicht-zufällige Korrelationen bestehen. Diesen kann man im Einzelnen nachgehen und etwa den Zusammenhang zwischen Geschlecht, Alter, ethnischer sowie sozialer Herkunft einerseits und z. B. Einkommen oder auch Fernsehkonsum oder auch Fettleibigkeit andererseits bei der Wohnbevölkerung in Deutschland untersuchen. In solchen Zusammenhängen käme aber niemand auf die Idee, die verschiedenen Aspekte in eine irgendwie vordefinierte Sachordnung zu bringen, sie hierarchisch anzuordnen oder auch ‚Menschensorten‘ mit einer typischen Merkmalkombination (z. B. berufstätige Frauen aus Norddeutschland zwischen 35 und 50 Jahren, die täglich zwei Stunden fernsehen und/oder zwischen 60 und 80 Kilo wiegen) als primär relevante Typisierungen zu definieren.

Demgemäß sind stilistische Informationen konkret **fallbezogen** aus den strukturinternen Relationen des **Textexemplars** und den externen Relationen **im aktuellen Kommunikationsprozeß** abzuleiten und zu charakterisieren." (Michel 2001:44f.; Hervorhebungen im Original)

Dieser Abwendung nicht nur vom Konzept des Funktionalstils, sondern von klassifikatorischen Herangehensweisen insgesamt stehen jedoch nach wie vor Ansätze gegenüber, die mit hierarchisch differenzierten Klassifikationen arbeiten. Fix et al. (2001) etwa rechnen weiterhin mit der Möglichkeit,

„die noch zu grobe Funktionalstileinteilung aufzufächern, indem Textsortenstile der Textsorten beschrieben werden, die den jeweiligen Funktionalstilbereichen untergeordnet sind." (Fix et al. 2001:34)[13]

Heinemann/Heinemann (2002:Kap. 3.3.) kombinieren beide Verfahren, indem sie einerseits – im Sinne eines Mehrebenen-Modells – zunächst unabhängig voneinander die Dimensionen Funktionalität, Situationalität, Thematizität und Formulierungsadäquatheit ansetzen (s. o.). Innerhalb der einzelnen Dimensionen gibt es dann jedoch noch weitere Differenzierungsaspekte – dazu gehört unter Situationalität auch die „Soziale Organisation der Tätigkeiten in Kommunikationsbereichen" (ebd.:147) –, die wiederum Grundlage einer Hierarchisierung von Textklassen bilden (vgl. ebd.:143):

Text-Typ (z. B. informierender Text)
Textsortenklasse 2 (z. B. Schrift-Text)
Textsortenklasse 1 (z. B. Zeitungs-Text)
Textsorte (z. B. Wetterbericht)
Textsortenvariante (z. B. Reisewetterbericht)

Einschränkend bemerken sie allerdings:

„Dieses allgemeine Schema der Hierarchisierung von Textklassen darf aber nicht als Absolutum verstanden werden. [...] Die ,Zwischenstufen' sind keineswegs obligatorisch; sie variieren vielmehr in Abhängigkeit vom Ziel des Klassifizierenden. Und schließlich muss einschränkend festgehalten werden, dass die Relationen zwischen den Textklassen unterschiedlicher Hierarchiestufen keineswegs immer gradlinig verlaufen. Vielfach sind gerade die Zwischenstufen, die Textsortenklassen, mit anderen Textklassen-Repräsentationen derselben Hierarchiestufe vernetzt. So gibt es z. B. Anweisungs-Texte sowohl im medizinischen Bereich als auch in zahlreichen anderen Kommunikationsbereichen." (Heinemann/Heinemann 2002:143f.)

Diese unterschiedlichen Einstellungen zum Nutzen geschlossener und hierarchisch angelegter Klassifikationen erklären sich m. E. am ehesten daraus, dass es den von der Stilistik herkommenden Autoren vorrangig um eine differenzierte Analyse von (nicht zuletzt literarischen) Einzeltexten geht, den Taxonomen dagegen um Ordnungsraster für abstraktere

---

[13] Vgl. z. B. Bessmertnaja/Mankowskaja (1983) mit der Einteilung ,Funktionalstile – Textarten – Redegenres (≈ Textsorten) – Texttypen – Textexemplare' oder Mazur (2000:157), der eine gröbere Einteilung vornimmt: ,Funktionalstile – Stile der Gattungen – Stile der Texttypen'. Demselben Prinzip einer hierarchischen Gliederung folgt Rolf (1993), der allerdings auf der obersten Stufe Funktionsklassen (nach den fünf Illokutionstypen Searles) unterscheidet und bei dem der Kommunikationsbereich keinen wesentlichen Faktor bildet, so dass sich z. B. die folgenden Textsorten in derselben Subklasse (nämlich der Gruppe 38 der Assertiven) befinden: Autorenregister, Bundesligatabelle, Branchenverzeichnis, Kondolenzbuch (vgl. ebd.:210f.)

Einheiten wie eben Textsorten, -klassen, -typen, wobei Gebrauchstexte mit relativ geringem individuellem Gestaltungsspielraum im Vordergrund stehen.

Als Fazit können wir festhalten: 1. Es wird allgemein anerkannt, dass der Kommunikationsbereich, in dem Texte angesiedelt sind, bei ihrer Beschreibung/Klassifikation berücksichtigt werden muss. 2. Umstritten (bzw. abhängig vom jeweiligen Erkenntnisinteresse) ist die Frage, ob der Kommunikationsbereich in einer hierarchisch gedachten Ordnung (an oberster Stelle oder auf einer mittleren Ebene) als Kriterium heranzuziehen ist oder aber als ein Faktor in einer (unsortierten) Menge anderer gelten soll. Die Diskussion um diese Fragen erfolgt überwiegend auf theoretischem Niveau; allenfalls werden die Überlegungen an Einzelbeispielen erläutert. 3. In Bezug auf die praktisch relevante Frage, mit welchen Ausprägungen der Kategorie Kommunikationsbereich zu rechnen ist, lässt sich nur feststellen, dass sie weitgehend offen bleibt. Kataloge, wie sie in der Funktionalstilistik vorgeschlagen wurden, findet man nicht mehr, eher schon explizite Plädoyers für offene Listen (vgl. nochmals Michel 2001).

Mitunter ergibt sich allerdings die Notwendigkeit, mindestens implizit einen Katalog zugrunde zu legen. Dies gilt für die HSK-Bände zur Text- und Gesprächslinguistik (Brinker et al. 2000/01), wo es Hauptkapitel (IX und XXII) zur Typologisierung von Texten als Beschreibungsaufgabe gibt und Kommunikationsbereiche als Gliederungskriterium gewählt werden. Im Vorwort heißt es dazu (allerdings beschränkt auf Kapitel IX):

> „Da es den Rahmen des vorliegenden Bandes bei weitem überschreiten würde, alle gesellschaftlich relevanten Textsorten in Form von Einzelartikeln zu behandeln, werden zentrale Kommunikationsbereiche mit den für sie jeweils konstitutiven Textsorten vorgestellt. Dieses Vorgehen trägt der Verankerung der Textsorten in übergeordneten Handlungszusammenhängen Rechnung, eine isolierte Betrachtung einzelner Textsorten wird dadurch vermieden. Der Terminus ‚Kommunikationsbereich‘ bezieht sich dabei auf bestimmte gesellschaftliche Bereiche, für die jeweils spezifische Handlungs- und Bewertungsnormen konstitutiv sind. Kommunikationsbereiche können somit als situativ und sozial definierte ‚Ensembles‘ von Textsorten beschrieben werden. Da eine adäquate Typologie von Kommunikationsbereichen in der Forschung bisher nicht vorliegt, ist eine Abgrenzung und Auflistung dieser Bereiche allerdings noch recht vorläufig und unsystematisch. Die Herausgeber sind aber der Meinung, daß die für die schriftliche Kommunikation wesentlichen Kommunikationsbereiche erfaßt sind. (Brinker et al. 2000:XIXf.).

Erhellend ist nun ein Vergleich der hier angesetzten Kommunikationsbereiche mit dem Katalog aus der Funktionalstilistik (Abb. 6). Zwar mag man über einzelne Zuordnungen diskutieren,[14] sicher ist aber, dass die größere Differenziertheit in den HSK-Bänden ganz und gar auf die Auffächerung des Bereichs der öffentlichen Rede zurückzuführen ist, wo nun einzelne gesellschaftliche Institutionen als Kommunikationsbereiche gesetzt werden. Bemerkenswert ist, dass Literatur nicht als eigenständiger Kommunikationsbereich gefasst wird und auch kein allgemeineres Konzept wie etwa Kulturbetrieb erscheint.

---

[14] Wenn z. B. Schule dem funktionalstilistischen Bereich ‚öffentliche Rede‘ zugeordnet wird, sollte das für Hochschule, die sich im Band zu den Schrifttexten mit der Wissenschaft verbunden findet, wohl auch geschehen. Genau diese Lösung wird auch in dem Band zur Gesprächslinguistik gewählt, wo allerdings die Wissenschaft gar nicht mehr vorkommt.

Funktionalstilistik	Brinker et al. 2000 (Schrifttexte)	Brinker et al. 2001 (Gespräche)
öffentliche Rede	Verwaltung Wirtschaft und Handel Rechtswesen und Justiz religiöser und kirchlicher Bereich Schule Medizin und Gesundheit Sport politische Institutionen Militärwesen	Ämter und Behörden Wirtschaft Rechtswesen Kirche Schule, Hochschule und Ausbildung Medizin politische Institutionen
Wissenschaft	Hochschule und Wissenschaft	
Presse und Publizistik	Massenmedien	Massenmedien
Alltag	Alltag	Alltag
Literatur		

Abb. 6: Unterscheidung von Kommunikationsbereichen

Die entscheidende Frage ist nun, ob sich die in den HSK-Bänden unterschiedenen Kommunikationsbereiche (besser als die der Funktionalstilistik) gegeneinander abgrenzen lassen und sie als Ordnungsgrößen für die Verortung von Textsorten geeignet sind, ob sie sich also tatsächlich als einigermaßen trennscharfe ‚Ensembles von Textsorten' erweisen. Diese Frage ist eindeutig negativ zu beantworten. In den einzelnen Artikeln werden die (ja immer noch sehr grob unterschiedenen) Bereiche natürlich weiter differenziert, dabei wird aber v. a. deutlich, dass sie in mannigfacher Weise ineinander greifen und der Versuch, ihnen zumindest einen bedeutenden Teil der Textsorten klassifikatorisch zuzuordnen, völlig aussichtslos ist. Von den Massenmedien kann man sicher ebenso gut sagen, sie stellten einen eigenen Kommunikationsbereich dar, wie man die These vertreten kann, es handle sich um eine Schnittstelle zwischen den verschiedensten Kommunikationsbereichen. Sie orientieren die Massen, d. h. potenziell die gesamte Bevölkerung (und zwar in deren Alltag) über alles, was öffentlich relevant ist. Die verschiedenen Ressorts der Tages- und Wochenpresse und der entsprechenden Sparten audiovisueller Medien werden mit Begriffen für die öffentlichen Bereiche bezeichnet: Politik, Wirtschaft, Sport, Gesundheit usw.

Der Bereich Schule ist für Schüler, Eltern schulpflichtiger Kinder und Lehrer Alltag; die Schule stellt aber zugleich eine gesellschaftliche Institution dar, deren Funktionieren gesetzlich geregelt ist, die verwaltet werden muss und die über die zu vermittelnden Inhalte und didaktischen Konzepte auch mit der Wissenschaft vernetzt ist. ‚Schulspezifische' Textsorten wie Schulbücher bilden (wie sonstige Lernmaterialien) zugleich eine Ware, gehören also auch dem Bereich Wirtschaft (Unterabteilung Verlage) an, es wird für sie geworben, sie werden (wissenschaftlich) begutachtet, bedürfen einer behördlichen Genehmigung usw.

Besonders eindrücklich kommt die Unmöglichkeit der Abgrenzung der verschiedenen Bereiche in dem Artikel zu Textsorten des Alltags zum Ausdruck, wo als relevante Unterbereiche aufgezählt sind: „Familie, Haus/Heimat, Wohnumfeld (Nachbarn, Freunde), berufliches Umfeld (Schule/Ausbildungsstätte, Arbeitsplatz), Dienstleistungsumfeld (Verkehrsmittel, Post, Verkaufseinrichtungen, Ämter), Freizeitumfeld (Sportstätten, Gaststätten, Urlaubsorte usw.[15])" (M. Heinemann 2000:604). In der Grobklassifikation werden dann *Textsorten der Alltagskommunikation im engeren Sinne*, „mit denen Individuen in der alltäglichen Kommunikation aktiv [...] umgehen", von *Textsorten der Alltagskommunikation im weiteren Sinne* getrennt, „die zwar das Alltagsleben von einzelnen Individuen und Gruppen mitbestimmen, aber – quasi von außen kommend, über Medien und Institutionen vermittelt – nur rezipiert und verarbeitet werden" (ebd.:609). Beide Großgruppen umfassen Textsorten „des inoffiziellen (halb-)öffentlichen" und des „(halb-)offiziellen öffentlichen Bereichs" (ebd.:610f.), greifen also in die anderen Bereiche hinein.[16]

Angesichts dieser Sachlage scheint es mir verfehlt, darauf zu warten, dass die künftige Forschung „eine adäquate Typologie von Kommunikationsbereichen" vorlegen wird; eine adäquate Berücksichtigung des Faktors Kommunikationsbereich wird sich vielmehr dem Faktum stellen müssen, dass die Bereiche miteinander verschränkt sind und allgemeine Klassifikationsversuche daher auch weiterhin „vorläufig und unsystematisch" bleiben werden.

Für die praktische Orientierung der Sprachteilhaber bildet jedoch die (interpretierende) Typisierung einer bestimmten Situation durch Rückgriff auf Kategorien aus dem Feld Kommunikationsbereich einen ganz entscheidenden Anhaltspunkt. In der sprachlichen Interaktion erfolgt sie in der Regel auf sehr niedrigem Abstraktionsniveau mit Hilfe von ‚Ethnokategorien‘, gemeinsprachlichen Ausdrücken wie *Zeitungsmeldung, Arzt-Patienten-Kommunikation, Kommunikation im Hochschulbereich* usw., die sich zwar nicht gut in eine systematische Ordnung bringen lassen, dafür aber eine für den Alltagsverstand umso leichtere Identifizierung gestatten. Dies legt es nahe, auch bei der (linguistischen) Beschreibung von Texten mit solchen Ethnokategorien zu arbeiten oder sie und ihre alltagssprachliche Verwendung zumindest in die Analyse einzubeziehen, also besten Gewissens genau das zu tun, was die Praxis der Beschreibung sowieso kennzeichnet (vgl. oben, S. 61).

Im vorliegenden Zusammenhang können wir an solch prägnanten Kategorien jedoch nicht ansetzen, da sie jeweils durch eine spezifische Kombination verschiedener Merkmale geprägt sind, es hier jedoch darauf ankommt, die Beschreibungsaspekte analytisch voneinander zu trennen. Die Reihenfolge der Präsentation dieser Aspekte ist dabei im Prinzip gleichgültig.

---

[15] An dieser Stelle hielte ich auch einen expliziten Verweis auf den Bereich der Medien für angebracht.

[16] Nur bei den Textsorten der Alltagskommunikation im engeren Sinn kommt noch die „Privatsphäre" dazu. Auch diese ist aber nicht gegen die (halb-)offiziellen Bereiche abgeschottet, weil man Dienstleister (z. B. Ärzte, Behörden) eben durchaus in Anspruch nimmt, um ‚private‘ Probleme zu lösen und sich die Behandlung geradezu intimer Fragen in solchen Fällen nicht immer umgehen lässt.

4.3. Der mediale Aspekt

Wenn hier zunächst der mediale Aspekt behandelt wird, so ist dies einerseits mit dem bereits in Kapitel 2 angesprochenen Tatbestand zu erklären, dass umstritten ist, ob mündliche Sprachproduktion überhaupt als Text aufgefasst werden soll, andererseits damit, dass die Möglichkeit einer konkreten Charakterisierung der situativen Bedingungen, unter denen eine sprachliche Äußerung produziert und rezipiert wird – grob gesehen die Beantwortung der Fragen ‚wer?‘, ‚zu wem?‘, ‚wann?‘ und ‚wo?‘ – sich für den mündlichen und den schriftlichen Bereich sehr unterschiedlich darstellt. Denn für die schriftliche Kommunikation gilt ja gerade als Spezifikum, dass sie ‚situationsentbunden‘ ist, während die prototypisch mündliche mit ihrer Produktion unmittelbar vergeht, nur sekundär festgehalten werden kann und einer gewissermaßen künstlichen Speicherung bedarf, um der Analyse zugänglich zu werden. Wegen der traditionellen Gegenüberstellung mündlichen und schriftlichen Sprachgebrauchs wird dieser Aspekt auch hier in den Vordergrund gestellt. Selbstverständlich betrifft die Frage nach den Medien heutzutage aber auch die diversen Formen technisch vermittelter Kommunikation. Für eine ausführliche Behandlung dieser Fragen sei auf Bittner (2003) verwiesen.

In dem grundsätzlichen Gegensatz zwischen prototypisch mündlichem und schriftlichem Sprachgebrauch liegt die Motivation für eine Aufgliederung der Teildisziplinen Text- versus Gesprächslinguistik, wie sie etwa die HSK-Bände kennzeichnet. Die nahezu identische Subgliederung beider nach Kommunikationsbereichen lässt jedoch bereits erkennen, dass damit zugleich sprachliche Äußerungen voneinander getrennt werden, die doch eng miteinander verbunden sind, eben über die Zugehörigkeit zum selben Kommunikationsbereich. Will man also das Spektrum typischer Texte und Gespräche innerhalb eines solchen Bereichs erfassen oder auch nur konkrete Realisate einer Textsorte (wie z. B. eine Nachrichtensendung im Fernsehen oder eine universitäre Seminarsitzung) beschreiben, muss man mit einer engen Verschränkung schriftlicher und mündlicher Bestandteile rechnen.

Diesem Problem kann man auch keineswegs dadurch begegnen, dass man statt der im engeren Sinne medialen Unterscheidung ‚mündlich versus schriftlich‘ mit der Differenzierung ‚konzeptionelle Mündlichkeit versus Schriftlichkeit‘ arbeitet[17] bzw. zum Gegenstand der Textlinguistik nur ‚schriftlich konstituierte Formen sprachlicher Kommunikation‘ rechnet, ‚deren Produktion und Rezeption nicht interaktiv-gleichzeitig, sondern zeitlich und räumlich versetzt‘ erfolgt (HSK; s. o., S. 42); denn in der kommunikativen Praxis werden nicht nur medial, sondern auch konzeptionell mündliche und schriftliche Bestandteile häufig miteinander kombiniert. Genau genommen erfolgt sogar jede Reaktualisierung eines zeitlich und räumlich noch so entfernten Textes in einer aktuellen Situation, und selbst wenn diese einer einsamen und stillen Lektüre entspricht und sich nicht mehrere Personen interaktiv mit einem solchen Text auseinandersetzen, beeinflusst die gegebene Rezeptionssituation den konkreten Umgang mit dem Text. Nimmt man also die Forderung ernst, dass

---

[17] Vgl. S. 37, Anm. Es sei nochmals betont, dass dieser Unterschied bei Koch/Oesterreicher ausdrücklich als nur gradueller aufgefasst wird.

76

textlinguistische Untersuchungen auch der Rezipientenperspektive das ihr gebührende Gewicht einräumen, so erweist sich eine getrennte Betrachtung situationsgebundener und -entbundener Äußerungen als wenig hilfreich. Entsprechendes gilt auch für eine differenziertere Untersuchung der Produzentenseite, da die Erstellung gerade eines zur längerfristigen Speicherung gedachten Textes ja einem meist verhältnismäßig komplexen Prozess entspricht, an dem auch mehrere Individuen beteiligt sind. Beide Fragestellungen betreffen jedoch eher die Beschreibungsdimension ‚Kommunikanten (Produzenten und Rezipienten)‘ und werden dort weiter besprochen.

An dieser Stelle wollen wir die produktbezogene Sichtweise wählen und nach der medialen Verfasstheit von *Kommunikaten* fragen. Kommunikate können monomedial oder multimedial gestaltet sein und als (Übertragungs-)Kanal kommt im Prinzip alles in Betracht, was (eventuell auch nur technisch vermittelt) Daten enthält, die den Sinnesorganen zugänglich ist. Für kommunikative Zwecke im engeren Sinn werden jedoch natürlich hauptsächlich Zeichen benutzt, die auditiv oder visuell wahrnehmbar sind;[18] in Bezug auf sprachliche Äußerungen sind demnach Laut- und Schriftsprache gegeneinander abzugrenzen.

Wenngleich nun Multimedialität als besondere Charakteristik moderner Massenmedien erscheint, ist doch strikte Monomedialität eher ein (seltener) Grenzfall. Bei der Lautsprache kommen zunächst parasprachliche Mittel wie Lautstärke, Stimmqualität, Rhythmus usw. hinzu, die im Übrigen nicht immer scharf von den eigentlich ‚nonverbalen‘ Mitteln der Körpersprache (Mimik, Gestik, Blickverhalten, Körperhaltung usw.) abgegrenzt werden. Solche Mittel entfallen teilweise bei technisch vermittelter Lautsprache, was allerdings von der Elaboriertheit der Apparate abhängt. Gegenwärtig werden die Möglichkeiten immer stärker erweitert; moderne Apparate haben Displays, auf denen grafische Elemente, Bilder, Filme und nicht zuletzt auch Schriftsprachliches erscheinen. Auf der lautlichen Ebene liegt dann der zusätzliche Einsatz von Musik (teilweise mit fließendem Übergang zu Parasprachlichem, etwa wenn man im Singsang spricht) und sonstigen Geräuschen nahe.

Dem Parasprachlichen im engeren Sinne entsprechen in schriftlichen Kommunikaten weniger die häufig genannten und als außerordentlich schwacher ‚Ersatz‘ bezeichneten Satzzeichen, sondern vielmehr die sehr stark differenzierbaren Schrifttypen und -größen und besondere Eigenschaften der Trägermedien, v. a. wenn sie auch farbige Gestaltung zulassen. Da schriftliche Texte räumlich organisiert sind, stellt die grafische Gliederung der beschrifteten Fläche, das Layout, auf jeden Fall ein entscheidendes zusätzliches Gestaltungsmittel dar, zu dem dann weiter alle Arten von grafischen Elementen und Illustrationen hinzutreten können. Gerade dies macht deutlich, dass die fehlende Möglichkeit, in der Schrift auf den Körper als Ausdrucksmittel zurückzugreifen und auf der Wahrnehmung der konkreten Kommunikationssituation aufzubauen, mehr als aufgewogen wird durch den Vorteil, nicht auf strikt lineare Präsentation der sprachlichen Zeichen angewiesen zu sein. Die Möglichkeiten beider Medien sind nicht unbedingt als Entsprechungen zueinander

---

[18] Natürlich ist es möglich, in einem konkreten Kommunikat auch Daten einzusetzen, die den Geruchssinn ansprechen (z. B. parfümiertes Briefpapier), die auf taktile Reize aus sind (etwa eine besondere Papierqualität) oder gar das Geschmacksorgan stimulieren. Es handelt sich aber zweifellos um Grenzfälle, deren systematische Berücksichtigung sich erübrigen dürfte.

aufzufassen, wichtiger ist, dass sie sich zu unterschiedlichen Zwecken eignen: Ein visuell wahrnehmbares Kommunikat erlaubt eine sehr viel bessere Übersicht über seine Gesamtstruktur, hierarchische Beziehungen zwischen seinen Bestandteilen usw. Wenn also im Schriftlichen unmittelbar wahrnehmbare Elemente der Kommunikationssituation expliziert werden müssen, kann die mündliche Präsentation eines komplexen Kommunikats umgekehrt z. B. die Versprachlichung der Gliederung des Ganzen erfordern (etwa durch die sog. advance organizers: *Mein Vortrag ist folgendermaßen aufgebaut ...*), um eine ‚Über-Sicht' zu gewährleisten. Dass in Schulzimmern und Seminarräumen Tafeln stehen, verdeutlicht ebenfalls, wie dringend mündliche Vorträge oder Diskussionen ad hoc durch visuell Wahrnehmbares gestützt werden müssen.[19]

Auch im optischen (und taktilen) Bereich besteht eine Abhängigkeit von den technischen Übertragungsmitteln. So entfällt die Wahrnehmbarkeit der physischen Eigenschaften (Papierqualität usw.) des Originals, wenn man mit Fotokopien arbeitet. Insbesondere führt aber die digitale Speicherung von Texten zu einer womöglich vollständigen Abkoppelung des Textes als einer Folge von Sprachzeichen vom Text als physischem und grafisch gestaltetem Objekt. Digital übermittelte Texte stellen sich womöglich auf jedem Bildschirm anders dar, und wenn sie nicht sogar noch stark entstellt sind, kann das Kommunikat doch auf das rein Sprachliche reduziert sein und wird auch beim Ausdruck nicht wieder in seiner Originalform hergestellt.

Die Frage nun, ob man die verschiedenen nicht-sprachlichen Elemente des Kommunikats als nicht-sprachliche ‚Texte', als Bestandteile *eines* multimedialen Textes oder aber nur als Elemente auffassen soll, die in irgendeiner Beziehung zum eigentlichen Text stehen, scheint mir einigermaßen müßig. Selbst wenn man einen engen, auf das rein Sprachliche bezogenen Textbegriff zugrundelegt und auch die materielle Gestalt der Sprachzeichen unberücksichtigt lässt, wird man doch nicht umhin kommen, bei einer kommunikativ-pragmatischen Sichtweise diese Elemente in die Analyse einzubeziehen, zumindest wenn ihnen denn ein entscheidendes Gewicht im praktischen Umgang mit dem Kommunikat zukommt. Dies gilt selbstverständlich für das, was wir üblicherweise unter Multimedia-Kommunikaten verstehen. In ihnen werden systematisch Laut- und Schriftsprache, Musik und andere Geräuschkulissen, Bilder, Filme, Grafiken und alle Arten von Animationen eingesetzt. Die Herauslösung des rein sprachlichen Anteils dürfte dabei häufig nicht mehr zu etwas führen, was man einen kohäsiven (Teil-)Text nennen könnte.

Auf eine zusammenfassende Auflistung der verschiedenen Gesichtspunkte, die bei der Betrachtung des medialen Aspekts relevant sein können, wird hier verzichtet, da diese sehr stark vom Einzeltext abhängen, im Übrigen aber auch relativ leicht identifizierbar sind.

---

[19] Der Tafelanschrieb ist übrigens in der Regel einer der Fälle, wo Schriftliches keineswegs sehr viel dauerhafter ist als Lautsprache. Noch stärker gilt dies für in den Schnee, Sand oder in die Luft bzw. auf die Haut gemalte Schriftzeichen. Einen besonders marginalen Fall der Hervorbringung von Buchstaben beschreibt Paul Auster in seiner *New York Trilogy*: Hier erzeugt ein Protagonist (zumindest entsprechend der Interpretation des ‚Detektivs') eine Buchstabenfolge, indem er in einem Straßennetz herumläuft (*City of glass*).

78

4.4. Raum-zeitliche Situierung und Objektgebundenheit

In Bezug auf den Faktor der räumlichen und zeitlichen Situierung ist eine unterschiedliche Behandlung der prototypischen Ausprägungen mündlicher und schriftlicher Äußerungen am dringlichsten; genauer gesagt ist fundamental zu differenzieren zwischen Kommunikaten, bei denen Produzent und Rezipient räumlich und/oder zeitlich kopräsent sein müssen wie insbesondere in der Face-to-Face-Interaktion, und solchen, bei denen dies nicht der Fall ist. Gleichwohl geht es auch hier weniger um die Frage nach objektiver Kopräsenz als darum, inwieweit die Kommunikanten im selben raum-zeitlichen Bezugssystem leben. Andernfalls würde die Lektüre einer E-Mail oder SMS im Jahre 2002 in dieselbe Kategorie fallen wie eine im gleichen Jahr stattfindende Rezeption der Schriften Lao-tses (womöglich auch noch durch einen Deutschsprachigen).

Kommunikate, die ohne raum-zeitliche Kopräsenz der Kommunikanten funktionieren können, setzen zwar immer irgendeine Form der Speicherung und damit die Überwindung der unmittelbaren Situationsgebundenheit voraus; speichern lassen sich aber natürlich auch Face-to-Face-Interaktionen, so dass die wesentliche Frage darin besteht, von wem, für wen und zu welchem Zweck eine solche Speicherung vorgenommen wird.

Als allgemeines Kriterium möchte ich in diesem Zusammenhang zunächst die Kategorie *Gültigkeitsdauer* bzw. *Verfallsdatum* einführen, die vielleicht sogar relevanter ist als das Entstehungs- bzw. Veröffentlichungsdatum. Prototypisch lautsprachliche Äußerungen vergehen gleichzeitig mit ihrer Produktion, sie verfallen also unmittelbar. Das bedeutet natürlich nicht, dass das, was gesagt worden ist, unmittelbar nach der Äußerung keine Relevanz mehr hätte; gespeichert wird es in einem gewissen Ausmaß ja auf jeden Fall im Kopf der Beteiligten. Als objektiviertes und materialisiertes Kommunikat ist es jedoch nicht mehr zugänglich und die Beteiligten wissen, dass dies so ist. Dieser Tatbestand (bzw. die Annahme, dass er gegeben ist) dürfte einen nicht unerheblichen Einfluss auf das (sprachliche) Verhalten der Beteiligten haben und erklärt auch, dass die sog. Mikrofonbefangenheit sich gerade dann einstellt, wenn Äußerungen aufgenommen werden sollen, die eigentlich nicht zur längerfristigen Speicherung gedacht sind. Aufgezeichnet werden solche Interaktionen in erster Linie zu wissenschaftlichen Zwecken, nicht zuletzt im Rahmen der Gesprächsanalyse. Die Analyse solcher nur sekundär gespeicherter Kommunikate entspricht m. E. tatsächlich einem Forschungsbereich für sich; sie werden daher aus der folgenden Betrachtung ausgeschlossen.

Anders verhält es sich, wenn eine Speicherung von Face-to-Face-Kommunikation im Interesse der Interaktanten selbst liegt und sie vorgenommen wird, damit man irgendwann wieder darauf zurückgreifen kann. Dies kann im Medium der Schrift (z. B. stenografische Protokolle oder auswählende Notizen) oder mithilfe von Tonband-, evtl. auch filmischen Mitschnitten geschehen, wie etwa bei Verhören, Vorträgen oder Sitzungen von Gremien. Dabei kommt der spezifischen Ausprägung des Kriteriums Gültigkeitsdauer eine größere Relevanz zu: Mitschriften, Mitschnitte usw. stellen nämlich oft nur Zwischenstufen für die Erstellung eines dauerhaft zu speichernden Kommunikats dar; man kann seine Notizen etwa wegwerfen, sobald man das Protokoll einer Sitzung geschrieben hat, das dann allerdings seinerseits in einem institutionell festgelegten Rahmen angenommen werden muss und anschließend archiviert wird.

Von einer Gültigkeitsdauer lässt sich selbstverständlich auch bei originär schriftlich verfassten Texten sprechen. Am unteren Ende liegen der schon erwähnte Tafelanschrieb, Einkaufslisten oder Vermerke auf Notizzettelchen, die man geradezu als Wegwerftexte bezeichnen kann, am oberen selbstverständlich öffentlich vertriebene Druckwerke. Aber auch diese können ein Verfallsdatum haben: Bei Tageszeitungen ist dies vielleicht nicht gerade der Erscheinungstag, aber doch eine relativ kurze Frist, während Monatsblätter, Vierteljahrshefte oder gar Jahrbücher nicht etwa nur für den im Ausdruck genannten Zeitraum gültig, sondern auf langfristige Aufbewahrung hin angelegt sind. Bei manchen Texten wird die Gültigkeitsdauer sogar explizit in und außer Kraft gesetzt (etwa bei Verfassungen, Verordnungen, Ausweisen).

Texte, deren Gültigkeitsdauer abgelaufen ist, können dennoch weiter aufbewahrt werden und teilweise werden sie sogar systematisch *archiviert*. Dies erlaubt auch einen späteren Zugriff, der dann allerdings mit einer Änderung der ursprünglichen Textfunktion einhergeht: Insbesondere verlieren Gebrauchstexte nach ihrem Verfallsdatum ihren Gebrauchswert, sie bleiben jedoch für (Sprach-)Historiker von dokumentarischem Wert.

In Bezug auf Gebrauchstexte ist die Gültigkeitsdauer zweifellos ein besonders entscheidender Aspekt – vielleicht könnte man in deren Beschränktheit sogar eines ihrer konstitutiven Merkmale erblicken –, zugleich handelt es sich jedoch um einen recht trivialen Faktor. Weniger trivial und damit interessanter ist das Kriterium bei Texten, die keine so klare Bindung an eine bestimmte Gebrauchssituation aufweisen, nämlich bei Fach- und philosophischen Texten einerseits und künstlerischen Texten andererseits. Darunter gibt es zweifellos solche, die zum Weltkulturerbe gerechnet werden dürften und damit für die irdische Ewigkeit in Geltung bleiben (z. B. die Schriften von Lao-tse), wie auch solche, die nur relativ kurzlebig sind, weil sie – im wissenschaftlichen Bereich – einen schon längst überholten Forschungsstand repräsentieren bzw. – im künstlerischen Sektor – die „Definitionsagenturen: Schulen, Universitäten, Feuilletons, Museen"[20] usw. ihnen aus welchen Gründen auch immer nicht die Weihen des künstlerisch Wertvollen verliehen haben.

Bei der größeren Menge wissenschaftlicher und literarischer Texte dürfte jedoch die Zuordnung nicht so klar sein, und der Umgang mit diesen Texten besteht nicht zuletzt darin, sich gewissermaßen über deren Gültigkeitsdauer zu verständigen, nämlich einen ‚Kanon' bzw. eine Liste von ‚Pflichtlektüre' für ein bestimmtes wissenschaftliches Thema zu definieren, die darüber entscheiden, ob ein Text zu einem bestimmten Zeitpunkt noch gelesen werden muss oder nicht bzw. nur noch als historisches Dokument behandelt wird. Auch die Frage, *wie* man in der verlegerischen Praxis, in der Schule und Universität ältere künstlerische Texte behandelt, hängt sehr direkt damit zusammen, inwiefern man ihnen noch immer eine potenzielle Funktion in arbeitsentlasteten Lebenszusammenhängen zuschreibt oder sie nur noch als Objekte begreift, deren Kenntnis in bestimmten Ausbildungsgängen gesell-

---

[20] Schulze (2000:142f.). Zur näheren Erläuterung der Bedeutung von Definitionsagenturen sei die Darstellung von Schulze insgesamt empfohlen; vgl. auch Kap. 4.5.

schaftlich gefordert wird und denen man auch durchaus nicht einfach als naiver Leser begegnen soll.

Kommen wir damit zu den Kriterien, die üblicherweise unter dem Gesichtspunkt ‚räumliche und zeitliche Situierung' behandelt werden, also den Fragen nach dem Wann und Wo. Auf den ersten Blick sind diese Fragen relativ trivial und auch einfach zu beantworten. Tatsächlich gilt dies jedoch nur für die prototypischen mündlichen Kommunikate, die an einem klar bestimmbaren Ort und während einer überschaubaren Dauer (von selten mehr als einigen Stunden) produziert werden und anschließend vergangen sind, ohne irgendwelche materiellen Spuren hinterlassen zu haben. Die zeitliche Situierung kann für solche Kommunikate nach den üblichen kalendarischen Angaben erfolgen, für die ‚räumliche' Charakterisierung ist demgegenüber weniger der geografische als der Kulturraum[21] und der soziale Ort relevant. In Bezug auf den sozialen Ort lassen sich zwar abstrakte Ausprägungen wie ‚Privatraum', ‚halböffentlicher Raum', ‚öffentlicher Raum' usw. unterscheiden, im Allgemeinen dürften aber sehr viel konkretere (und damit nicht in einer allgemeinen Typologie vordefinierbare) Angaben (z. B. Privatwohnung, Café, Verkehrsmittel, Amt etc.) hilfreicher und oft notwendig sein.

Für alle auf Speicherung angelegten Kommunikate komplizieren sich die Verhältnisse dagegen, da anders als bei zeitlich-räumlicher Kopräsenz Ort und Zeit der Produktion, der Distribution bzw. Speicherung und der Rezeption nicht mehr zusammenfallen, so dass Angaben über die zeitliche und räumliche Situierung dreifach gemacht werden müssen. Dies gilt insbesondere für den Prototyp von Texten, also die auf ‚Verdauerung', von vornherein auf Situationsentbundenheit angelegten und daher auch immer wieder rezipierten Texte. Im üblichen Umgang bzw. der Beschreibung solcher Texte (z. B. in Werklexika) wirkt sich das unmittelbar darin aus, dass sowohl Angaben zum Autor, seiner Lebenswelt und der Entstehung des Werkes gemacht werden als auch solche zur Wirkungsgeschichte (Tradierung) und dass schließlich auch die fortdauernde ‚Aktualität' thematisiert werden kann, die freilich gewichtiger etwa in der Behandlung solcher Werke im Schulunterricht sein dürfte (*Was kann uns der Text heute sagen?*).

Was dagegen Texte angeht, die relativ stark zeit-/situationsgebunden sind und die nur eine begrenzte Gültigkeitsdauer haben (z. B. solche aus den Kommunikationsbereichen Verwaltung oder Wirtschaft sowie alle Arten aktueller Berichterstattung), ist m. E. nun zumindest tendenziell die Charakterisierung von Ort und Zeit der Produktion und Rezeption weniger wichtig (und auch weniger gut bestimmbar) als die der Übergabe/Publikation/Distribution und der Speicherung. Angesichts dessen scheint es mir für gespeicherte Kommunikate nützlich, neben der Gültigkeitsdauer zunächst nach der Anzahl der Textexemplare und ihrer Zugänglichkeit zu fragen. Dies fokussiert den Text als Produkt, dessen Situierung leichter möglich ist als die der Produktion und Rezeption. Die Zugänglichkeit eines Kommunikats für potenzielle Rezipienten ist insofern unmittelbar abhängig von der Anzahl der Textexemplare, als sich jedes Exemplar ja an einem bestimmten Ort befinden

---

Die Kulturgebundenheit/-geprägtheit von Texten und Textsorten bildet einen Untersuchungsbereich für sich, der hier nicht ausführlicher vorgestellt werden kann. Vgl. dazu die Übersichten bei Pöckl (1999), Krause (2000b), Adamzik (2001c) und Fix/Habscheid/Klein (2001).

muss. Textexemplare können fix an bestimmte Orte gebunden oder frei beweglich sein. Fixierte Texte sind alle Arten von Aufschriften, Inschriften, Schildern, Aushängen usw. an Gebäuden oder Objekten, die entsprechend nur ortsgebunden rezipiert werden können[22] und großenteils auch funktional an den Ort oder Gegenstand, auf dem sie fixiert sind, gebunden sind, etwa zur Orientierung oder Identifizierung dienen.

Ein enger Orts- oder auch Objektbezug kann allerdings auch bei Kommunikaten gegeben sein, die rein materiell gesehen selbständig auftreten. Wenn in der direkten (Face-to-Face-)-Kommunikation die Situationsverschränktheit als eine Beschreibungsdimension gefasst wird – sie ist stark ausgeprägt, wenn das Sprachliche in engstem Zusammenhang mit nichtsprachlichen Tätigkeiten steht, in die auch Objekte aus der Umgebungssituation einbezogen sein können (z. B. bei einer Wegauskunft oder einem Verkaufsgespräch) – so muss auch bei raum-zeitlich zerdehnten Kommunikationssituationen ein eventueller Bezug auf den Raum oder Objekte berücksichtigt werden. Gebrauchsanweisungen für irgendwelche Geräte oder Montageanleitungen setzen z. B. im Allgemeinen voraus, dass der Rezipient Zugang zu dem Objekt hat, um die angegebenen Manipulationen ausführen zu können. Auch schriftliche Weganleitungen und Reiseführer sind vielfach so angelegt, dass sie die Anwesenheit des Rezipienten an dem beschriebenen Ort voraussetzen (*Jetzt wenden Sie sich nach rechts* usw.). Außerdem können aber auch die Objekte und Räumlichkeiten bzw. (beschriftete) Modelle von ihnen in den Text ‚hineingeholt' werden (schematische Abbildungen von Geräten, deren Einzelteile direkt oder über Zahlenverweise benannt sind; Übersichten über ein Straßennetz, eventuell verbunden mit der schematischen Abbildung wichtiger Gebäude usw.). Auch viele deskriptive Texte kommen ohne solche keineswegs rein illustrativen Abbildungen und Modelle nicht aus – man denke etwa an Pflanzenbestimmungsbücher oder die Erläuterung der Lautproduktion aus einem phonetischen Lehrwerk. Wiederum zeigt sich, dass raum-zeitliche Kopräsenz von Produzent und Rezipient und (gemeinsamer) perzeptueller Zugang zur Umgebungssituation keineswegs nur Vorteile haben, die im Schriftlichen aufgewogen werden müssten: Den Aufbau einer Kathedrale begreift man etwa viel besser, wenn man (zumindest zusätzlich) einen Grundriss heranzieht, als wenn man sich körperlich in ihr bewegt und mündliche Erläuterungen durch Zeigegesten gestützt werden. Inwieweit eine solche Raum- oder Objektbindung besteht und damit auch eine multimediale Präsentation nützlich oder erforderlich ist, hängt natürlich vom Thema des Textes ab (vgl. dazu weiter Kap. 6).

Dem Prototyp von gespeicherten Texten entsprechen diejenigen, bei denen kein Bezug zu außersprachlichen Objekten und Räumlichkeiten besteht bzw. diese rein sprachlich durch den Text und als Textwelt geschaffen werden. Hier nun stellt sich die Frage nach der raum-zeitlichen Situierung als Frage danach, wo und wann der Text zugänglich ist, die sich unmittelbar mit der Frage nach dem Zielpublikum verknüpft: Wo und wann ist ein Text *für wen* zugänglich? Die größte Zugänglichkeit weisen gedruckte oder jetzt auch digital gespeicherte Texte auf, von denen sich einerseits Exemplare in vielen öffentlichen Bibliothe-

---

[22] Sie lassen sich natürlich sekundär reproduzieren, indem man sie etwa (samt dem Objekt) fotografiert.

ken befinden und die andererseits dauerhaft über den Buchhandel vertrieben werden, die also käuflich sind. Das sind übrigens genau jene Kommunikate, die für den Alltagsverstand am ehesten dem Prototyp eines Textes entsprechen dürften, nämlich künstlerische und fachliche Texte von bleibendem Wert. Diese machen jedoch keineswegs den größten Anteil dessen aus, was man fraglos auch als Text bezeichnen muss, so dass sich eine am Prototyp orientierte Betrachtung wiederum als wenig geeignet erweist, der kommunikativen Realität moderner Gesellschaften gerecht zu werden. Massenweise produziert und auch rezipiert werden nämlich Texte, die nur kurzfristig und regional begrenzt zugänglich sind, insbesondere diejenigen der Presse und alle Arten von Texten, die um potenzielle Kunden, Interessenten und Anhänger werben, also nicht nur Wirtschaftswerbung im engeren Sinne, sondern auch Flyer, Briefe, Informationsblätter, Zeitschriften von Bürgerinitiativen, Parteien, gemeinnützigen Organisationen usw. Zwar werden diese zumindest z. T. archiviert, das ändert aber nichts daran, dass der zeitlich und örtlich eng begrenzte Raum, in dem man mit ihnen umgeht, zu ihren typischen Charakteristika gehört. Zudem sind Archive von Firmen, Vereinen usw. nicht öffentlich zugänglich und die Arbeit mit Archivmaterial ist auf jeden Fall relativ aufwändig, so dass auch für textlinguistische Fragestellungen die raum-zeitliche Situiertheit zu einem Problem der Korpuserhebung wird.

Mit der Schaffung eines neuen, virtuellen Raums, des Internets, haben sich die Zugangsmöglichkeiten zu einer Vielzahl von Dokumenten zwar erheblich erleichtert. Doch auch oder gerade Internettexte sind nur relativ kurzlebig: Als durchschnittliche Lebensdauer für Webseiten wurden 44 Tage ermittelt;[23] zudem können diese Seiten ständig verändert werden; die Texte verlieren ihre Eigenschaft, im Wortlaut (längerfristig) fixiert zu sein. Auch die im Fernsehen ausgestrahlten Texte mit weit überwiegend konzeptionell schriftlichen Sprachanteilen sind zwar öffentlich zugänglich, aber größtenteils nur zur einmaligen Rezeption, und zwar zum Sendedatum, gemacht.

Neben den wenigstens für einen kurzen Zeitraum allgemein zugänglichen Texten gibt es dann die große Menge derer, die sich von vornherein nur an einen beschränkten Adressatenkreis richten. Diese existieren in einer geringeren Anzahl von Exemplaren – womöglich auch nur einem einzigen – und sind entsprechend an weniger Orten aufzufinden. Dabei ist der soziale Ort (z. B. Privatbesitz, Firmenarchiv, Bibliothek) wichtiger als die geografische Lokalisierung. Man kann sie dauerhaft aufbewahren (typisch z. B. für Liebesbriefe) oder nach kurzer Zeit vernichten (typisch etwa für Einkaufszettel, Veranstaltungsprogramme, bestimmte E-Mails und Vorfassungen auch von längeren Texten). Für viele Texte sind sowohl die Dauer und der Ort der Aufbewahrung als auch die Frage, wem unter welchen Umständen und in welcher Situation (etwa: nur unter Aufsicht) Einsicht gewährt werden darf, streng festgelegt: Dies gilt z. B. für Klausuren, Protokolle von Gremien oder Akten irgendwelcher Verwaltungsstellen. Abgesehen davon, dass Angaben zur zeitlich-räumlichen Situierung – auch beim ‚normalen‘ Umgang mit dem Text, also nicht nur zu wissenschaftlichen Zwecken – zu ihrer deskriptiven Erfassung gehören und teilweise auch schon

---

[23] Vgl. Zimmer (2001:228), der in dem Kapitel *Nicht einmal die kleine Ewigkeit. Die Sterblichkeit der Information* auch auf die Probleme der rein materiellen Erhaltung von Texten in alten und neuen Medien eingeht.

explizit im Text vermerkt sind, sind diese Aspekte im textlinguistischen Zusammenhang insofern von besonderem praktischen Interesse, als von ihnen die Möglichkeit abhängt, bestimmte Korpora zusammenzustellen.

4.5. Produzent und Rezipient

Dass der Frage, von wem Texte stammen und für wen sie produziert worden sind bzw. wer sie rezipiert – zumal bei einer pragmatisch-kommunikativ orientierten Betrachtung – eine entscheidende Bedeutung zukommt, ist zweifellos eine Binsenweisheit. Auch in der Praxis des Umgangs mit Texten dürfte dieser Faktor ganz zentral sein: Bei allen Anleitungen zur Textproduktion, zur kritischen Beurteilung von Texten und Vorschlägen für ihre Optimierung stellt die adressatengerechte Gestaltung eine Hauptforderung dar; und welchen Texten man wie begegnet – wozu auch gehören kann, dass man sie gar nicht erst zur Kenntnis nimmt bzw. gleich wegwirft –, mit welcher Einstellung und Vorerwartung man sich ihnen nähert, ist entscheidend davon abhängig, wen man als Produzenten/Autor identifiziert. Gleichwohl spielt eine differenziertere Beschreibung dieser Dimension in Einführungen zur Textlinguistik kaum eine Rolle; allenfalls Darstellungen, die mündliche und schriftliche Äußerungsformen zusammengreifen, enthalten explizite Ausführungen zu diesem Thema.[24]

Handelt es sich um mehr als elementare Hinweise, greift man dabei auf Differenzierungen zurück, die in der Gesprächsanalyse üblich sind, insbesondere auf Kategorieninventare, wie sie Schank/Schoenthal (1983:29ff.) und Henne/Rehbock (1982:32ff.) vorgeschlagen haben. An teilnehmerspezifischen Beschreibungskriterien finden sich dort: Anzahl der Teilnehmer, Alter, Ausbildung, Bekanntschaftsgrad, Häufigkeit vorausgehender Kommunikationsakte, räumliche Konstellation (Sitzordnung usw.), sozialer Rang und Rollenzuteilung, Situationsvertrautheit, Vorwissen, Interesse und Vorbereitetheit sowie Erwartungen und Intentionen der Gesprächspartner. Manche dieser Kategorien sind relativ abstrakt und nach bestimmten Ausprägungsrastern differenziert. So etwa das soziale Verhältnis, das als ‚symmetrisch versus asymmetrisch‘[25] typologisiert wird, oder Vorbereitetheit und Bekanntschaftsgrad, wo Henne/Rehbock drei bzw. fünf Stufen unterscheiden.

Andere Kategorien, wie insbesondere das bei Schank/Schoenthal genannte Alter, erfassen eine konkrete und objektiv messbare Eigenschaft, die sich überdies insofern aufdrängt, als sie zu den üblichen Angaben der Personenidentifikation gehört. Das gilt aber auch für weitere Merkmale, v. a. das Geschlecht, das in deren Liste wohl nur zufälligerweise fehlt, die Nationalität, Herkunft (geografisch, kulturell und sozial), Religion, politische Orientierung, den Wohnort, Familienstand, Beruf usw. usf.

---

24 Vgl. Heinemann/Viehweger (1991:156), Heinemann/Heinemann (2002:49ff., 126f.), Gansel/ Jürgens (2002:68).

25 Henne/Rehbock (1982:33) nehmen noch eine Unterteilung entsprechend den Ursachen für eine Asymmetrie vor, nämlich 1. anthropologisch, 2. soziokulturell, 3. fachlich oder sachlich und 4. gesprächsstrukturell bedingt.

84

Nun soll mit diesen Hinweisen nicht etwa die ‚Unvollständigkeit' der Listen kritisiert, sondern vielmehr verdeutlicht werden, dass eine erschöpfende Erfassung potenziell relevanter Eigenschaften von Kommunikanten, die als Raster bei der Beschreibung jedweden Gesprächs oder Texts dienlich sein könnte, undenkbar ist. Andererseits ist ebenso offenkundig, dass Merkmale wie Geschlecht oder Nationalität für die Beschreibung eines Kommunikats im Einzelfall höchst relevant sein können. Sie sind dies in erster Linie nach Maßgabe der Bedeutung, die ihnen die Kommunikanten selbst beimessen, also insofern, als sie in deren Situationsdefinition eingehen. Wiederum zeigt sich, dass die Objektivität, mit der Daten zur Situation erhoben werden können, nur einen vermeintlichen Vorteil für die Analyse darstellt und – ebenso wie bei den Kommunikationsbereichen – eine auf den Einzelfall bezogene und mit ‚Ethnokategorien' arbeitende Beschreibung unausweichlich ist.

Unbeschadet dessen ist eine Systematisierung der Aspekte sinnvoll, unter denen man über Personen *als* Teilnehmer an einer Interaktion sprechen kann; Alter und Nationalität etwa sind keine interaktionsspezifischen Eigenschaften von Personen, sie können nur zu solchen werden bzw. als solche interpretiert werden, wenn sie sich als Unterfälle kommunikationsspezifischer Kategorisierungen erweisen. Die abstrakte Kategorie, die sich dabei zur Beschreibung anbietet, ist die der *Rolle*, die Interaktanten spielen/die ihnen zugeschrieben wird; ich betrachte diese also nicht, wie es die oben zitierten Listen nahe legen, als ein Merkmal unter anderen, sondern selbst als Dimension, die in sich zu differenzieren ist. Dies bedeutet zugleich, dass es nicht um die Zuschreibung *einer* Rolle pro Interaktant geht, sondern diesen vielmehr unter verschiedenen Aspekten jeweils Rollen zukommen; sie übernehmen die Sprecher- oder Hörerrolle, sie vertreten eine bestimmte inhaltliche Position, sie haben das Recht oder auch nicht das Recht, bestimmte Sprechakte zu vollziehen und vollziehen diese oder tun dies nicht usw. Dies entspricht im Übrigen einer Grundüberlegung, die die Sprechakttheorie charakterisiert, dass man nämlich beim Kommunizieren mehrere Akte gleichzeitig vollzieht, führt diesen Ansatz jedoch weiter, insofern einerseits auch auf der klassischerweise als ‚Hörer' bezeichneten Seite Rollen zugeschrieben werden und bei der Produzenteninstanz zusätzliche Gesichtspunkte berücksichtigt werden.

Einen Vorstoß dieser Art bildet der in der deutschen Textlinguistik relativ wenig beachtete Ansatz von Goffman (1981),[26] der die Vieldeutigkeit und inkonsistente Verwendung der Ausdrücke *speaker* und *hearer* beklagt und für die analytische Trennung verschiedener Aspekte plädiert. Dies ist umso notwendiger, als die klassischen Teilakte eines Sprechakts nicht nur analytisch unterschieden werden können, sondern in realen Interaktionen teilweise auch tatsächlich von unterschiedlichen Personen vollzogen werden. So bezeichnet man alltagssprachlich als *Sprecher* oft denjenigen, der ein Kommunikat zu Gehör bringt, das allerdings jemand anders formuliert hat; und der Formulierer kann auf diese Rolle beschränkt sein und im Auftrag eines anderen handeln, der dann die Rolle der illokutionären Instanz einnimmt. Auf der Rezipientenseite ist besonders die Unterscheidung zwischen

---

[26] Heinemann/Heinemann (2002:49ff.) besprechen Goffmans Ansatz in ihrem Theorieteil, beziehen seine Differenzierungen aber bei der praktischen Beschreibung nicht weiter ein.

denen, die angesprochen sind (Adressaten), und denen, die lediglich mithören (können), relevant.

Der Ansatz von Goffman und auch seine Weiterführung durch Levinson (1988) seien hier jedoch nicht im Detail vorgestellt,[27] und zwar v. a., weil sie sehr eng auf Gruppeninteraktionen in Face-to-Face-Situationen bezogen sind und daher die Untersuchung von Faktoren wie Körper- und Blickverhalten eine besondere Rolle spielt. Für eine Übersicht über diese und andere Ansätze aus der Konversationsanalyse, in denen es um eine Differenzierung der Sprecher- und Hörer-Instanz geht, verweise ich auf Schwitallas Artikel zu *Beteiligungsrollen im Gespräch* (2001); hier dagegen soll es darum gehen zu zeigen, dass die Differenzierung von Interaktionsrollen für Schrifttexte bzw. raum-zeitlich zerdehnte Kommunikation nicht nur auch möglich, sondern dort sogar besonders notwendig ist.

Dies wird am besten deutlich, wenn man nicht Interaktionen fokussiert, die dem Gespräch besonders nahe stehen, also nur in einem Exemplar existierende Texte, die zwischen Einzelpersonen oder innerhalb überschaubarer Gruppen ausgetauscht werden, wie etwa Briefe, sondern jene Sprachprodukte, die gerade aufgrund ihrer Situationsentbundenheit dem Prototyp der Kategorie *Text* entsprechen. Sie können teilweise auch nur noch in einem weiten Sinne überhaupt als Mittel der Kommunikation oder Interaktion betrachtet werden, insofern sie über längere Zeit allgemein zugänglich sind. Daher scheint es bei ihnen auf den ersten Blick ganz unmöglich, überhaupt irgendetwas über den Adressaten zu sagen: Niemand ist speziell adressiert bzw. alle kommen als potenzielle Rezipienten in Frage.

Auch der Produzent ist bei öffentlich zugänglichen Texten in vielen Fällen gar nicht (persönlich) identifizierbar. Bei Gebrauchstexten treten als Emittenten etwa auf: Firmen (z. B. mit Geschäftsberichten, Gebrauchsanweisungen, Werbetexten), Vereine, Parteien oder sonstige Organisationen (Satzungen, Parteiprogramme, Spendenaufrufe) sowie sämtliche Instanzen der staatlichen Verwaltung (Ministerialerlasse, Lehrpläne, Gerichtsurteile). Charakteristisch für diese Texte ist, dass sie nicht *einen* Autor haben, auch nicht so etwas wie *ein* Autorenkollektiv, sondern dass an der Produktion eine *Kette von Instanzen* beteiligt ist. Dies gilt auch dann, wenn eine identifizierbare Person, wie man treffend sagt, ,als verantwortlich zeichnet'; dies bedeutet nämlich keineswegs, dass sie entscheidend an der Konzeption und Formulierung beteiligt war, nicht einmal unbedingt, dass sie den Text vor der Unterschrift gelesen hat.

In noch stärkerem Maß kann man von einer Kette von Produzenteninstanzen bei Medientexten sprechen, da diese zum großen Teil sekundär weiterverbreiten, was aus Firmen, Organisationen, Verwaltungsstellen usw. ,verlautet' oder auch was Einzelpersonen gesagt oder geschrieben haben. Selbst wenn Pressetexte namentlich gezeichnet sind und nicht nur eine Nachrichtenagentur als ,Quelle' ausweisen, nimmt man in der Regel auf das Presseorgan als Emittenten Bezug (*nach Berichten der Bild-Zeitung, des Spiegel* usw.) und eine etwaige Reaktion kann im Allgemeinen nur in Form eines Leserbriefes an die Redaktion

---

[27] Vgl. dazu näher Adamzik (2002b:218ff.).

erfolgen, die sich im Übrigen nicht nur deren Veröffentlichung, sondern auch Kürzungen und Veränderungen vorbehält.[28]

Der Normalvorstellung, dass allgemein zugängliche Schrifttexte *einen* identifizierbaren Produzenten hätten, scheinen damit am ehesten literarische Texte zu entsprechen, weit weniger dagegen schon Sachbücher und wissenschaftliche Veröffentlichungen, da diese oft als Auftragsarbeit zustande kommen bzw. Ergebnis einer auch in sich kommunikativ komplexen Arbeit im Wissenschaftsbetrieb sind. Dennoch wäre es natürlich völlig unrealistisch, bei literarischen Texten von den diversen Instanzen abzusehen, die ihre allgemeine Zugänglichkeit erst möglich machen. Zu einem (professionellen) Schriftsteller wird man nicht schon dadurch, dass man literarische Texte schreibt, sondern erst dadurch, dass diese auch veröffentlicht werden. Wir sehen in diesem Zusammenhang von der Frage ab, wer außer dem Autor möglicherweise sonst noch (als Ideenfinder, kritischer Erstleser, Sekretär usw.) bei der Erstellung des Manuskripts beteiligt war und gehen von einem als fertig gedachten Text aus. Für diesen muss der Autor einen Verleger finden; der Verlag und seine Agenten stellen also eine – teilweise anonyme – Produzenteninstanz dar. Sie fungiert zunächst einmal als Rezipient und lehnt bekanntlich den größten Teil der eingesandten Manuskripte ab. Bei den angenommenen kann sie dann mehr oder weniger einschneidende Veränderungen einfordern oder vorschlagen.

Ihre wesentliche Aufgabe besteht aber darin, den Text zur Ware zu machen. Dies bedeutet nicht nur, dass sie die rein technische Herstellung und den Vertrieb übernimmt, vielmehr gibt sie dem Text durch die Aufmachung auch ein Gesicht, bestimmt Auflagenhöhe und Preis und macht Werbung für ihn. Dabei kommt es nicht nur zu einer Überlagerung des Images von Autor und Verlag, bei noch unbekannten Schriftstellern wird vielmehr der Autor u. U. als solcher aufgebaut und dann als Objekt und interagierendes Subjekt des Literaturbetriebs behandelt.

Mit den Agenten des Literaturbetriebs ist eine weitere Instanz benannt, die entscheidend für den Umgang mit dem Text ist und von der auch wesentlich abhängt, welche Rezipienten er findet. Ebenso wie bei den Medien – und großenteils ja auch in ihnen – treten hier bestimmte Personen zunächst als privilegierte Rezipienten auf (sie bekommen z. B. das Buch als Besprechungsexemplar zugeschickt) und betätigen sich dann als Produzenten von Sekundärtexten, indem sie das Buch vorstellen, zusammenfassen, daraus zitieren, es bewerten usw. Bei diesen Agenten des Literaturbetriebs handelt es sich großenteils um Persönlichkeiten, die dem prinzipiell an moderner Literatur interessierten Publikum bekannt sind und die auch ein bestimmtes Image haben, das wiederum in Wechselwirkung mit dem Renommee von Autor und Verlag tritt. Es zeigt sich hier, dass eine säuberliche Scheidung zwischen Produzent(en) und Rezipient(en) gar nicht gut möglich ist. Jedenfalls spielt der meist als ‚Normalrezipient' behandelte einfache Leser im Literaturbetrieb eine höchst nachgeordnete Rolle und tritt in erster Linie als Käufer in Erscheinung. Dass der Autor mit ihm im eigentlichen Sinne kommuniziere, kann man also kaum behaupten.

---

[28] Dafür, wie gewichtig solche Eingriffe sein können, bringt Burger (2001:31) ein eindrückliches Beispiel.

Noch viel weniger gilt das natürlich für längst verstorbene Autoren, die immer noch gelesen werden. Überhaupt ist man bei literarischen Texten wohl am ehesten geneigt zu bezweifeln, dass der Autor sie *für jemanden* schreibt, sich kommunikativ an einen gedachten Rezipienten wendet. Dennoch können sie nicht situationsentbunden als Texte funktionieren, sondern müssen von Rezipienten reaktualisiert werden. Auch bei älteren Texten treten daher andere Instanzen als der Verfasser als rezeptiv-produktive Mittler auf, nämlich Verlage, der gesamte Kulturbetrieb und schließlich auch Schule und Universität. Sie verständigen sich, wie im vorigen Abschnitt hervorgehoben, über weiter bestehende Gültigkeitsdauer, entdecken eventuell ‚vergessene' Autoren, edieren Texte, legen sie neu auf, übersetzen sie (neu) usw.

Dass in der kommunikativ-pragmatisch orientierten Textlinguistik literarische Texte häufig vernachlässigt werden, hängt also keineswegs damit zusammen, dass sie sich für eine solche Betrachtung weniger eigneten – dass dies nicht gilt, belegt auch der Forschungszweig der Literatursoziologie. Es ergibt sich vielmehr aus der nach wie vor dominierenden Konzentration auf den Text als Produkt und der idealisierenden Unterstellung einer einheitlichen Produzenten- und Rezipienteninstanz. Diese ist m. E. aber auch ungeeignet für wissenschaftliche und Gebrauchstexte.

Nach diesen allgemeinen Vorüberlegungen soll es jetzt um eine Systematisierung der Kategorie Rolle gehen. An anderer Stelle (Adamzik 2002b) habe ich dies am Beispiel öffentlicher Kommunikation, insbesondere von Politik und Medien, versucht; hier sei es am Hochschulbetrieb exemplifiziert. Für den Kommunikationsbereich Politik hat Klein (2000a) eine Klassifizierung von Texten entsprechend der Emittenten-Instanz vorgeschlagen.[29] Auch für den Hochschulbetrieb drängt es sich auf, zunächst die wesentlichen Akteure zu benennen, die in diesem Kommunikationsbereich auftreten. Hier wie in allen Kommunikationsbereichen außer im rein privaten gibt es professionelle Akteure, die in ihrer *Berufsrolle* handeln. Im Hochschulwesen kann man grob zwischen den Gruppen Lehrkörper, administrativ-technisches Personal und Studierende unterscheiden, die in sich weiter zu differenzieren sind: im Lehrkörper Professoren (unterschiedlichen Status) und Mittelbau (mit verschiedenen Untergruppen, insbesondere nach fest und befristet angestellten), bei den Studierenden nach Studiengängen und -stufen usw. Entsprechend ihrer Gruppenzugehörigkeit produzieren und rezipieren die Akteure bestimmte Texte bzw. realisieren eine bestimmte *Kommunikantenrolle* innerhalb der Kette von Textinstanzen.

Dass sie diese Kommunikantenrolle individuell ausgestalten und insofern Aspekte wie Interesse, Motiviertheit, Vorwissen, Situationsvertrautheit usw. zweifellos auch als ‚subjektive' Parameter eine Rolle spielen,[30] steht außer Frage; dennoch möchte ich hier ein stärkeres Gewicht darauf legen, dass solche Faktoren großenteils von der Berufsrolle abhängig sind und man darüber auch Aussagen machen kann, wenn gar nicht bekannt ist, welche konkreten Individuen an welcher Stelle zur Texterstellung beigetragen haben. Denn bei diesem Beitrag handelt es sich eben oft nur um eine auf bestimmte Phasen des Textpro-

---

[29] Vgl. auch die Übersicht bei Girnth (2002:74f.).

[30] Vgl. zum Gesichtspunkt ‚Interaktanten als Individuen' weiter Adamzik (2002b:236ff.).

duktionsprozesses beschränkte Rolle. Dies wird besonders deutlich, wenn eine weitere Ebene berücksichtigt wird: Die Akteure treten nämlich nicht nur in ihrer Berufsrolle auf bzw. diese bestimmt nur einen Teil ihrer kommunikativen Aktivitäten; zusätzlich nehmen sie mehr oder weniger langfristig bestimmte *Funktionsrollen* ein: Mitglied des Fachbereichsrats, von Kommissionen, eines Instituts, Institutsdirektor, Dekan, Fachschaftsvertreter, Protokollant von Sitzungen, Examenskandidat, Prüfer, Beisitzer usw. usf. Eher noch als aufgrund der allgemeinen Berufsrolle sind Akteure aufgrund solcher Funktionsrollen dazu gezwungen, bestimmte Texte zu rezipieren und zu produzieren. Sie tun dies also keineswegs notwendigerweise freiwillig, und angesichts dessen sollte besonders beachtet werden, dass die übliche Rekonstruktion der Intention eines für den Text verantwortlichen Produzenten, dem man bestimmte Motive, Interessen usw. zuschreiben kann, in vielen Fällen an der Realität vorbeigeht.

So soll in der selbstverwalteten Universität in bestimmtem Ausmaß die Mitbestimmung der verschiedenen Gruppen von Akteuren gewährleistet werden, so dass das kollektive Produzieren von Texten zum Normalfall wird. Dennoch kann von kollektiver Textproduktion im eigentlichen Sinne nicht gesprochen werden, da es keine Gruppe (mit Wir-Bewusstsein) gibt, die für den Text verantwortlich wäre; vielmehr ist bereits der Produktionsprozess zerdehnt und auf eine Reihe von Instanzen verteilt. Die einzelnen Akteure und Gremien dürfen nur in bestimmten Phasen mitreden oder gar nur über die Annahme bzw. Ablehnung von Texten abstimmen. Daher ist es durchaus typisch, dass einzelne Akteure etwa die Aufnahme eines bestimmten Inhaltselements durchgesetzt zu haben meinen, dieses aber in der endgültigen Formulierung gar nicht wiedererkennen. Gar nicht so selten machen auch spätere Instanzen die gesamte Textarbeit von Gremien ‚zunichte‘, indem sie deren Vorlage einfach nicht weiter berücksichtigen.

Neben der kollektiven Erarbeitung inhaltlicher Positionen spielt bei den Kommunikantenrollen die des *Formulierers* eine besondere Rolle. Die Formulierung wird meistens nicht in einem größeren Kollektiv, sondern von Einzelakteuren oder Kleingruppen geleistet, anschließend aber u. U. Revisionen unterzogen. Eine für die ursprünglichen Formulierer oft besonders ärgerliche spätere Instanz ist die der Juristen, die mit den inhaltlich relevanten Problemen des Textes gar nicht unbedingt vertraut sind, sondern ihn nur auf juristische Schwachstellen abklopfen und dabei zu Formulierungen kommen können, die die eigentlichen Emittenten niemals gewählt hätten. Neben ihrer Sachkompetenz werden Juristen ja nicht zuletzt wegen einer besonderen Sprachkompetenz, nämlich der Vertrautheit mit der Varietät Rechtssprache, hinzugezogen.

Dies führt uns auf einen weiteren Aspekt von Beteiligungsrollen bzw. relevanten Merkmalen von Produzent und Rezipient, nämlich ihre *Sprachkompetenz*. Besonders einschneidend ist dieser Faktor, wenn es um die Rolle von Muttersprachlern versus Fremdsprachlern geht, etwa bei der Beurteilung von Arbeiten ausländischer Studierender. Bestimmte Berufsrollen, z. B. die von Lektoren oder die des Lehrkörpers im Fremdsprachstudium überhaupt, werden mit Rücksicht auf die Muttersprache der Kandidaten vergeben. Ebenso kann es aber vorkommen – und dies sollte sich bei zunehmender Mobilität im Universitätsbereich sogar verstärken –, dass bei der Stellenbesetzung die Muttersprache nicht ausschlaggebend ist, so dass bestimmte Funktionsträger die Amtssprache ihres Arbeitsortes möglicherweise nur eingeschränkt beherrschen und andere Akteure dann bei der Textproduktion in ihrer Rolle als Muttersprachler um Formulierungshilfe bitten. Dies gilt natürlich insbesondere bei Schrifttexten, die im Rahmen der universitären (Selbst-)Verwaltung erstellt werden.

Im Wissenschaftsbetrieb dagegen kommt der Faktor der Sprachkompetenz besonders insoweit zur Geltung, als in vielen Fächern als Publikationssprache eine international weit verbreitete gewählt wird, heute natürlich v. a. das Englische. Da Wissenschaft aber ohnehin auf internationale Kooperation angelegt ist, ist das Agieren in mehrsprachigen Situationen auch in Fächern, die nicht vom Englischen als Wissenschaftssprache geprägt sind, völlig üblich. Und da nicht nur in den Kommunikationsbereichen Wissenschaft, Politik und Handel, sondern auch in unserem Alltag die Begegnung mit Anderssprachigen ganz gewöhnlich ist und individuelle Mehrsprachigkeit zunehmend an Bedeutung gewinnt, kann es eigentlich nur verwundern, dass in allgemeinen Katalogen zur Charakterisierung der Kommunikanten ausgerechnet die Sprachbeherrschung als Kategorie fehlt.[31]

Diese muss auch einbezogen werden, wenn man monolinguale Situationen vor Augen hat, denn auch das Ausmaß der Beherrschung der Muttersprache kann ja erheblich variieren. Im Hochschulsektor ist die Klage über mangelnde (Schrift-)Sprachkompetenz der Studierenden längst zum Topos geworden; ein entscheidenderes Problem dürften diese selbst aber darin sehen, dass sie im Studium ihr Varietätenspektrum erweitern und insbesondere bestimmte fachsprachliche Kompetenzen erwerben müssen. Sowohl bei der Produzenten- als auch bei der Rezipienteninstanz spielt das Kriterium der Sprachbeherrschung also eine hervorragende Rolle und konkretisiert teilweise die Kriterien Vorwissen, Situationsvertrautheit usw.

Ein bestimmtes ‚Sprachexpertentum' stellt auch die Grundlage für die schon angesprochene Kommunikantenrolle des *Korrektors* dar, die man nicht nur auf Wunsch, sondern auch ungebeten einnehmen kann. Ein Beispiel dafür stellen Personenbezeichnungen dar, die noch immer zu heftigen Formulierungsstreitigkeiten führen können: Ich habe bei der Benennung der Rollen (wie auch sonst in diesem Buch) meist Bezeichnungen im generischen Maskulinum gewählt. Ich unterstelle dabei, dass alle verstehen, dass die Rollen grundsätzlich gleichermaßen von Frauen wie von Männern eingenommen werden können. Bekanntlich sind jedoch gerade die Berufs- und Funktionsrollen an der Universität *nicht* gleichmäßig auf die Geschlechter verteilt. Dies hat zur Schaffung einer weiteren Funktionsrolle geführt: den Frauenbeauftragten, die eine ihrer Aufgaben auch darin sehen können, dafür zu sorgen, dass die kollektiv produzierten Texte wenigstens sprachlich eine Gleichbehandlung der Geschlechter aufweisen.

Bei solchen Fragen, die die politische Korrektheit von Formulierungen betreffen, handeln die Akteure natürlich nicht nur oder nicht einmal so sehr in ihrer Rolle als Sprachteilhaber/-experten, sondern nehmen im Rahmen gesellschaftlicher Diskurse eine bestimmte Position ein. Hier spreche ich von *Diskursrollen* wie Feminist, Befürworter/Gegner von Studiengebühren, Hochschulreformen usw. Dabei sind im Universitätsbetrieb natürlich

---

[31] In empirischen Einzeluntersuchungen, und zwar sowohl aus dem Bereich der Konversationsanalyse als auch der Textlinguistik im engeren Sinne, wird diesem Faktor dagegen durchaus die gebührende Bedeutung beigemessen.

besonders wichtig einerseits Positionen in der bildungspolitischen Diskussion, andererseits Diskurse, in die Fachvertreter in ihrer Berufsrolle, also als Experten, eingreifen (z. B. bei Themen der Umwelt- und Energiepolitik oder des Ausländerrechts). Relevant sind aber auch berufsneutrale Diskursrollen wie insbesondere die allgemeine politische Orientierung.

Auch auf bestimmte Sprachthemen reagiert die Öffentlichkeit sensibel; diese werden dann Gegenstand eines öffentlichen Diskurses, der auch bei der stilistischen und formalen Gestaltung von Einzeltexten wichtig werden kann. Neben der politischen Korrektheit ist das z. B. der Einfluss des Englischen (diskutiert wird z. B.: Soll man nicht deutsche oder mindestens lateinische Bezeichnungen für Studiengänge wählen?) oder auch die Orthografiereform, die viele in Teilen für einen vollkommenen Unsinn halten und in von ihnen mitverantworteten Texten nicht umsetzen wollen.

Wem die Debatte um die Orthografiereform nicht so wichtig ist, der mag demgegenüber derzeit gern Personen, die für ihre besondere Vertrautheit mit den neuen Rechtschreibregeln bekannt sind, als Sprachexperten konsultieren. Spätestens an dieser Stelle sind nun als potenzielle ‚Instanz‘ bei der Textproduktion auch noch Computerprogramme zu berücksichtigen, die man ja insbesondere für Fehler gern verantwortlich macht. Im Extremfall kann ein Text überhaupt maschinell erstellt sein, so dass die Rolle der menschlichen Produzenten sich auf das Programmieren und Programmbenutzen beschränkt. Häufiger begrenzt ein bestimmtes Programm aber nur mehr oder weniger einschneidend die Freiheit der Textproduzenten – so wie dies auch andere Vorgaben von Instanzen aus der Produktionskette tun können. Für Studienpläne kann etwa eine Instanz entscheiden, dass sie innerhalb einer Fakultät oder gar für die ganze Universität nach einem einheitlichen Muster gestaltet werden müssen. In Vorlesungsverzeichnissen ist teilweise für Veranstaltungstitel nur ein begrenzter Platz vorgesehen, so dass nicht nur die äußere Gestalt, sondern auch der Inhalt der Veranstaltungsankündigung davon abhängig wird.[32]

Vorgaben dieser Art gibt es natürlich auch für die Produktion wissenschaftlicher Texte, und zwar heutzutage in Form von sog. *Style Sheets* von Verlagen, Zeitschriften oder Reihenherausgebern. Diese sollen großenteils die Arbeit von professionellen Akteuren ersetzen, nämlich Lektoren, Setzern und Druckern, die noch vor wenigen Jahrzehnten unverzichtbare Glieder in der Produktionskette von Wissenschaftstexten waren. Deutlich wird darin der enorme Einfluss, den die materiellen Produktionsbedingungen auf die Texterstellung haben: Seit mit elektrischen Schreibmaschinen saubere Vorlagen für relativ billige fotomechanische Reproduktionen erstellt werden können, haben Autoren wissenschaftlicher Texte – im geraden Gegensatz zur Multiplizierung von Produktionsinstanzen bei Texten der universitären Administration – begonnen, nahezu alle Textproduktionsetappen selbst zu übernehmen und u. U. nur noch die Vervielfältigung einem Copyshop anzuvertrauen. Solche besonders für die 1970er und 80er Jahre typischen, als ‚graue Literatur‘ bezeichneten Texte weisen natürlich auch die Mängel auf, die die technisch noch unvollkommenen Maschinen mit sich bringen: Buchstabenersatz (z. B. statt ß der griechische

---

[32] Auch der Einfluss der digitalen Medien auf die Produktion und Rezeption von Texten stellt einen besonderen Forschungsgegenstand dar, der hier nicht weiter behandelt werden kann. Vgl. dazu etwa Lobin (1999), Handler (2001), Rada (2002) und Bittner (2003).

Buchstabe β), von Hand eingetragene Sonderzeichen, Akzente und Grafiken, sichtbare Korrekturen u. ä. Solche Merkmale, die auf das Fehlen professioneller Produktionsinstanzen hinweisen, finden sich allerdings auch in der Palette des Angebots wissenschaftlicher Verlage – nicht zuletzt vieler neu entstandener Kleinverlage ohne professionellen Mitarbeiterstab –, die dazu übergegangen sind, Werke mit geringer Absatzchance in der von den Autoren gelieferten Druckvorlage zu publizieren (und dafür u. U. auch noch einen Druckkostenzuschuss zu verlangen).

Die Zeit der eng begrenzten technischen Möglichkeiten liegt inzwischen hinter uns; die Apparate und Programme sind mittlerweile derart perfektioniert, dass eine professioneller Arbeit entsprechende äußere Form leicht erreichbar ist. Das bringt es allerdings zugleich mit sich, dass ein Textmerkmal, das erkennbar macht, inwieweit professionelle Akteure beteiligt sind, entfällt. Daher kommt es – ebenso wie bei der grauen Literatur, nur gewissermaßen mit umgekehrtem Vorzeichen – leicht zu einer Diskrepanz zwischen dem Aufwand für die technische und die inhaltliche Gestaltung, zu perfekt präsentierten Texten, die aber den sonstigen wissenschaftlichen Standards nicht entsprechen. Gleiches gilt natürlich nicht nur für studentische Arbeiten, sondern auch, und zwar in noch deutlich verstärktem Maße, für Texte, die ins Internet gestellt werden. Hier gibt es nämlich gar keine Produzenteninstanz mehr, die aus der Masse der produzierten Texte nur einen Teil, und zwar möglichst den qualitativ besten, herausfiltert, der allgemein zugänglich gemacht wird.

Dies betrifft natürlich Texte aus jedwedem Kommunikationsbereich, und nicht nur den wissenschaftlichen Sektor, ist aber für diesen in mehrfacher Hinsicht von besonderer Relevanz.[33] Zunächst nämlich gilt hier trotz der veränderten Produktionsbedingungen und der damit einhergehenden Veröffentlichungsflut prinzipiell immer noch die Regel, dass allgemein zugängliche Texte von den Forschern, die an diesem Thema arbeiten, auch zur Kenntnis genommen werden müssen. Weiter ist die Filterung unter wirtschaftlichen Gesichtspunkten – von Verlagen publiziert und professionell betreut wird das, was sich gut verkaufen lässt – bei wissenschaftlichen Texten noch unangemessener als bei literarischen: Leben kann man von wissenschaftlichen Veröffentlichungen sowieso nicht (sie sind im Allgemeinen ‚Nebenprodukt‘ des staatlich finanzierten Wissenschaftsbetriebs) und die Spitzenforschung ist hoch spezialisiert; sie wendet sich damit per se nur an einen kleinen Interessentenkreis. Außerdem hat auch eine andere ‚Regel‘ – *publish or perish* – faktisch tatsächlich ein erhebliches Gewicht, d. h. die Chancen, eine wissenschaftliche Karriere zu machen, hängen sehr direkt von der Länge des Publikationsverzeichnisses ab – zumal die wissenschaftliche Qualität der Veröffentlichungen sich nicht so schnell messen lässt und darüber auch prinzipiell sehr viel weniger Übereinstimmung erzielt werden kann.

Insgesamt kommt man zu dem Ergebnis, dass die Rolle ‚Autor von (geistes-)wissenschaftlichen Texten‘ sich heute deutlich anders darstellt als noch vor einigen Jahrzehnten. Der Autor liest – vielleicht nicht absolut, gewiss aber relativ – viel weniger von der Literatur, die zu seinem (Spezial-)Gebiet greifbar ist; unter gewachsenem Konkurrenzdruck und

---

[33] Erläutern (und postulieren) kann ich dies allerdings nur für die sog. Diskussions-, die Geistes- und Sozialwissenschaften; in den Naturwissenschaften stellen sich die Verhältnisse zweifellos teilweise anders dar.

bei gleichzeitig leichterem Zugang zu Publikationsmöglichkeiten veröffentlicht er mehr und auch schon als jüngerer Forscher; und schließlich übernimmt er Aufgaben im (technischen) Produktionsprozess, für die er nicht ausgebildet ist, für die er eigentlich auch nicht bezahlt wird und für die er auch nicht genügend Zeit hat bzw. zu investieren bereit ist, zumal diese Aufgaben ja noch zu den ebenfalls stark angewachsenen im Verwaltungsbereich hinzu-kommen. Dass sich all dies auch auf seine kommunikativen Aktivitäten im Bereich der Lehre auswirkt, ist besonders den Studierenden bestens bekannt.

Um wieder die Kette der Produktions-/Rezeptions-Instanzen bei wissenschaftlichen Texten in den Mittelpunkt zu rücken, so ergibt sich aus dem Dargestellten, dass ein ganz wesentliches Glied darin *Filter-Instanzen* sind. Auch diese Aufgabe muss die Wissen-schaftlergemeinschaft größtenteils selber übernehmen, da ja die Verlagsakteure gar nicht über dafür ausreichende Kenntnisse in den verschiedenen Fächern und Forschungsgebieten verfügen. Soweit es zunächst um die Frage geht, ob ein bestimmter Text überhaupt (an einer bestimmten Stelle) veröffentlicht wird, geschieht dies teilweise in enger Kooperation zwischen Wissenschaftlern und dem Verlag, dessen Reihen und Zeitschriften meist von einem Herausgeber(gremium) betreut werden. Die Herausgeber beurteilen die Texte selbst oder ziehen zusätzlich Fachkollegen/Spezialisten als Gutachter heran. Dieses Verfahren nennt man insbesondere bei Zeitschriftenaufsätzen *Peer Review*[34] (‚Überprüfung durch Gleichgestellte‘), im Gegensatz zu Gutachten, die von hierarchisch Höhergestellen bei Qualifikationsarbeiten (Dissertationen usw.) angefertigt werden. Peer Reviews setzen sich inzwischen auch bei Veröffentlichungen von Online-Zeitschriften im Internet durch, um eben eine gewisse Qualitätssicherung zu gewährleisten.

Die Wirksamkeit dieser kollektiven Selbstkontrolle hängt natürlich einerseits davon ab, nach welchem Verfahren die Gutachter(gremien) gebildet werden – es können sich ja auch Leute einfach selbst als Experten definieren (derzeit geschieht dies besonders im Internet) – andererseits davon, wie ernst sie diese Aufgabe nehmen und wie gewissenhaft sie sie durchführen. Es ist allgemein bekannt, dass man Texte über solche Hürden bringen kann, ohne dass sie den eigentlich erforderlichen Qualitätsstandards entsprächen. Der beste Beleg dafür sind Parodien wissenschaftlicher Artikel, die die Autoren erfolgreich (als ‚echte‘ Wissenschaftstexte) in angesehenen Zeitschriften platzieren konnten.[35] Aufgrund dieser Verhältnisse wird als Kriterium für die Güte des *Peer-Review*-Verfahrens (von der z. B. staatliche Stellen die finanzielle Unterstützung einer Zeitschrift abhängig machen) teilweise auch die Ablehnungsquote betrachtet – entsprechend der Idee: Wenn nicht ein gewisser Prozentsatz an eingesandten Beiträgen als unzureichend zurückgewiesen wird, kann man sich nicht darauf verlassen, dass das Gremium seine Filterfunktion angemessen erfüllt. Auf diese Weise kommt es zu einer ‚Rangliste‘ von Zeitschriften, deren Renommee genauso wie das der Verlage eben deswegen als entscheidender Punkt bei der Charakterisierung des Produzenten zu berücksichtigen ist.

---

[34] Vgl. dazu Kretzenbacher/Thurmair (1992).
[35] Vgl. dazu Niederhauser (1998), Weigert (1998) und auch die Einleitung in Danneberg/Niederhau-ser (1998).

Ist ein Text einmal veröffentlicht, dann ist er zwar allgemein zugänglich. Das besagt aber noch nicht viel darüber, ob er auch (weitere) Rezipienten findet bzw. wie viele das sind. Hier nun kommen die weiteren Filter- und Verbreitungs-Instanzen zur Geltung. Ich sehe ab von der (zweifellos wichtigen) Frage, wie der Text beworben wird, in welchen Buchhandlungen er ausliegt usw. und beschränke mich auf die Rezeptions-/Produktions-Instanzen im Bereich der Wissenschaftlergemeinschaft. Dafür gibt es spezielle Instanzen, die für die Bekanntmachung und die Bewertung von Texten zuständig sind: Die veröffentlichten Texte werden in Bibliografien verzeichnet, Zeitschriften enthalten Listen neu erschienener Literatur, und zu Aufsätzen (aus Zeitschriften) werden teilweise Abstracts erstellt. Für Bücher gibt es Rezensionsorgane.

Viel wichtiger als diese institutionalisierten ‚Bekanntmachungsinstanzen' ist aber noch die tatsächliche Rezeption durch die angesprochene Zielgruppe, die sich in wissenschaftlichen Texten v. a. darin zeigt, welche Arbeiten zitiert werden und in Literaturverzeichnissen erscheinen.[36] Dabei erwartet man gerade in knappen Literaturverzeichnissen (z. B. am Ende von Artikeln in Fachlexika oder in thematisch organisierten Studienbibliografien), dass die wichtigste Literatur angeführt wird, so dass eine Nennung an diesem Ort einen enormen Multiplikationseffekt haben kann. Für die praktische Einarbeitung in ein wissenschaftliches Thema ist es daher in unserer Zeit der ‚Überflussliteratur' auch tatsächlich sehr viel sinnvoller, zunächst gezielt nach besonders oft erwähnten Autoren/Arbeiten zu suchen und das sog. Schneeballprinzip zu befolgen, bei dem man sich über die in einem Text besprochenen oder erwähnten Arbeiten die relevante Literatur erschließt. Die noch immer häufig ausgesprochene Empfehlung, die Arbeit mit der Durchsicht (periodischer) Bibliografien zu beginnen und zunächst einmal möglichst ‚alle' einschlägigen Arbeiten zu erfassen, ist dagegen insofern wenig zweckmäßig, als man bei diesem Verfahren in der Regel nicht nur auf viel zu viel potenziell relevante Sekundärliteratur stößt, sondern auch kaum Auskunft darüber enthält, was denn nun die wichtigste/die für den Einstieg besonders geeigneten Texte sind. Dennoch ist natürlich auch das Schneeballprinzip keineswegs absolut zuverlässig, denn bei der Frage, wer wen wie oft zitiert (und wie kommentiert), spielt selbstverständlich eine Vielzahl von Faktoren eine Rolle, nicht zuletzt auch die von persönlichen Beziehungen, Abhängigkeitsverhältnissen usw. Dieser Frage kann hier nicht weiter nachgegangen werden; stattdessen stehe auch an dieser Stelle ein Literaturverweis: Zum Zusammenspiel von Textrezeption, -reproduktion und -produktion im wissenschaftlichen Bereich hat Jakobs (1999) eine ausführliche Studie vorgelegt, die einerseits die Literatur zum Thema umfassend aufarbeitet, auf der Grundlage einer Fragebogenerhebung andererseits aber auch einen Einblick in die Praxis der Wissenschaftler beim Umgang mit Texten bietet.[37]

---

[36] Da dieses Kriterium für die Beurteilung der Bedeutung/des Werts einer Veröffentlichung besonders wichtig ist, hat sie sich sekundär auch in dem Versuch niedergeschlagen, die Aufbereitung entsprechender Daten zu institutionalisieren, und zwar in Gestalt von sog. Zitationsindices (vgl. als Übersicht dazu Jakobs 1999:64–67).

[37] Vgl. als knappen Überblick zum Thema auch Jakobs (1998).

94

Zusammenfassend sei zu diesem Abschnitt Folgendes festgehalten: Für die Beschreibung von Face-to-Face-Interaktionen in überschaubaren Kleingruppen mag die Konzentration auf die Eigenschaften der beteiligten Einzelpersonen sinnvoll sein; für prototypische Texte, nämlich solche, die auf Situationsentbindung angelegt sind, ist es demgegenüber unumgänglich, die Kette von Produktions-/Distributions- und Rezeptionsinstanzen zu fokussieren und die Rollen zu differenzieren, in denen Akteure am Textprozess beteiligt sind. Dabei greifen mehrere Ebenen – insbesondere Berufsrolle, Funktionsrolle, Diskursrolle und die verschiedenen Aspekte der Kommunikantenrolle (Äußerer, Formulierer, Korrektor, Unterzeichner, Layouter, Verbreiter, Sponsor usw.) – ineinander und interagieren ihrerseits mit ,subjektiven' Faktoren wie dem Vorwissen, Interesse, Engagement usw. bei der Textproduktion und -rezeption.

4.6.   Intertextualität und diskursive Einbettung

Im vorigen Abschnitt wurde besonderes Gewicht darauf gelegt, dass das Umgehen mit Texten kaum sinnvoll mit der Dichotomie ,Produktion versus Rezeption' erfasst werden kann, sondern dass beide Prozesse ineinander greifen, Kommunikanten also sowohl als Rezipienten wie als Reproduzenten und Produzenten agieren. Ferner ging es darum zu verdeutlichen, dass insbesondere an der Produktion von prototypischen, also auf Situations-Entbindung angelegten Texten in der Regel eine Reihe von Instanzen in unterschiedlichen Rollen beteiligt ist. Dieser Umstand schlägt sich natürlich auch in den Texten selbst nieder: In Texten finden sich Spuren ihrer Rezeption und rezipierte Texte hinterlassen Spuren in später produzierten Texten. Besonders offensichtlich ist das einerseits, wenn man die Gesamtheit der Vorfassungen und Zwischenprodukte betrachtet, die einem schließlich als definitiv gesetzten und veröffentlichten Text vorausgehen. Es handelt sich auch im Zeitalter der elektronischen Textverarbeitung in der Regel noch immer um Berge von bedrucktem Papier mit zahlreichen handschriftlichen Zusätzen. Andererseits wird es auch deutlich, wenn man sich vor Augen führt, wie mit der schließlichen Endfassung weiter umgegangen wird.

Der definitive Text gewinnt ja seinen kommunikativen Sinn erst, wenn er gelesen und verarbeitet wird, wenn sich andere damit auseinandersetzen. Diese Auseinandersetzung besteht nun zunächst in der kognitiven Verarbeitung, dem Textverstehensprozess: Der Text-auf-dem-Papier wird zum Text-im-Kopf[38] bzw. zu Texten-in-Köpfen, denn jeder Rezipient reaktualisiert ,seine Version' des Ausgangstextes; tatsächlich kann man wohl nur in trivialen Grenzfällen davon ausgehen, dass diese verschiedenen Versionen untereinander und mit ihrer Entsprechung bei der Produzenteninstanz exakt übereinstimmen.[39] Deswegen

---

[38] Vgl. zu diesen beiden Existenzweisen des Textes insbesondere Nussbaumer (1991).

[39] Mit der sog. Rezeptionsästhetik hat sich innerhalb der Literaturwissenschaft schon seit den 1960/70er Jahren ein speziell auf diese Fragen konzentrierter Forschungszweig entwickelt. Darauf kann hier nur am Rande verwiesen werden.

heißt es auch oft, dass das Textverstehen nicht einer einfachen Reaktualisierung oder gar Dekodierung entspricht, sondern eher als aktive Re-Kreation aufzufassen sei. Auch gegen diese Redeweise erhebt sich jedoch ein Einwand, denn Verstehen ist nicht eigentlich ein willentlicher Akt, vielmehr stellt es sich (zumindest in großen Teilen) unwillkürlich ein.[40] Und was sich da einstellt – oder eben auch nicht: im schlechtesten Falle nämlich nur das Gefühl des Nicht-Verstehens – hängt natürlich ganz wesentlich davon ab, auf was der neue Text im Kopf stößt, welche Spuren früher rezipierter Texte sich dort finden.

Nun ist der neu entstandene Text-im-Kopf und erst recht die Wechselwirkungen, die er dort mit Spuren früher rezipierter und produzierter Texte auslöst, allenfalls der Psyche eines Einzelwesens zugänglich, und sicher nicht einmal dies, denn was die Rezeption eines Textes in meinem Kopf bewirkt, ist mir höchstens in Teilen bewusst. Doch bleibt es nicht bei diesen innerpsychischen Prozessen, und es liegt auch in der Absicht der Textproduktionsinstanzen, dass es dabei nicht bleibt. Selbst wenn kein praktischer Effekt im engeren Sinne angezielt ist, der Text also nicht dazu führen soll, dass Rezipienten ein bestimmtes Verhalten zeigen (z. B. den Schirm einzupacken, weil der Wetterbericht Regen prophezeit), sondern er ‚nur' deren Kenntnisse, Überzeugungen, Gefühle und Meinungen beeinflussen soll, werden solche Effekte doch zu Faktoren, die späteres Verhalten beeinflussen, und zwar insbesondere das kommunikative Verhalten. Anders gesagt: Jeder Text zieht weitere Texte nach sich oder beeinflusst Gehalt und Gestalt späterer Texte.

Das Ausmaß eines solchen Einflusses kann natürlich mehr oder weniger groß und mehr oder weniger offenkundig sein. Massiv sichtbar ist der Einfluss, wenn der Rezipient-Produzent explizite Bezüge herstellt, er den gesamten gelesenen Text oder Passagen daraus wiederholt, zusammenfasst, übersetzt, kommentiert, interpretiert, bewertet ... oder eine explizite Reaktion in Form einer Ergänzung, einer Zurückweisung, einer Korrektur ... liefert. Schon gewissermaßen im Infinitesimalbereich liegt dagegen der Einfluss, wenn die Rezeption von geläufigen Ausdrücken oder Inhaltselementen sich lediglich in der Verfestigung des Sprachwissens und der Weltsicht niederschlägt; als auch subjektiv erfahrener Einfluss kommt dies besonders gut zum Ausdruck in Hugo von Hofmannsthals Seufzer „Wenn wir den Mund aufmachen, reden immer zehntausend Tote mit."[41] Ein Text ist somit nie eine *creatio ex nihilo*, für die es lediglich einer textwelt-unabhängig gedachten Sprachkompetenz bedürfte; vielmehr ist jeder Text und jeder Gedanke letzten Endes nur ein Mikroelement im gesamten Text- und Diskursuniversum.

Diese Vernetztheit der Texte miteinander ist nun unter dem Schlagwort *Intertextualität* in die Diskussion eingegangen und hat seit den 1970er Jahren zu heftigen Auseinandersetzungen geführt. Hervorgehoben wird häufig, dass es sich um ein schillerndes und vages Konzept handle, und insbesondere gilt die „zweckmäßige Festlegung des Begriffs für die Linguistik" als „noch umstritten" (Bußmann 2002:317). Umstritten ist allerdings nicht die Frage, ob die Untersuchung von Bezügen zwischen Texten grundsätzlich sinnvoll und be-

---

[40] Vgl. dazu v. a. Busse (1992:Kap. 6.2.).
[41] Hugo von Hofmannsthal: Eine Monographie „Friedrich Mitterwurzer" von Eugen Guglia. In: Hugo von Hofmannsthal: Gesammelte Werke in Einzelausgaben. Prosa I. Frankfurt a. M. 1956: 230; vgl. auch seinen berühmten *Brief des Lord Chandos*.

deutsam ist. Das kann man schlechterdings nicht bezweifeln, denn insbesondere in der Literatur – in der Literaturtheorie hat die Diskussion ihren Ausgangspunkt genommen – spielt seit jeher die Orientierung an Vorläufern/Vorbildern eine Rolle, die man nachzuahmen, zu übertreffen oder auch zu überwinden suchte, und Anspielungen, Zitate, Parodien u. v. a. m. gehören zum elementaren Werkzeug literarischer Praxis. Umstritten ist also vielmehr, inwieweit die Vorstellungen der poststrukturalistischen Poetik und Philosophie eine Rolle spielen sollen; in deren Rahmen wurde *Intertextualität* nämlich als programmatischer Leitbegriff propagiert.

Seine Einführung wird Julia Kristeva (1967) zugeschrieben und im Allgemeinen unter dem Etikett ‚Auflösung/Ent-Grenzung‘ des Textbegriffs geführt.[42] Das ideologiekritisch geprägte Konzept richtet sich gegen die traditionelle Auffassung des Autors als autonomen Subjekts, der in künstlerischer Gestaltungsabsicht ein geschlossenes Werk kreiert; es betrachtet den Text vielmehr als ‚Mosaik von Zitaten‘, der sich aus anderen Texten speist und als ‚Gewirr von Stimmen‘ anderer Texte eine eigenständige Produktivität entfaltet. Der Autor (und Leser) gilt nur noch als Schnittpunkt von Texten und Diskursen. Erweitert bzw. aufgelöst wird der Textbegriff auch insofern, als er nicht mehr als sprachlich verfasstes Phänomen betrachtet wird, sondern alle Formen kultureller Zeichensysteme umfasst und eingebettet ist in den ‚allgemeinen Text‘ der Kultur.

Zur Wirkung dieses Konzepts stellen Linke/Nussbaumer (1997:109) fest: Er „hat in der Literaturwissenschaft eine steile Karriere gemacht und gehört heute zu ihrem Grundwortschatz“. Sie fügen allerdings sogleich hinzu, dass mit dem großen Erfolg eine „Verwässerung des Begriffs“ einhergegangen ist, gewissermaßen eine Trivialisierung des Konzepts, das heutzutage außerhalb von Spezialdiskussionen ganz einfach als bequemer Oberbegriff verwendet wird, und zwar zur Bezeichnung der ‚Wechsel- und Referenzbeziehungen eines konkreten literarischen Textes zu einer Vielzahl konstitutiver und zugrundeliegender anderer Texte, Textstrukturen und allg. semiotischer Codes, auf die er durch Zitate, Anspielungen u. ä. verweist und damit ein enges Netz von textlichen Beziehungen ausbreitet‘ (vgl. Wilpert 1989:417).

Die Diskussion um den Begriff *Intertextualität* ist also selbst ein gutes Beispiel für das Phänomen, das er bezeichnet: Die dezidierte Absicht, die Kristeva und andere Poststrukturalisten damit verfolgten, hat sich nicht durchgesetzt, so dass Kristeva selbst schon bald diesen Ausdruck wieder durch einen anderen ersetzt hat (vgl. Linke/Nussbaumer 1997:109). Den Literaturwissenschaftlern, denen er lediglich „als zeitgeistige Etikettierung bzw. als Wiederbelebungselexier für traditionelle philologisch-literaturwissenschaftliche Methodik“ (ebd.:110) erscheint und die entsprechend ganz auf ihn verzichten wollen, stehen inzwischen auch auf verlorenem Posten; denn der Ausdruck ist – auch noch als Inter-Nationalismus, dem eine Reihe weiterer geläufiger Bildungen mit *Inter-* an der Seite steht – einfach zu durchsichtig und selbsterklärend, als dass man auf ihn wieder verzichten würde, wenn es darum geht, ein Phänomen zu erfassen, das dringend bezeichnet werden muss; er

---

[42] Als einführende Übersicht vgl. Fix (2000), die auch die einschlägige Spezialliteratur erschließt; für eine sich um wohlwollendes Verständnis bemühende Rekonstruktion aus textlinguistischer Sicht vgl. besonders Linke/Nussbaumer (1997).

hat auch nicht einen annähernd ähnlich geeigneten traditionellen Ausdruck verdrängt. So hat denn der Begriff seine Karriere in einem ursprünglich von niemandem gewollten Sinn gemacht. Das liefert durchaus eine Bestätigung für die These, dass Begriffe/Texte eine gewisse Eigendynamik entfalten können, die der Absicht des Autors zuwiderläuft.

Als Ergebnis dieses Prozesses unterscheiden Linke/Nussbaumer grob zwei Positionen, die sie als das radikale und das moderate Lager bezeichnen, eine Unterscheidung, die – wenn auch weniger deutlich herausgearbeitet – auch die meisten anderen Einlassungen zur Rezeption des Intertextualitäts-Begriffs prägt. Ich schließe mich diesem Systematisierungsversuch an; da es jedoch keiner besonderen Moderatheit bedarf, um irgendwelche Beziehungen zwischen Texten unter den Begriff *Intertextualität* zu fassen, ziehe ich es vor, hier eben von der trivialen Lesart zu sprechen. Dies ist durchaus nicht negativ gemeint und entspricht inhaltlich wohl auch der Position von Linke/Nussbaumer, die sich mit dem

> „*moderaten* Intertextualitätsbegriff [...] nicht weiter auseinandersetzen – er scheint uns mit traditionellen textlinguistischen Konzepten kompatibel und hat daher auch nicht das Zeug, eine theoretische Debatte im Rahmen der Linguistik auszulösen" (Linke/Nussbaumer 1979:111).

Innerhalb der Textlinguistik ist der Begriff *Intertextualität*, wie Linke/Nussbaumer (1997:111) und auch Fix (2000:450f.) hervorheben, erst relativ spät heimisch geworden, v. a. aber ist es dort die triviale Position, die von Anfang an vorherrscht.[43] Sie ist es, die Beaugrande/Dressler propagieren, und an dieser Erweiterung der Liste von Textualitätsmerkmalen orientieren sich ja die meisten Textlinguisten.[44] Beaugrande/Dressler führen den Begriff *Intertextualität* ein, „um die Abhängigkeiten zwischen Produktion bzw. Rezeption eines gegebenen Textes und dem Wissen der Kommunikationsteilnehmer über andere Texte zu bezeichnen" (Beaugrande/Dressler 1981:188). Dies entspricht einer denkbar weiten allgemeinen Auslegung des Begriffs; in ihren Ausführungen tritt dann jedoch die Textsorten-Gebundenheit von Einzeltexten besonders in den Vordergrund. Intertextualität

---

[43] Dass es sich dabei um die derzeit vorherrschende Position handelt, zeigen die Einträge in den linguistischen Fachwörterbüchern: In Glück (2000:314; identisch mit 1993:279) kommt das radikale Konzept überhaupt nicht zur Sprache und Kristeva findet sich nicht einmal in den Literaturangaben; bei Bußmann (2002:317) erscheint es als historischer Ausgangspunkt, der jedoch anscheinend für die „zweckmäßige Festlegung des Begriffs für die Linguistik" nicht mehr relevant ist.

[44] In einer Fußnote verweisen de Beaugrande/Dressler (1981:13) zwar auf Kristeva, der sie merkwürdigerweise einen ‚engeren Gebrauch‘ des Begriffs zuschreiben, ansonsten gehen sie aber auf die radikale Version nicht weiter ein. – Wie bereits Wilske/Krause (1987:891) und jetzt wieder Jakobs (1999:16) hervorheben, hat Zimmermann (1978) den Begriff jedoch schon früher gebraucht und sich dabei im Übrigen eng an Kristeva angelehnt. Allerdings ist im Gewirr der Stimmen die von Zimmermann in der Bundesrepublik nicht ‚durchgedrungen‘, und es zeigt sich erneut, dass es im Bereich der Wissenschaft nicht reicht, als erster eine Position vorgetragen zu haben, um Einfluss zu gewinnen, und dass auch hier die Rezeption keineswegs rein rationale Wege geht. Zimmermanns Ausführungen sind m. E. jedoch nicht besonders ausgearbeitet; viel bedauerlicher erscheint es mir daher, dass die frühen, viel systematischeren und stärker auf linguistische Fragestellungen bezogenen Diskussionsbeiträge aus der DDR-Forschung (vgl. auch für weitere Nachweise Wilske/Krause 1987 und jetzt auch Krause 2000c) nicht das ihnen gebührende Gehör gefunden haben.

98

sei verantwortlich für die Entwicklung von Textsorten „als Klassen von Texten mit typischen Mustern von Eigenschaften" (ebd.:13).

Dass Texte vor dem Hintergrund überlieferter Muster der Texterstellung gesehen werden müssen – bei literarischen Texten spricht man meist von *Gattungen*, bei nicht-literarischen von *Textsorten* – ist in den frühesten Beiträgen zur Textlinguistik hervorgehoben worden (vgl. v. a. Hartmann 1964 und 1968c/1978:101); dieses alte Thema zieht nun zunächst den neuen Begriff auf sich, ohne dass damit jedoch irgendwelche Verschiebungen oder auch Präzisierungen in der Diskussion verbunden wären. Die weitere Debatte kreist dann in diesem Feld um eine Frage eher theoretischer Relevanz, ob nämlich der Begriff *Intertextualität* überhaupt auf Textsortenspezifik einzuschränken sei (so etwa Heinemann 1997) oder diese Lesart im Gegenteil aus dem Begriffsumfang ausgeschlossen werden soll (so z. B. Vater 1992:58 oder Tegtmeyer 1997). Meistens wird der Aspekt eingeschlossen und es kommt in der Folge innerhalb der trivialen Position zu einer Gegenüberstellung von zwei grundlegenden Typen der Intertextualität: Bei der einen geht es wie gesagt um die Gattungs-/Textsorten-Problematik, die jetzt als *allgemeine, paradigmatische, globale, textklassifizierende, texttypologisierende, typologische* oder auch *generische Intertextualität* bezeichnet wird. Ihr gegenüber stellt man die *spezielle, syntagmatische, lineare, engere, textbezogene* oder *referenzielle* Intertextualität, die konkrete Beziehungen zwischen Einzeltexten oder auch Teiltexten betrifft.[45]

Der zweite Typ umfasst nicht zuletzt die literaturwissenschaftliche Quellen- und Motivforschung, die seit jeher schon in sich eine Vielzahl von Untertypen an Textbezügen umgreift. Für diese hat man nun unter Rückgriff auf den Intertextualitäts-Begriff mehrfach neu Systematisierungsvorschläge vorgelegt. Im französischen Raum hat dabei der Ansatz von Gérard Genette (1982) den stärksten Einfluss gehabt, in der deutschen Forschung ist v. a. Holthuis (1993) rezipiert worden. Dies gilt auch für den linguistischen Bereich, in dem man sich bei der Diskussion um die Intertextualität erstaunlich lange gleichfalls auf insbesondere für literarische Texte relevante Aspekte konzentriert hat, obwohl der explizite Bezug auf andere Texte, und zwar in erster Linie die verschiedenen Formen offener Redewiedergabe, sich viel massiver in massenmedialen und wissenschaftlichen Texten findet. Auch Beaugrande/Dressler haben neben der typologischen verschiedene andere Formen von Intertextualität angesprochen, ohne dabei jedoch eine deutliche Systematik vorzulegen. Von den verschiedenen Vorschlägen seien hier die Typologie von Genette und die neueste Fassung der Einteilung von Krause versuchsweise nebeneinandergestellt; ich füge charakteristische Erläuterungen bzw. Beispiele der Autoren hinzu, die zugleich den eher literatur- bzw. sprachwissenschaftlichen Kontext verdeutlichen (Abb. 7).

Aus Genettes umfangreichem Werk sollte jeder an Intertextualität Interessierte auf jeden Fall die ersten Seiten lesen, in denen er das Gesamtfeld absteckt oder besser Blicke auf ein unüberschaubares Feld wirft, wobei er auch in selbstironischer Manier das terminologische Chaos thematisiert, das dabei entstanden ist. Einig sind sich beide Autoren darin, dass eine

---

[45] Vgl. zu diesen Begriffen Wilske/Krause (1987); Holthuis (1993); Jakobs (1999:17); Krause (2000c); Fix (2000); Gansel/Jürgens (2002:30).

strenge Abgrenzung der Typen gegeneinander nicht möglich ist und die vorgeschlagene Systematisierung nicht als definitiv aufgefasst werden sollte. Genette gesteht auch zu, dass es eher einleuchten mag, die Differenzierungen nicht als Klassen von Texten, sondern als Aspekte der Textualität aufzufassen, die jeweils mehr oder weniger stark ausgeprägt sein können. Für eine von Klassifizierungssorgen abrückende Systematisierung plädiert auch Tegtmeyer, dessen Vorschlag zur Beschreibung hier zitiert sei, um die Ausführungen zur speziellen Intertextualität abzuschließen:

„1. nach Quantität der zu berücksichtigenden Referenztexte (1 Text, mehrere Texte, 1 Texttyp, mehrere Texttypen);
2. nach Bewertung des Referenztextes im zu interpretierenden Text (affirmativ, kritisch, neutral);
3. nach Deutlichkeit der Referenz (Zitat, Paraphrase, Allusion);
4. nach Modalität der intertextuellen Beziehung (möglich, wirklich, notwendig)." (Tegtmeyer 1997: 79)

Genette 1982 Transtextualité	Krause 2000c Intertextualität	Erläuterungen/Beispiele	
		Genette	Krause
Architextualité	allgemeine (potentielle)	types de discours, modes d'énonciation, genres littéraires	Textsorten
Intertextualité	deiktische (auch: referentielle)	citation, plagiat, allusion	punktuelles Verweisen, Zitieren, Referieren
Metatextualité	transformierende	commentaire, critique	Nacherzählung, Adaptation, Vorlesungsmitschrift, Zusammenfassung
Hypertextualité		parodie, travestissement, pastiche	
Paratextualité	inkorporierende	titre, préface, notes, illustrations, brouillon	Fußnoten, Vita in Laudatio, Literaturverzeichnis
	translatorische		Übersetzungen
	kooperative		Briefwechsel, Dementi, Rezension

(In der zweiten Spalte, über die Zeilen „transformierende", „inkorporierende", „translatorische", „kooperative" verlaufend: spezielle (aktuelle))

Abb. 7: Typen von Intertextualität

Auch im Bereich der allgemeinen/typologischen Intertextualität, also bei der Diskussion der Textsorten-Problematik stand, lange bevor diese überhaupt als Intertextualitäts-Phänomen betrachtet wurde, die Frage einer geeigneten (Sub-)Klassifikation ganz im Vordergrund. Dies zeugt zunächst von dem Bemühen, eine innerhalb der Sprachwissenschaft lange vernachlässigte, dem alltäglichen Sprachbewusstsein dagegen überaus vertraute Erscheinung nun nach wissenschaftlichen Grundsätzen zu analysieren und zu systematisieren. Dies ging mit einer massiven Abwertung der in der gesellschaftlichen Kommunikationspraxis entwickelten Konzepte einher, d. h. das reiche Inventar an natürlichsprachlichen Bezeichnungen für Arten von Texten (vgl. die ca. 4000 Einträge umfassende Liste in Adamzik 1995), also die Ethnokategorien, sollte bei diesen Bemühungen gerade keine Rolle spielen, da es sich ja um vortheoretische/vorwissenschaftliche, unsystematische Konzepte handelt, die natürlich auch die gemeinsprachlichen Ausdrücken immer eigene Vagheit aufweisen. Demgegenüber wurde (insbesondere von Isenberg 1978) die Erarbeitung einer wissenschaftlichen Standards genügenden Typologie eingefordert, deren Aufgabe es wäre, *alle* zu typologisierenden Elemente nach einem *einheitlichen* Kriterium *eindeutig* einem von einer *überschaubaren Menge* von Typen zuzuweisen.[46]

Damit geriet die Frage nach dem geeignetsten Kriterium, der sog. Typologisierungsbasis, in den Vordergrund. Während zunächst der Entwurf von Werlich (1975), der thematische Textbasen differenziert, als die dem Ideal am nächsten kommende Variante galt, gewannen anschließend Ansätze an größerer Wertschätzung, die funktionale Typen als grundlegendes Klassifikationskriterium wählen. Dies ist wohl wesentlich darauf zurückzuführen, dass man hier die deduktive Ableitung von Differenzierungskriterien (vgl. z. B. Große 1976), oft orientiert an sprechakttheoretischen Vorstellungen (vgl. bes. Rolf 1993), am ehesten für möglich hielt. Am wenigsten gut deduzierbar, da viel stärker an konkrete gesellschaftliche Strukturen gebunden, sind dagegen Klassifikationen von Situationstypen, die uns schon bei der Besprechung der Funktionalstilistik begegnet sind. Schließlich hat man auch versucht, in erster Linie sprachliche Merkmale als entscheidende Differenzierungskriterien heranzuziehen, wobei besonders deiktische Formen (1./2. versus 3. Person) und der Tempusgebrauch eine Rolle spielen.

Zusammenfassend ist zunächst festzustellen, dass die vier hier als grundlegende Beschreibungsdimensionen genannten Aspekte allesamt als Grundlage in klassifikatorische Ansätzen eingehen. Das ist auch alles andere als verwunderlich, denn wenn sich dahinter tatsächlich die wesentlichen Textmerkmale verbergen – und daran, dass dies so ist, ist trotz der sich auf den ersten Blick sehr unterschiedlich präsentierenden Listen von Textualitätsmerkmalen nicht zu zweifeln – dann kann es gar nicht ausbleiben, dass diese Dimensionen auch in Typologisierungsversuchen herangezogen werden.

Nun ist jedoch in allen Versuchen, Textsorten näher zu charakterisieren, von Anfang an betont worden, dass es sich dabei um Einheiten niedrigerer Abstraktionsstufe handele, bei denen Merkmale mehrerer Ebenen bestimmt sein müssten. Dies unterscheide sie gerade von den abstrakten Texttypen oder unterdeterminierten Klassen wie z. B. *Brief, Telefongespräch*; daher hat man auch vorgeschlagen, solche Klassen gar nicht als Textsorten, sondern etwa als *Kommunikationsarten* (vgl. z. B. Gülich/Raible 1975) oder *Kommunikationsformen* (Brinker 2000:180) zu bezeichnen.[47] Besonderen Einfluss hat Brinkers Formulierung dieser Auffassung gehabt:

> „Textsorten sind konventionell geltende Muster für komplexe sprachliche Handlungen und lassen sich als jeweils typische *Verbindungen* von kontextuellen (situativen), kommunikativ-funktionalen und strukturellen (grammatischen und thematischen) Merkmalen beschreiben." (Brinker 1985:124/⁵2001:135; Hervorhebung K. A.)

Um diese Auffassung konkret umzusetzen, muss man also von der Forderung nach einem einheitlichen Typologisierungskriterium abrücken; das geschieht in sog. *Mehrebenen-Modellen*, komplexen Klassifikationssystemen, bei denen Texte/Textsorten gleichzeitig nach mehreren Typologisierungsbasen eingeordnet werden (vgl. Heinemann/Viehweger 1991:

---

[46] Vgl. zu dieser Phase der Diskussion, die hier nicht erneut ausführlich besprochen werden soll, Adamzik (1991) und die Einleitung in Adamzik (1995).

[47] Vgl. auch Ziegler (2002) und Bittner (2003:24 und 134f.).

142ff.; W. Heinemann 2000:15ff.). Dabei sind m. E. Modelle vorzuziehen, die nicht eine Hierarchisierung der Typologisierungsbasen (z. B. zunächst funktionale Typen, die dann situativ subdifferenziert werden, oder andersherum), sondern voneinander unabhängige Zuordnungen zu bestimmten Funktions-, Situations- und Themen(behandlungs-)typen vorsehen. Sie erlauben allgemein ein flexibleres Vorgehen, eröffnen aber v. a. die Möglichkeit, Klassen unterschiedlicher Abstraktionsstufen und Einzeltexte phänomengerecht zu charakterisieren. Um dies näher zu erläutern, sei zunächst eine weitere Aussage Brinkers zum Verhältnis von Einzeltext und Textsorte zitiert:

> „Nun ist ein konkreter Text aber nicht nur eine Realisierung der allgemeinen Größe ‚Text‘; er repräsentiert vielmehr zugleich auch eine bestimmte Textsorte, d. h., er ist ein Fernsehkommentar, eine Zeitungsnachricht, ein Kochrezept oder eine Werbeanzeige – um nur einige alltagssprachliche Namen für Textsorten zu nennen. [...] Der konkrete Text erscheint immer als Exemplar einer bestimmten Textsorte" (Brinker 2001:128)

Wenn wir nun die beiden hier zum Ausdruck gebrachten Überlegungen – 1. Die ‚alltagssprachlichen Namen für Textsorten‘, also die Ethnokategorien, sollten bei der Beschreibung doch eine Rolle spielen (anders als dies die Typologen vorsehen); 2. Jeder Einzeltext ist Exemplar einer Textsorte – ernst nehmen, kommen wir unweigerlich zu dem Schluss, dass unter *Textsorte* dann nicht eine Einheit auf einer bestimmten Abstraktionsstufe verstanden werden kann. Denn erstens sind die vielen Ethnokategorien eben nicht auf einer ganz bestimmten Abstraktionsstufe angesiedelt, und zweitens lässt sich nicht jeder Einzeltext einer Klasse zuordnen, für die es ein in allen/mehreren Dimensionen spezifiziertes überliefertes Muster gibt. Viele Schriftstücke kann man etwa problemlos der Kategorie Brief zuordnen, eventuell auch unmittelbar den Subkategorien Geschäfts- oder Privatbrief; damit ist aber über Funktion, Thema und Themenbehandlung und erst recht über Aufbau und sprachliche Gestalt nicht das Mindeste ausgesagt; wir wissen nur, dass wir bestimmte Elemente (Anrede und Unterschrift) erwarten können bzw. erkennen daran die Zugehörigkeit zur Kategorie Brief.

Das bedeutet, dass wir uns entweder dafür entscheiden müssen, eine unspezifische Lesart von *Textsorte* zugrunde zu legen, oder aber bei der spezifischen Lesart zu bleiben (vgl. für diese Unterscheidung Adamzik 1995:14ff.), was uns dann allerdings dazu zwingt, daneben eine Reihe weiterer Ausdrücke für Klassen v. a. höherer Abstraktionsebene zu definieren (etwa *Texttyp, Textart, Textklasse, Textsortenklasse*; vgl. S. 71). Die zweite Möglichkeit ist öfter erwogen worden, hat allerdings m. E. hauptsächlich zu einer terminologischen Verwirrung beigetragen, und ich sehe keine Anhaltspunkte dafür, dass irgendeiner dieser Vorschläge Chancen hätte, sich allgemein durchzusetzen.

Wählen wir die erste Möglichkeit, dann können wir unter den Begriff *Textsorte* alle Ausdrücke für irgendwelche Mengen von Texten mit gemeinsamen Merkmalen fallen lassen, gleichgültig sogar, ob es sich dabei nun um geläufige alltagssprachliche Ausdrücke (*Briefe, Wetterberichte*), Syntagmen (*blaue Briefe, literarische Texte*) oder Fachausdrücke bzw. Kunstbegriffe (*Nämlichkeitsbescheinigungen, Paratexte*) handelt. Irgendeinen Ausdruck für ein unspezifisches Konzept dieser Art brauchen wir gewiss, denn in vielen Texten, insbesondere auch außerhalb von Fachdiskussionen, wird eben nur unspezifisch über diverse Arten von Texten geredet. Im deutschen Sprachraum wird dazu tatsächlich am häufigsten der Ausdruck *Textsorte* gewählt;[48] als Konkurrent käme allenfalls *Texttyp* in Frage, eine Bildung, die den Vorteil hat, sich besser für die internationale Verständigung zu eignen.

Bei der unspezifischen Lesart kommt die Aussage, dass jeder Einzeltext (wie auch jedes andere Phänomen) grundsätzlich einer solchen abstrakten Klasse (genauer gesagt: mehreren) zugewiesen werden kann, einer trivialen Feststellung gleich, da die abstrakten Klassen ja nichts anderes als kognitive Kategorien zur Gliederung der Wirklichkeit sind. Die Annahme, jeder Einzeltext repräsentiere auch eine Textsorte in der spezifischen Lesart, entspricht dagegen einer starken empirischen These. Sie besagt, dass man sich bei der Textproduktion grundsätzlich an historisch überlieferten komplexen Mustern orientiert, und ist der genaue Gegenpol zu den frühen generativistischen Auffassungen, nach denen man einen Text einfach dadurch erzeugen kann, dass man eine Reihe von Sätzen kohärent miteinander verknüpft.

Es spricht m. E. nichts dafür, dass die starke empirische These tatsächlich gültig ist und unsere Freiheit bei der Textproduktion derartig beschränkt wäre. Zwar greifen wir bei der Sprachproduktion notwendigerweise auf überlieferte Vorgaben, Einheiten und Muster der verschiedensten Ebenen zurück, können diese aber relativ frei kombinieren. So sind es denn auch in erster Linie die häufig beobachtbaren Mischungen, d. h. untypische Kombinationen von Mustern, Einzelmerkmalen oder Textsortenschemata insgesamt, gewesen, die den Blick dafür geschärft haben, dass Wissen um Textsorten (im spezifischen Sinne) zwar als Orientierungsraster im Textuniversum überaus bedeutsam ist, ein Text jedoch nicht unbedingt ein vorgegebenes Muster realisiert.[49]

Für die nähere Charakterisierung von irgendwelchen Klassen von Texten (Textsorten in der unspezifischen Lesart), speziell solcher, für die es geläufige Ausdrücke gibt, ist damit in erster Linie die Frage relevant, wie deutlich die fragliche Menge von Texten spezifiziert ist oder anders gesagt: wie standardisiert die Textsorte ist. Dabei ist mit einer Skala zu rechnen, an deren einem Ende Formulartexte stehen, die heute auch oft maschinell erstellt werden, z. B. *Steuerbescheide, Bankauszüge, Zeugnisse, Versicherungspolicen* usw. Eine etwas größere Varianz weisen schon Textsorten wie *Kochrezepte, Lebensläufe, Wetterberichte, Familienanzeigen* u. ä. auf. Diese gleichwohl stark standardisierten Formen, die gelegentlich als ‚traditionelle Textsorten' gefasst werden, habe ich als „kommunikative Routinen auf der Textebene" bezeichnet (Adamzik 1995:29). Nur noch gewisse Eckwerte kann man dann bei der Vielzahl der viel interessanteren Textsorten angeben, bei denen die individuelle Aussage- und Gestaltungsabsicht des Produzenten eine größere Rolle spielt;

---

[48] *Textsorte* ist auch das einzige der konkurrierenden Komposita, das im *Duden Universalwörterbuch* verzeichnet ist, und es ist auch im didaktischen Bereich geläufig und in viele Lehrpläne eingegangen. – Für eine ausführlichere Liste konkurrierender Begriffe (mit Nachweisen) vgl. Kron (2002:6f.). Dabei fehlt allerdings der heute besonders oft als Konkurrent von *Textsorte* benutzte Ausdruck *Textmuster*; das ist darauf zurückzuführen, dass die auf der Dissertation (1998) von Kron beruhende Darstellung einschlägige Literatur nach 1990 fast gar nicht berücksichtigt oder entsprechende Arbeiten (z. B. Heinemann 1991 und Heinemann/Viehweger 1991) nicht unter diesem Gesichtspunkt auswertet.

[49] Vgl. dazu weiter Sandig (1989); Fix (1990, 1991, 1997), Adamzik (1994, 2001b).

um immerhin bei Sachtexten zu bleiben, nenne ich beispielhaft: *Lehrbücher, Rezensionen, Reportagen, populärwissenschaftliche Artikel, Parlamentsreden*. Am wenigsten bestimmbar sind schließlich natürlich die Großklassen vom Typ *literarische Texte, Aufforderungstexte, argumentative Texte*, aber auch *Brief, Roman, Diskussion* usw.

Bei der Beschreibung von Einzeltexten macht die Zuordnung zu Textsorten zweifellos einen ersten relevanten Schritt aus. Selbst wenn es aber möglich sein sollte, den Text einer Klasse auf sehr niedrigem Abstraktionsniveau zuzuweisen, wenn er also tatsächlich eine Textsorte im engeren Sinn repräsentiert, bleibt doch zu überprüfen, inwieweit er den Vorgaben auch tatsächlich folgt, welche der möglichen Varianten realisiert sind, welche Merkmale der Text in Bezug auf nicht vordefinierte Elemente aufweist und ob er allenfalls Muster mischt, deren gemeinsames Vorkommen nicht erwartet werden kann. Plakativ gesagt: Die Berücksichtigung des Kriteriums der Textsorten-Bezogenheit entspricht nicht (oder nur im trivialen Grenzfall) der Frage ‚Um welche Textsorte handelt es sich?', sondern der Frage ‚In welchem Ausmaß repräsentiert ein Text welche Textsorten und wie geht er mit den Vorgaben um?' (vgl. dazu auch Adamzik 2001b).

Wir kehren damit noch einmal zur speziellen Intertextualität zurück, denn unter den geläufigen Textsortenbezeichnungen gibt es auch viele, bei denen die Beziehung zwischen Texten, Textsorten oder charakteristischen Teilen davon eine wesentliche Bedeutungskomponente bildet. Derartiges finden wir schon in der Abbildung 7 mit Ausdrücken wie *Zitat, Nacherzählung, Fußnote, Rezension, Dementi, Parodie, Kommentar* usw. Ob das, was Genette Paratexte nennt, nämlich *Fußnoten, Titel, Zusammenfassungen, Zitate, Definitionen* u. ä., die z. T. überhaupt nicht selbständig vorkommen, auf jeden Fall aber typischerweise mit anderen Teilen zu einem Gesamttext verbunden sind, als eigenständige Texte und spezielle Textsorten aufzufassen sind, ist umstritten. Krause hat sie erst in der letzten Version seiner Überlegungen als Formen *inkorporierender Intertextualität* einbezogen und betont nach wie vor, dass sie auf der Grenze zwischen Intra- und Intertextualität liegen. Mit den Subtypen der translatorischen, kooperativen und transformierenden Intertextualität haben Wilske/Krause (1987) aber auf jeden Fall schon auf systematische Beziehungen zwischen Textsorten verwiesen, während dieser Aspekt in der bundesrepublikanischen Forschung erst mit dem Beitrag von Josef Klein (1991), der hier von *Textsorten-Intertextualität* spricht, in den Vordergrund gestellt wurde und auch danach noch lange vernachlässigt blieb (vgl. dazu Klein 2000a; Adamzik 2000b, 2001b und c). Dieser Aspekt ist aber besonders wichtig, wenn man den Stellenwert sowohl eines einzelnen Textes im Zusammenhang eines (thematisch geprägten) Diskurses bestimmen will, als auch wenn es darum geht, den Stellenwert einer Textsorte im Gefüge verwandter und/oder funktional aufeinander bezogener Textsorten einzuschätzen und wenn man sich vor Augen führt, dass auch Textsorten miteinander vernetzt sind.[50] Einen Überblick über die verschiedenen Relationen zwischen Teiltexten, Einzeltexten und Textsorten versucht Abbildung 8 zu geben:

---

[50] Zu Beispielen für sehr komplex vernetzte Textsorten vgl. u. a. Klein (1991) zum Gesetzgebungsverfahren und zu Wahlkampfkampagnen, Klein (2000b) zur Seifenoper, Adamzik (2001c) zu Textsorten im Rahmen wissenschaftlicher Tagungen und Adamzik (2001d:247ff.) zu Pressetexten im Zusammenhang mit dem Fall der Berliner Mauer.

Mit diesen Überlegungen zur allgemeinen Vernetztheit von Texten und Textsorten sind wir nun wieder nahe bei Kristevas allgemeinem Konzept der Intertextualität und jedenfalls bei einem Eindruck angekommen, der recht gut mit dem Satz *Irgendwie hängt alles mit alles zusammen* umschrieben ist. Diesen Satz wählt Steyer (1997b) als Obertitel für einen Aufsatz, in dem es ihr gerade darum geht, die „schillernde Kategorie [Intertextualität] für eine eng an sprachlichen Strukturen und Funktionen orientierte Analyse" (ebd.:83) brauchbar zu machen. Sie wendet sich also explizit gegen das radikale Konzept, dem alles unterschiedslos Text bzw. Intertext wird, wählt aber gleichwohl eine sehr weite Perspektive, die die mehrdimensionale Vernetzung von Texten verdeutlicht und die damit geeignet ist, zugleich der Gefahr einer Trivialisierung des Konzepts vorzubeugen (vgl. auch Steyer 1997a). Ein solcher Ansatz liegt auch den hier vorgetragenen Überlegungen zugrunde und er verdient m. E. zu Recht die Kennzeichnung *moderate Position*, die aus dem von Linke/Nussbaumer rekonstruierten Dilemma herausführt. Denn man muss nicht gleich den Textbegriff auflösen und den Autor zu einer marginalen Größe herabwürdigen, um der Relativität der Geschlossenheit und Eigenständigkeit von Texten Rechnung zu tragen und sich auch die nur begrenzte ‚Macht' vor Augen zu führen, mit der ein Produzent über ‚seinen' Text bestimmt.

Zum Abschluss sollen die theoretischen Ausführungen noch durch einen stark intertextuell geprägten Text illustriert werden. Er trägt den Titel *Jesse James*, und es handelt sich um einen Band der französischen Comic-Serie *Lucky Luke*. Damit ist eine Textsortencharakteristik genannt, die aber zunächst nur erkennen lässt, dass es sich um ein Kommunikat handelt, in dem der bildliche Teil eine besonders große Bedeutung hat. Zugleich ist es (und die ganze Serie) als Wildwest-Geschichte zu klassifizieren, und der Klappentext kennzeichnet den Text des „genialen ASTERIX-Vaters René Goscinny" näher als ‚glänzende Parodie auf die Pionierzeit Amerikas'. Der Band enthält am Schluss einen Paratext im Sinne Genettes, dessen globale Textsortenkennzeichnung mir schwer fällt. Er enthält eine Reproduktion des bekanntesten Fotos von Jesse James und des (englischsprachigen) Anschlags, der die Kopfgeldprämie (*$ 25,000*) bekannt macht; ansonsten sind unter dem Titel *Jesse James. Ein amerikanischer Robin Hood?* historische Daten zum Leben und kriminellen Wirken (Bank- und Zugüberfälle) dieses berühmtesten Outlaws des 19. Jahrhunderts, v. a. aber zu Texten über ihn zusammengetragen. Es handelt sich also um einen Metatext zu Metatexten, die die ‚Legende' vom edlen Räuber fort- und umschreiben oder auch analysieren, kritisieren ...

Für unseren Zusammenhang besonders bedeutsam ist nun, dass die ‚Legende' um Jesse James ebenso wie die um Robin Hood natürlich kein Text im eigentlichen Sinn ist, d. h. v. a. keinen identifizierbaren Erstautor aufweist. Robin Hood, über dessen historische Authentizität keine Klarheit besteht, ist Held vieler englischer Balladen seit dem 14. Jahrhundert; eine besonders einflussreiche spätere Bearbeitung des Stoffes stammt von Walter Scott, der sie in seinem Roman *Ivanhoe* (1820) aufgenommen hat. Aber auch wer weder irgendeine der Balladen noch dieses Buch oder eine der späteren Bearbeitungen gelesen oder Verfilmungen gesehen hat, ‚kennt' Robin Hood, dessen Name nämlich zum Inbegriff des edlen Räubers geworden ist, der ‚durch die Köpfe geistert' und andere Banditen wie Jesse James als dessen Wiedergänger erscheinen lässt (vgl. dazu Leonardy 1997).

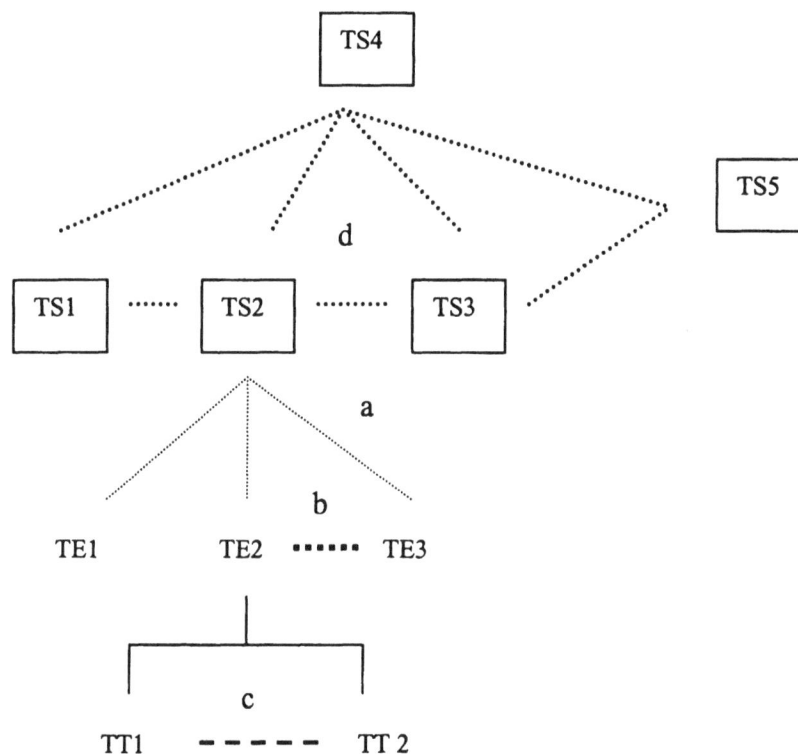

TS = Textsorte
TE = Textexemplar/Einzeltext
TT = Teiltext
a: Relation Textsorte-Textexemplar (typologische Intertextualität)
b: Relation Textexemplar-Textexemplar (z. B. Zitat; referenzielle Intertextualität)
c: Teiltext-Teiltext (z. B. Äußerung-Replik; kooperative Intertextualität)
d: Relation Textsorte-Textsorte (Textsorten-Intertextualität)

Abb. 8: Relationstypen der Intertextualität (nach Adamzik 2001c:29)

In der Version von Lucky Luke wird nun eine besondere Variante präsentiert: Während Jesse James sich von den im Sezessionskrieg erlittenen Verwundungen erholt, liest er nämlich ein Buch mit dem Titel *Robin Hood* und beschließt daraufhin, es dem Helden gleich zu tun. Dies ist also eine inszenierte Form von Leben nach der Literatur, die uns im Allgemeinen eher aus religiösem Kontext vertraut ist und eben doch Zweifel daran aufkommen lässt, dass beide Wirklichkeitsbereiche so reinlich voneinander geschieden werden können. Lucky Luke besiegt schließlich Jesse James, da er es vermeiden kann, in eine von ihm gestellte Falle zu gehen: „Ich hab' nämlich ebenfalls Robin Hood gelesen!"

Neben diesem Intertextualitätskomplex prägt ein zweiter den Band. Er ist gebunden an Frank James, den älteren Bruder von Jesse; dessen Lieblingsautor ist (übrigens historisch verbürgt) Shakespeare, von dem er ständig Zitate in seine Rede streut. Das Komische an der Lucky-Luke-Version, das zugleich zeigt, wie prekär die genaue Abgrenzung von Inter-textualität ist, besteht nun darin, dass bei Franks Äußerungen jeweils die genaue Quelle angegeben ist, es sich allerdings überwiegend um Allerweltsfloskeln handelt: „Gut! (Othello, 2. Aufzug, 1. Szene)" (13); Jaja! (Richard III., 1. Aufzug, 4. Szene)" (18); „Gute Nacht! (Othello, 2. Aufzug, 3. Szene)" (28). Auch die unverständige Reaktion der Ignoran-ten wird dargestellt: Um bei den Bürgern von Nothing Gulch für das Image der Bande zu werben, verfasst Frank einen Zeitungsartikel mit der Schlagzeile „Ein edler junger Mann (Hamlet, 5. Aufzug, 1. Szene)" und bietet einen Kulturabend an, wo er aus Shakespeares Werken liest. Die Reaktion: ‚Wer ist eigentlich dieser Hamlet? – Kennst du diesen Shakes-peare?' und die Antworten: „Drôle de nom ... un chinois peut-être ... – Oh, moi, tu sais, les chinois ..."; aus mir unerfindlichen Gründen werden die Chinesen in der deutschen Fassung dann zu Greenhorns.

Als die Bande in Schwierigkeiten gerät, verliert ein weiteres Mitglied, der offenbar un-belesene Cousin Cole, die Nerven: „Laßt mich in Ruhe mit euren Sprüchen, ihr Superge-scheiten! [...] Wenn du noch einmal deinen Shakedingsbums zitierst ... schneid' ich dir Ecken in die Ohren!" Und doch ist es gerade er, der nach der Gefangennahme ausruft: „Frei oder nicht frei, das ist hier die Frage!", um gleich darauf erschreckt zusammenzufahren: „He ... was hab' ich da eben gesagt?"

Aufgaben

1. Im Unterabschnitt 4.2. wurde darauf hingewiesen, dass ein Kommunikationsbereich wie Kulturbetrieb in den HSK-Bänden fehlt. Versuchen Sie eine Zusammenstellung der für diesen Kommunikationsbereich relevanten Textsorten.

2. Nehmen Sie sich die für Ihr Fach gültige Studienordnung vor und versuchen Sie, sie in Bezug auf die in Kapitel 4 genannten Aspekte zu charakterisieren. Achten Sie auch darauf, welche Angaben in diesem Text sprachlich explizit gemacht werden.

5. Funktion

In Kapitel 1 wurde die herrschende Auffassung referiert, dass es innerhalb der Textlinguistik zu einer zweiten Phase gekommen sei, die als kommunikativ-pragmatisch etikettiert wird, zugleich aber auch auf Hartmanns frühe Forderung verwiesen, statt einer systemorientierten eine verwendungsorientierte Sprachwissenschaft zu etablieren. Kapitel 2.3. zeigte weiter, dass dieser Aspekt auch schon bei den sog. Vorläufern der Textlinguistik berücksichtigt worden ist, und auf jeden Fall können wir davon ausgehen, dass – spätestens seit der sog. pragmatischen Wende in der Linguistik (vgl. Helbig 1990:Kap. 1) – (wieder) allgemeine Übereinstimmung darüber besteht, dass an sprachlichen Äußerungen nicht nur ihre Struktur zu interessieren hat, sondern auch ihr kommunikativer Wert. Gleichwohl sind nicht nur die Stichwörter sehr unterschiedlich, mit denen man sich auf diesen Aspekt bezieht – *verwendungsorientiert, verwender-zentriert, pragmatisch, handlungstheoretisch, kommunikationsorientiert, kommunikativ-funktional, funktional* oder schließlich die Textmerkmale *Intentionalität* und *Akzeptabilität* bei Beaugrande/Dressler –, sondern auch die Vorstellungen darüber, wie er konkret in die Analyse einbezogen werden soll, sind alles andere als einheitlich. Dies schlägt sich allerdings nicht oder kaum in der Bevorzugung des einen oder anderen Begriffes nieder, und so darf man die angeführten zunächst als weitgehend äquivalente Wortmarken verstehen, die das Feld um den sozialen Sinn und die Wirkung von Texten bzw. um Absichten, Erwartungen, Ziele der Kommunikanten abstecken.

5.1. Gängige Funktionsmodelle

Auf den ersten Blick scheinen auch die verschiedenen Differenzierungsvorschläge zwar eine bemerkenswerte Vielfalt an Kategorien für Funktionstypen aufzuweisen, sich aber doch relativ gut aufeinander abbilden zu lassen, und es wird jedenfalls vielfach ein solcher Harmonisierungsversuch vorgestellt. So stellt Brinker fest:

> „Fast alle bisher vorgelegten Ansätze zur Unterscheidung von Textfunktionen knüpfen in irgendeiner Form an das Organon-Modell von K. Bühler an." (Brinker 2001:102)[1]

Bühler (1934/1965:24ff.) unterscheidet bekanntlich – in bewusster Konzentration auf Elementares – entsprechend den drei grundlegenden „Relationsfundamenten" einer sprachlichen Mitteilung, nämlich Sender, (besprochene) Dinge und Empfänger, die Ausdrucks-, Darstellungs- und Appellfunktion. Sehr einflussreich ist auch die Erweiterung dieses Schemas durch Roman Jakobson (1960/1979) geworden, der zusätzlich ansetzt: die poetische Funktion (bezogen auf die Relation zwischen Zeichen), die metasprachliche (das Zei-

---

[1] Vgl. dort auch weitere Einzelheiten zu älteren Modellen; eine ausführlichere Besprechung bietet Rolf (1993:Kap.3).

108

chen bezogen auf das verwendete Ausdruckssystem, den „Kode") und schließlich die auf den Kontakt zwischen Sender und Empfänger bezogene phatische oder Kontaktfunktion.

Die heutzutage gängigsten Funktionskategorien beruhen auf der Sprechakttypologie, die Searle (1982) vorgeschlagen hat. Brinker nimmt an, „daß auch in Searles Illokutionstypologie die Bühlerschen Grundfunktionen übernommen sind" (Brinker 2001:105), und er selbst greift mit leicht veränderter Terminologie auf dessen Einteilung zurück, um nicht nur einzelne Sprechhandlungen, sondern auch ganze Texte entsprechend ihrer Funktion zu klassifizieren. Seine Unterscheidung von fünf grundlegenden Textfunktionen ist heutzutage in der Textlinguistik zweifellos die verbreitetste. Zur Übersicht seien die genannten Modelle hier nebeneinander gestellt:

Bühler	Jakobson		Searle Illokutionstypen	Brinker Grundfunktionen
Darstellung	referentiell		Repräsentativa	Informationsfunktion
Ausdruck	emotiv		Expressiva	Kontaktfunktion
Appell	konativ		Direktiva	Appellfunktion
	poetisch			(poetische, ästhetische)
	phatisch			
	metasprachlich			
			Kommissiva	Obligationsfunktion
			Deklarationen	Deklarationsfunktion

Abb. 9: Funktionstypologien

Bei den beiden in der Sprechakttheorie zusätzlich unterschiedenen Funktionen handelt es sich einerseits um diejenige, die zunächst überhaupt den Ausgangspunkt des Ansatzes ausmacht und am deutlichsten zeigt, dass Sprechen als eine Form von Handeln angesehen werden kann, mit dem die Welt verändert wird; dies sind die Deklarationen, die soziale Tatsachen schaffen (z. B. ernennen, taufen bzw. Textsorten wie Gerichtsurteil, Vollmacht etc.). Andererseits sind die Kommissiva als eine systematische Parallelkategorie zu den Direktiva hinzugekommen; während deren Zweck darin besteht, den Hörer zu einem zukünftigen Verhalten zu bewegen, legt sich der Sprecher mit Kommissiva selbst auf ein zukünftiges Verhalten fest, geht also eine Obligation ein (Versprechen, Diensteid, Garantieerklärung usw.). Die bei Searle nicht berücksichtigte poetische Funktion ist in der Spalte für Brinker eingeklammert, weil er sie nur in einer Anmerkung und gewissermaßen als potenzielle (Zusatz-?)-Funktion nennt, „die in literarischen Texten dominiert und primär Gegenstand literaturwissenschaftlicher Untersuchungen ist" (Brinker 2001:108).

Abgesehen von den terminologischen Differenzen scheinen die Vorschläge sich also in erster Linie in der Anzahl der Kategorien zu unterscheiden.[2] Hinter dieser Differenz werden jedoch bedeutsamere Unterschiede sichtbar, wenn sie nämlich systematisch zu der Frage weitergeführt wird, ob es sich bei den Kategorien eigentlich lediglich um eine Grobsortierung und eine prinzipiell offene Liste handeln soll oder aber der Anspruch erhoben wird, hiermit würde eine geschlossene Typologie auf oberster Stufe vorgelegt, entsprechend der

---

[2] Vgl. für einen Vergleich weiterer Vorschläge auch Adamzik (2000c und 2001e).

jede zu klassifizierende Einheit eindeutig einem Typ zugeordnet werden kann. Diese Frage stellt sich natürlich insbesondere in Bezug auf die poetische Funktion.

5.2. Der Dissens: Polyfunktionalität versus Unifunktionalität von Texten

Tatsächlich sind die Differenzen zwischen diesen Vorschlägen grundlegenderer Art, und die grafisch markierte Abgrenzung von Bühler/Jakobson einerseits und Searle/Brinker andererseits wurde sehr bewusst gewählt. Unterschiedlich stellen sich die beiden Positionen nämlich danach dar, wie das Verhältnis der Funktionen zueinander gefasst wird. Bühler und Jakobson vertreten ausdrücklich die Ansicht, alle Funktionen kämen einer sprachlichen Mitteilung/einem Text gleichzeitig zu, es könne nur die eine oder andere dominieren; Jakobson legt überdies besonderes Gewicht darauf, dass die poetische Funktion keineswegs an literarische Texte gebunden sei:

> „Jeder Versuch, die Sphäre der poetischen Funktion auf Dichtung zu reduzieren oder Dichtung auf die poetische Funktion einzuschränken, wäre eine trügerische Vereinfachung. [...] Die linguistische Untersuchung der poetischen Funktion hat also einerseits die Grenzen der Dichtung zu sprengen, und anderseits darf sich die linguistische Untersuchung der Dichtung nicht nur auf die poetische Funktion beschränken." (Jakobson 1960/1975:92f.)

Für die sprechakttheoretischen Ansätze gilt es dagegen als fundamental, dass die Typen als alternative, einander ausschließende Kategorien zu verstehen sind. Während Brinker diesen Gegensatz tendenziell verdeckt, wird er hervorgehoben von E. Rolf, der m. W. die einzige ausführliche Subdifferenzierung der fünf Grundtypen vorgelegt hat (vgl. Rolf 1993) und sehr entschieden für die Orientierung an Searle plädiert; ansonsten betrachtet er seinen Vorschlag aber als äquivalent mit dem Brinkers und stellt unmissverständlich fest:

> Die Modelle von Bühler und Jakobson unterscheiden „nicht Zeichenverwendungstypen, sondern Zeichengebrauchsaspekte – Aspekte (des Zeichengebrauchs), die, wenn auch in unterschiedlicher Dominanz, dennoch gleichermaßen gegeben sind. Dieser Umstand macht die Modelle Bühlers und Jakobsons grundsätzlich ungeeignet für eine an verschiedenen, einander ausschließenden Funktionen interessierte Typologie, wie sie hinsichtlich der textuellen Grundfunktionen erforderlich ist." (Rolf 2000:425)

Eine dritte Variante hinsichtlich des Verhältnisses der verschiedenen Funktionen präsentieren Heinemann/Viehweger; bei ihnen stehen nämlich vier elementare Textfunktionen in einem „Inklusionsverhältnis". Sie stellen diese Beziehungen insgesamt in einem Schema (Abb. 10) dar.

> „Steuernde [direktive/auffordernde] Texte vermitteln (zumindest mittelbar) auch Informationen, informierende Texte setzen den Kontakt zwischen Partnern voraus, und für die Kontakt-Herstellung oder Kontakt-Erhaltung ist normalerweise eine ‚Entäußerung' des handelnden Individuums notwendig. [...] Eine Sonderstellung nimmt bei den kommunikativen Textfunktionen das Bemühen von Kommunizierenden ein, bei Partnern mit Hilfe von Texten ÄSTHETISCHE WIRKUNGEN zu erzielen. Das erfolgt vor allem dadurch, daß der Textproduzent mit Hilfe des Textes eine fiktive Realität schafft [...]" (Heinemann/Viehweger 1991:149).

110

Die Annahme, es bestünde ein Inklusionsverhältnis zwischen den Funktionen, steht der, die ihre Gleichzeitigkeit postuliert und darin nur verschiedene Aspekte sieht, natürlich näher; von der Position, dass es um eine Typologie einander ausschließender Funktionen gehe, grenzen sich Heinemann/Viehweger bzw. Heinemann/Heinemann aber auch sonst sehr deutlich ab:

> „Natürlich [!] gibt es zahlreiche ‚Übergänge' zwischen diesen Grundtypen, ist auch das Realisieren von mehreren Grundfunktionen zugleich keine Seltenheit [...; wenn ein Inklusionsverhältnis zwischen ihnen vorliegt, sollte das sogar der Normalfall sein, der nur dann nicht eintritt, wenn es lediglich um das elementare SICH AUSDRÜCKEN geht], und es bleiben auch Fälle, die im Hinblick auf die Zuordnung der hier genannten Grundtypen nicht eindeutig sind" (Heinemann/Heinemann 2002:224).

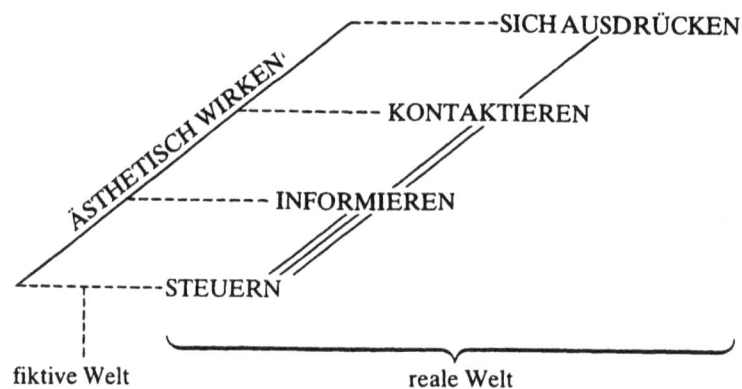

Abb. 10: Elementare Textfunktionen (Heinemann/Viehweger 1991:150)[3]

Damit stehen wir (wie schon bei der Typologisierung von Kommunikationsbereichen und Textsorten) erneut vor dem grundsätzlichen Dissens in der Frage, ob die Kategorien zur Differenzierung einer Dimension eingeführt werden sollen, um zu einer ‚sauberen' Typologisierung zu gelangen,[4] oder aber ob es ‚nur' darum geht, ein Inventar von (grundlegenden und z. T. als durchaus vorläufig zu verstehenden) Beschreibungsaspekten bereit zu stellen. Der Dissens in Bezug auf diese methodische Frage korreliert zugleich mit unterschiedlichen Auffassungen über die kommunikative Wirklichkeit: Während u. a. Heinemann/Heinemann die gleichzeitige Realisierung für nicht besonders außergewöhnlich halten, meint Rolf (2000:423) feststellen zu können:

---

[3] Heinemann/Heinemann (2002:224), bei denen es allerdings kein eigenständiges Unterkapitel zu den Textfunktionen mehr gibt, übernehmen diese Auffassung, übergehen allerdings die grundsätzliche Differenz zu Brinker oder anderen ‚Ausschluss'-Modellen.

[4] Zusätzlich stellt sich die Frage, was typologisiert werden soll: Texte, Textsorten oder Texteigenschaften? Vgl. dazu ausführlicher Adamzik (1995:32ff.).

„Der Kosmos der Gebrauchstexte enthält, andersartigen Erwartungen zum Trotz, nur vergleichs-
weise wenige Textsorten, die mehrere kommunikative Funktionen und mithin mehrere Textfunktionen haben. [...] In der Regel verhält es sich mit den Gebrauchstexten [....] so, daß sie, was ihren
Handlungszweck anbelangt, unifunktional sind. [...] Normalerweise hat ein Textproduzent (er ist
mit dem Textemittenten gewöhnlich personalidentisch[5]) nur *ein* Anliegen".

Auf diese Grundsatzdebatte muss hier nicht weiter eingegangen werden, da in Bezug auf
die Textfunktionen der entschiedenste Vertreter der ersten Position, nämlich E. Rolf, selbst
deutlich macht, dass die Unterscheidung der textuellen Grundfunktionen nur ein begrenztes
Ziel verfolgt, sich nämlich nur auf „das eigentliche Anliegen des Textproduzenten" (Rolf
2000:422) bezieht. Falls der Produzent noch andere Ziele verfolgen sollte als das, die textuelle Grundfunktion zu realisieren, sei das „sozusagen Privatsache" (ebd.:430) und ändere
nichts an der als grundsätzlich unterstellten Unifunktionalität der Texte. Eine solche wird
allerdings, wie schon das Zitat zeigt, immerhin allein für Gebrauchstexte beansprucht;
damit wird aber der mit diesem Modell erfassbare Gegenstandsbereich von vornherein
erheblich (und ich möchte hinzufügen: auf den uninteressanteren Teil des Universums der
Texte) eingeschränkt. Auch die Fragestellung ist von vornherein beschränkt, denn es wird
zugestanden, dass die „in handlungsbezogener Hinsicht festzustellende Unifunktionalität
der Gebrauchstexte" nicht ausschließt, „daß solche Texte nichtsdestotrotz mehrere Funktionen haben" (ebd.:423); diese seien aber entweder hierarchisch untergeordnet oder gehörten
einer anderen Ebene an (z. B. den von Bühler genannten ‚Sprachfunktionen').

Da es in unserem Zusammenhang nun gerade darauf ankommt, eine möglichst breite
Übersicht über untersuchenswerte Texteigenschaften zu geben, kann eine vorgängige Ver-
engung des Blickwinkels auf das theoretische Konstrukt einander ausschließender Grundfunktionen nicht in Frage kommen. Ich schließe mich also der häufig vorgebrachten Kritik
an den engen Grenzen der sprechakttheoretischen Textanalyse[6] an und fasse den Begriff
Funktion/funktional entsprechend weit. Darunter soll hier nämlich alles als subsumierbar
gelten, was eine sinnvolle Antwort auf die Frage ist, wozu Texte produziert und rezipiert
werden oder was Sprachbenutzer mit Texten machen. Dies entspricht dem Gebrauch von
Pragmatik nach Morris und kommt klar zum Ausdruck in den Kennzeichnungen *verwendungsorientiert* bzw. *verwender-zentriert*. Die zunächst als etwa gleichbedeutend genannten Charakterisierungen *handlungstheoretisch* und *kommunikationsorientiert* bzw. *kommunikativ* für den ‚neuen' Ansatz in der Textlinguistik entsprechen dagegen schon einer engeren Sichtweise.

5.3. Nicht-kommunikative Sprachverwendung

Mit dieser Behauptung wird unterstellt, dass auch nicht-partnerbezogener Sprachgebrauch
vorkommt sowie auch solcher, der nicht nach einem Handlungsplan durchgeführt wird, und

---

[5] Eine andere Auffassung wurde in Kap. 4.5. präsentiert.
[6] Vgl. so schon Beaugrande/Dressler (1981:123), ferner z. B. Hartung (2000:89); vgl. auch Adamzik (2000b:Kap. 2).

112

dass beides auch eine Funktion, einen Sinn und Zweck hat. Diese auf den ersten Blick vielleicht kontraintuitive Annahme muss erläutert werden. Dazu möchte ich zunächst auf den Aspekt der Textproduktion eingehen. Bekanntlich schreiben viele Menschen relativ wenig, v. a. keine längeren Texte, und verbinden mit ‚Schreiben' unangenehme Erinnerungen an die Schulzeit, wo sie zum Verfassen von Aufsätzen gezwungen waren. Dabei handelte es sich zudem vielfach um Aufgabenstellungen, etwa Nacherzählungen oder Bildbeschreibungen, deren kommunikativer Sinn schwer einsehbar ist. Der Zweck dieses Schreibunterrichts besteht natürlich darin, das Schreiben zu lernen bzw. das Verfassen bestimmter Texte einzuüben. Wenn man versucht, das ‚eigentliche Anliegen der Textproduzenten' zu bestimmen, bleibt wohl nichts übrig als ein nicht-kommunikatives anzusetzen: Es geht darum, den Anforderungen der Institution (und der Eltern) gerecht zu werden bzw. darum, eine bestimmte Qualifikation zu erreichen. Im günstigsten Fall machen sich aber die Lerner das Ziel der Institution zu eigen, d. h. sie können auch selbst die Absicht verfolgen, ‚ihre'/eine Sprache und schriftlichen Ausdruck zu lernen bzw. ihre Sprachfähigkeiten zu erweitern. Charakteristischerweise geschieht dies beim Fremdsprachenlernen, diesem Zweck dienen z. B. Sprachaufenthalte.

Das Ziel, eine Sprache zu lernen und seine Sprachfähigkeiten zu vervollkommnen, kann nun schon deswegen auch bei einer engen Auffassung von Textfunktion nicht unberücksichtigt bleiben, weil es auch Texte gibt, deren Funktion genau darin liegt, etwa Sprachlehrbücher oder auch Schreibanleitungen. Es besteht aber auch kein Anlass, die Erweiterung, Vertiefung oder auch den Erhalt von Sprachfähigkeiten als grundsätzlichen (Neben-)-Effekt des Umgangs mit Texten zu vernachlässigen. Hier liegt es vielmehr besonders nahe, von einem Inklusionsverhältnis auszugehen: Lesen und Schreiben, Hören und Sprechen dienen immer auch mindestens der *Festigung* von Sprachfähigkeiten, ob das nun beabsichtigt ist oder nicht.

Selbstverständlich ist es befriedigender und (daher) auch effektiver, wenn Texte im Sprachunterricht zugleich auch andere Funktionen erfüllen und es sich nicht nur um simulierte oder Pseudo-Kommunikation handelt.[7] Zu diesem Zweck versucht man im kommunikativ orientierten Sprachunterricht statt der realitätsfernen Aufsätze sog. Schreibanlässe zu finden, bei denen Texte produziert werden sollen, die wenigstens einen realen kommunikativen Zweck haben *könnten*. In Bezug auf Fremdsprachen sind es Immersionsprogramme bzw. der bilinguale Sachfachunterricht, mit denen man den Problemen des rein auf den Spracherwerb zielenden Unterrichts begegnet – selbstverständlich liegt aber der Hauptzweck solcher Programme erklärtermaßen doch in der Förderung der Fremdsprachkompetenzen! Auch im traditionellen Mutter- oder Fremdsprachunterricht kann (und sollte) man aber natürlich mit Texten arbeiten, die zu mehr als dem Spracherwerb taugen. Neben der Informationsfunktion, der Präsentation interessanter Inhalte, wird dabei besonders oft eine Absicht verfolgt, die in den Elementarkatalog von Brinker schwer einzuordnen ist: Die Texte sollen Lustgewinn verschaffen und unterhaltsam sein.

Eine nicht-kommunikative, sondern rein instrumentelle Funktion schreiben auch Studierende ihren Texten vielfach noch zu: Sie verfassen Seminararbeiten in erster Linie, um

---

[7]   Vgl. dazu etwa Krause (2002:193f.).

Scheine zu erwerben. Tatsächlich sind sie ebenso dem Zwang zur Pseudo-Kommunikation
ausgesetzt wie die Schüler; vielleicht gilt das für die Hochschule sogar in noch gravierende-
rem Ausmaß, denn die Als-Ob-Situation, in die man sich hier zu versetzen hat, stellt besonders hohe Anforderungen an den Schreiber: Er soll die Rolle des Wissenschaftlers einnehmen, d. h. hohe Sach- und (Fach-)Sprachkompetenz erkennen lassen und ziemlich umfangreiche Texte schreiben, findet jedoch meist nur einen Leser, der alles besser weiß und kann
(vgl. Hermanns 1980). Daher ist es durchaus nicht verwunderlich, dass der Übungszweck
ganz im Zentrum steht und Studierende nicht zu einer eigentlich kommunikativen Absicht
finden. Ein Student hat dieses Dilemma so ausgedrückt:

„Was ich sagen könnte, das weiß ich, aber das zu schreiben wäre nicht wissenschaftlich. Was in
den wissenschaftlichen Veröffentlichungen steht, könnte ich auch sagen, aber das zu schreiben
wäre einfach eine Verdoppelung, denn es ist schon geschrieben." (Kruse 2002:101)

Dieses Zitat stammt aus dem Buch *Keine Angst vor dem leeren Blatt. Ohne Schreibblockaden durchs Studium*, in das Erfahrungen aus einem der inzwischen zahlreichen Schreib-
Projekte, -Workshops, -Ateliers usw. (vgl. dazu Kruse et al. 1999) eingegangen sind. Sie
verdeutlichen, dass die verbreiteten normativen Vorstellungen darüber, was man als Text
gelten lassen kann, insofern kontraproduktiv sind, als sie die Fähigkeit zu kreativem
Schreiben blockieren. Wer sich vor die Aufgabe gestellt sieht, einen umfangreichen kohärenten, gut strukturierten, informativen, situations- und partnerangemessenen und natürlich
auch sachlich und sprachlich korrekten Text abzufassen, der gerät leicht in die Situation,
zum geforderten Termin wirklich etwas vorzulegen, was niemand als Text betrachten kann,
nämlich ein leeres Blatt.

Wie man mit diesen Problemen in den Schreibwerkstätten umgeht, kann hier natürlich
nicht näher ausgeführt werden. Gesagt sei lediglich soviel: Es geht darum, das hoch ge-
steckte Ziel in Einzelaufgaben zu zerlegen und dabei in vielen Phasen bestimmte Anforderungen, denen der das Endprodukt genügen sollte, bewusst außer Acht zu lassen. In der
letzten Phase, beim Korrekturlesen, sollte man z. B. alle Aufmerksamkeit auf den Inhalt
beiseite lassen und lediglich auf sprachliche und formale Korrektheit achten. In den frühen
Phasen dagegen kann nicht nur dies völlig vernachlässigt werden, sondern auch alle Anforderungen und Merkmale, die einem Text als kommunikativer Handlung zugeschrieben werden, nämlich Intentionalität, Geplantheit, Partnerorientiertheit und sogar Bewusstheit.[8] Hier
ist besonders das Verfahren des sog. automatischen Schreibens zu erwähnen, bei dem alle
Kontrolle ausgeschaltet wird (vgl. z. B. Werder 1993:111ff.). Sinn und Zweck, Absicht des
absichtslosen Schreibens ist es, Assoziationen, Gedanken und Gefühle am Bewusstsein vorbei aus dem Unbewussten aufs Papier zu befördern, sich die Möglichkeit zu geben, seine
Gedanken zu entdecken und sich entwickeln zu lassen, mit ihnen zu spielen und dergl.

Wer von Schreibblockaden verschont ist, kommt natürlich auch ohne solche Übungen
aus; sicher ist aber, dass gerade kreative Schreiber, seien es nun Literaten oder Wissenschaftler, ohnehin die Erfahrung machen, dass sich die Ideen beim Reden und Schreiben

---

[8] Vgl. für eine Übersicht zu den handlungstheoretischen Grundlagen Heinemann/Heinemann
(2002:Kap. 1).

114

selbst entwickeln und oft eine Richtung nehmen, die man durchaus nicht geplant hat (vgl. hier natürlich den berühmten Text von Kleist *Über die allmähliche Verfertigung der Gedanken beim Reden*). Für das Sprechen und Schreiben müssen wir also gewiss auch eine nicht-partnerbezogene und mithin auch nicht-kommunikative *kognitive* Funktion annehmen. Dieser ist allerdings unmittelbar an die Seite zu stellen eine ebenso wenig partnerbezogene *emotionale* Funktion, die darin besteht, mit seinen Gefühlen in Kontakt zu treten, sie zu durchleben oder auch sich von ihnen zu entlasten. Diese beiden selbst-bezogenen Funktionen spielen bekanntlich auch eine besondere Rolle in einer bestimmten Textsorte, nämlich dem Tagebuch, aber auch in Briefen, die nicht zum Versand gedacht sind. Schließlich sind in diesem Zusammenhang auch noch die Ansätze aus literarischen Strömungen zu nennen, etwa des französischen Surrealismus, wo die *écriture automatique* ursprünglich entwickelt wurde. Im Metzler-Literatur-Lexikon finden sich unter dem Stichwort *Automatische Texte* folgende zusammenfassende Hinweise:

> ,Sammelbezeichnung für eine durch automatische Niederschrift entstandene Literatur; von der Intention her lassen sich unterscheiden 1. eine an der Bloßlegung unterbewußter, vorästhetischer Prozesse interessierte Tendenz (G. Stein, frz. Surrealismus, écriture automatique, als Grenzfall stream of consciousness), 2. eine bei völliger Ausschaltung des personalen poetischen Bewußtseins nur noch an mechanischen zufälligen Textergebnissen interessierte Tendenz (aleatorische Dichtung, Würfel-, Computertexte).' (vgl. Schweikle/Schweikle 1990:35)

Bislang haben wir die nicht-partnerbezogene und teilweise nicht-intentionale Textproduktion betrachtet und sind dabei auf mehrere potenzielle Funktionen des selbstbezogenen Sprachgebrauchs gestoßen, die einander auch keineswegs ausschließen. Dieselben Effekte kann natürlich auch die *Rezeption* von Texten auslösen, und zwar sowohl von eigenen wie von fremden. Dazu sind zwei Äußerungen von Max Frisch erhellend. In seinen Tagebuchaufzeichnungen (1946, *Café de la Terrasse*) schreibt er über den „Sinn des Tagebuchs":

> „Indem man es nicht verschweigt, sondern aufschreibt, bekennt man sich zu seinem Denken, das bestenfalls für den Augenblick und für den Standort stimmt, da es sich erzeugt. Man rechnet nicht mit der Hoffnung, daß man übermorgen, wenn man das Gegenteil denkt, klüger sei. Man ist, was man ist. Man hält die Feder hin, wie eine Nadel in der Erdbebenwarte, und eigentlich sind nicht wir es, die schreiben; sondern wir werden geschrieben. Schreiben heißt: sich selber lesen."

Hier wird die Diskrepanz der Gedanken eines Individuums zu unterschiedlichen Zeitpunkten thematisiert, die auch dazu führen kann, dass man beim Sich-wieder-lesen etwas entdeckt, dessen man sich beim Schreiben gar nicht bewusst war und dass man keineswegs in den Text ,hineingelegt' hatte. Dass eine solche Diskrepanz erst recht entstehen kann, wenn es sich bei Schreiber und Leser nicht um dasselbe Individuum handelt, verdeutlicht ein späterer Eintrag aus demselben Tagebuch (*Beim Lesen*):

> „Was zuweilen am meisten fesselt, sind die Bücher, die zum Widerspruch reizen, mindestens zum Ergänzen: – es fallen uns hundert Dinge ein, die der Verfasser nicht einmal erwähnt, obschon sie immerzu am Wege liegen, und vielleicht gehört es überhaupt zum Genuß des Lesens, daß der Leser vor allem den Reichtum seiner eignen Gedanken entdeckt. [...] Wogegen ein Buch, das sich immerfort gescheiter erweist als der Leser, wenig Vergnügen macht und nie überzeugt, nie bereichert, auch wenn es hundertmal reicher ist als wir. Es mag vollendet sein, gewiß, aber es ist verstimmend. Es fehlt ihm die Gabe des Gebens. Es braucht uns nicht. Die anderen Bücher, die uns

mit unseren eigenen Gedanken beschenken, sind mindestens die höflicheren; vielleicht auch die eigentlich wirksamen."

Diese Hinweise auf nicht-intendierte Wirkungen von (guten) Büchern gibt Anlass, noch einmal den Unterschied zwischen einem weiten Begriff von Funktion, Sinn und Zweck des Umgangs mit Texten, gegenüber der sprechakttheoretisch inspirierten Kategorie der Textfunktion im Sinne Brinkers (der sich hier an Große 1976 anschließt) herauszustellen. Alle nicht-intendierten und nicht zudem mit konventionell geltenden Mitteln ausgedrückten Absichten des Autors spielen nämlich für die Bestimmung der Textfunktion keine Rolle:

> „Der Terminus ‚Textfunktion' bezeichnet die im Text mit bestimmten, konventionell geltenden, d. h. in der Kommunikationsgemeinschaft verbindlich festgelegten Mitteln ausgedrückte Kommunikationsabsicht des Emittenten. Es handelt sich also um die Absicht des Emittenten, die der Rezipient erkennen soll. [...] Diese Definition der Textfunktion entspricht weitgehend dem sprechakttheoretischen Begriff des illokutiven Akts, indem sie den intentionalen und den konventionellen Aspekt sprachlicher Handlungen in ähnlicher Weise miteinander verknüpft. [...] Dem illokutiven Akt (bei einfachen Sprechhandlungen) entsprechend ist somit auch die Textfunktion von der ‚wahren Absicht' des Emittenten zu unterscheiden. Die wahre Absicht, die ‚geheime Intention' [...] kann zwar der Textfunktion entsprechen; sie muß aber nicht mit ihr übereinstimmen. So ist z. B. für eine Zeitungsnachricht die informative Textfunktion kennzeichnend, auch wenn der Emittent insgeheim noch eine persuasive Absicht verfolgt. Für die Bestimmung der Textfunktion ist allein entscheidend, was der Emittent zu erkennen geben will, indem er sich auf bestimmte Regeln (Konventionen) sprachlicher und kommunikativer Art bezieht." (Brinker 2001:95f.)

Mit dieser Beschränkung auf die Frage, was der Autor zu erkennen geben will, dürfte allenfalls die Funktion von (einfachen) Gebrauchstexten einigermaßen befriedigend erfasst werden können, und selbst hier stellt sich die Frage, wie wir dann etwa mit konventionellen Sprachspielen, z. B. dem Verhör, umgehen, deren Zweck gerade auch darin besteht, vermutete Unaufrichtigkeit aufzudecken, den Verhörten in Widersprüche zu verwickeln, um ihn der Lüge überführen zu können. Auch das Beispiel mit der Zeitungsnachricht ist wenig überzeugend insofern, als es heutzutage allgemein eingestandener und gesellschaftlich anerkannter Zweck der Presseberichterstattung ist, neben der informativen unterhaltende Funktion zu haben. Wie dem aber auch sei: Beim Umgang mit anspruchsvolleren Sach-, erst recht aber literarischen Texten wird heutzutage nicht einmal mehr im Schulunterricht die Frage gestellt: ‚Was wollte uns der Autor sagen?', sondern vielmehr betont, dass jede Generation und letzten Endes jeder einzelne Leser vor der Aufgabe bzw. der Möglichkeit steht, (älteren) Texten einen (neuen) Sinn abzugewinnen.

Ein schönes Beispiel dafür stellt Goethes Auseinandersetzung mit der ‚großen, ja ungeheueren Wirkung' seines *Werther* dar (vgl. *Dichtung und Wahrheit*, 3. Teil, 13. Buch), die ihn zu der Einsicht gebracht hat, „daß Autoren und Publikum durch eine ungeheurere Kluft getrennt sind, wovon sie, zu ihrem Glücke beiderseits keinen Begriff haben." Das Werk hat bekanntlich einen autobiografischen Hintergrund und diente Goethe in erster Linie zur Überwindung einer Krise, es hatte ihn „aus einem stürmischen Elemente gerettet", und er fühlte sich, „wie nach einer Generalbeichte, wieder froh und frei, und zu einem neuen Leben berechtigt". Entsprechend hatte er „dieses Werklein ziemlich unbewußt, einem Nachtwandler ähnlich, geschrieben", „in vier Wochen, ohne daß ein Schema des Ganzen, oder die Behandlung eines Teils irgend vorher wäre zu Papier gebracht gewesen". Er fühlte sich

„dadurch erleichtert und aufgeklärt [...], die Wirklichkeit in Poesie verwandelt zu haben", sah sich aber einer gänzlich unbeabsichtigten Wirkung gegenüber, da sich seine „Freunde daran [verwirrten], indem sie glaubten, man müsse die Poesie in Wirklichkeit verwandeln, einen solchen Roman nachspielen und sich allenfalls selbst erschießen". Hier haben wir also einen authentischen Fall der Uminterpretation eines Erzähltextes in eine Handlungsanleitung vor uns, der uns in fiktionaler Gestalt bereits bei Jesse James' *Robin-Hood*-Lektüre begegnet war. Der größere Teil der Leser nahm das Buch freilich als einen Text mit Informationsfunktion, wodurch dem Autor „durch teilnehmende, wohlwollende Seelen eine unleidliche Qual bereitet,, wurde, „so wollten sie sämtlich ein für allemal wissen, was denn eigentlich an der Sache wahr sei [und] wo denn die eigentliche [Lotte] wohnhaft sei? [...] Dergleichen peinliche Forschungen hoffte ich in einiger Zeit loszuwerden; allein sie begleiteten mich durchs ganze Leben."

Allgemein können wir damit festhalten, dass der Sinn, den der Autor mit seinem Text verbindet und den er vielleicht auch einem anderen gegenüber auszudrücken beabsichtigt, sich sowohl ihm selbst in verschiedenen Momenten unterschiedlich darstellen kann, als auch bei den Lesern verschiedenartig ankommen kann, insbesondere natürlich, wenn er von vornherein mehrfach adressiert ist, sich also z. B. gleichzeitig an die eigene Gruppe, die Gegner und ein zuschauendes oder mitlesendes Publikum wendet.[9] Aus diesem Grunde ist die Identifikation der Funktion eines Textes mit der Absicht, die der Autor im Moment der Produktion verfolgt, unangemessen bzw. führt nur zu sehr beschränkten Resultaten.

5.4. Zur Integration der Ansätze: Das Ertragsmodell

Es stellt sich nun die Frage, wie die verschiedenen hier angesprochenen potenziellen (Neben-)Effekte und Sinnzuschreibungen systematisiert und in die Analyse einbezogen werden können, ohne doch zugleich die – ja immerhin relevante – Frage nach der Autor-Intention zu vernachlässigen. Ich habe an anderer Stelle (Adamzik 2000c und 2001e) vorgeschlagen, zu diesem Zweck die Kategorie *Intention* durch eine übergeordnete Kategorie, nämlich *Ertrag*, zu ersetzen. Der Ertrag ist das, was Rezipienten und Produzenten aus dem Text gewinnen können, er schließt also auch die selbstbezogenen Funktionen ein und kann sich sowohl von Individuum zu Individuum unterscheiden als sich auch mit der Zeit, etwa bei wiederholter Rezeption durch ein und dasselbe Individuum verändern. Dabei habe ich verschiedene Versuche der Systematisierung von potenziellen Funktionen aufgenommen und sie in der folgenden Liste zusammengefasst:

1. intellektuelle (man erfährt, lernt oder begreift etwas, entwickelt seine Gedanken oder lässt sie sich entfalten),
2. praktische (man ändert etwas in der Welt, ernennt z. B. jemanden in einer Funktion, erwirbt einen Gegenstand, setzt einen Vertrag auf usw.),

---

[9] Zur Mehrfachadressierung vgl. Kühn (1995) und M. Hartung (2001:1352ff.).

3. handlungsorientierende (man wird sich darüber klar, wie man sich in der Zukunft (gemeinsam mit anderen) verhalten will),

4. emotional-psychische (man tritt in Kontakt mit seinen Gefühlen, macht sie sich klar, empfindet und drückt aus Freude, Ärger, Lust oder Langeweile; entlastet sich psychisch etc.),

5. soziale (man tritt mit anderen in Kontakt, lernt sie kennen, kommt einander näher oder entfremdet sich),

6. geistig-moralische (man wird sich über die Welt und sich selbst klarer, gelangt zu einer bestimmten ethischen Haltung oder einer philosophisch-religiösen Einstellung usw.),

7. formbezogene (man realisiert bzw. nimmt wahr ästhetische Qualitäten und Mängel von Texten, führt ein Muster formvollendet oder abweichend durch usw.),

8. metakommunikative (man erweitert sein Sprach- und Text(muster)wissen und seine kommunikative Handlungsfähigkeit).

Verschiedene dieser Erträge können miteinander kombiniert auftreten oder tun dies sogar normalerweise; man kann sich um einzelne besonders bemühen, d. h. sich auf diese Ebene konzentrieren oder auch bestimmte Ebenen auszublenden versuchen. Produzent und Rezipient können das je für sich, miteinander oder auch (antizipierend) füreinander tun, und in diesem letzten Fall fällt ein angezielter Ertrag für den Rezipienten mit der kommunikativen Intention des Produzenten zusammen; in diesem Sinne ist die kommunikative Absicht ein Unterfall eines Ertrags, eben ein beabsichtigter oder intendierter. Der Vorteil eines solchen Ansatzes besteht darin, dass man damit ebenso gut mit konventionellen Mitteln ausgedrückte Absichten erfassen kann, aber gleichzeitig in der Lage ist, ein eventuelles Scheitern kommunikativer Interaktionen zu beschreiben und insgesamt der Vielfalt möglichen Umgangs mit Texten und unterschiedlichen Perspektiven der Beteiligten gerecht zu werden.

Aufgaben

1. Rolf (2000:423) nennt als eines der seltenen Beispiele für Textsorten, die mehrere Textfunktionen (im eingegrenzten Sinne!) haben „*Gebrauchsinformationen* (das, was auf den sogenannten Beipackzetteln von Medikamenten steht)". An welche Textfunktionen denkt er dabei?

2. Ein relativ neues und offenbar sehr beliebtes ‚Fernsehformat‘ sind Gerichtsshows. Falls Sie diese Sendungen noch nie gesehen haben, schauen Sie sich eine an und versuchen Sie, die Erträge zu bestimmen, die man aus ihrem Konsum vielleicht gewinnen kann (differenzieren Sie dabei u. U. nach verschiedenen Rezipientengruppen).

3. Wie beurteilen Sie die Bindung der Funktion ÄSTHETISCH WIRKEN an die Kategorie ‚fiktive Welt‘, wie Sie in der Abbildung 10 und dem folgenden Satz zum Ausdruck kommt: „In allen Texten des ÄSTHETISCHEN WIRKENs aber wird eine fiktionale Welt erzeugt" (Heinemann/Viehweger 1991:153)?

6. Thema/Inhalt

Für den normalen Sprachbenutzer dürfte das ‚Was?‘ eines Textes grundsätzlich im Vordergrund des Interesses stehen; außerdem sind Thema und Inhalt zweifellos das, was man
intuitiv am leichtesten erfassen kann. Das liegt daran, dass man sie großenteils unmittelbar
am Sprachmaterial ablesen kann; denn die Lexeme geben sozusagen schon die Kategorien
vor, besonders natürlich, wenn sie auch noch an ausgezeichneter Stelle, d. h. im Titel oder
in einem Satz wie *In diesem Beitrag geht es um ...* stehen. In einem Buch mit dem Titel
Textlinguistik geht es natürlich um Textlinguistik, und auch ein Titel wie *Grundzüge des
politischen Systems der Bundesrepublik Deutschland* lässt keine Zweifel am Inhalt des
Texts aufkommen. [1]

6.1. Zu bisherigen Beschreibungsansätzen

Sichtet man nun die Literatur auf Beschreibungsansätze für den inhaltlichen Aspekt, so
gelangt man zunächst zu dem Eindruck, dass dieser insbesondere gegenüber dem funktionalen weniger intensiv behandelt wird und dass auch weniger Einheitlichkeit und Klarheit
über dabei zu verwendende Kategorien besteht. Auf den ersten Blick könnte man sich das
gerade damit zu erklären suchen, dass prinzipiell ja alles Gegenstand von Texten sein kann
und Systematisierungsversuche gewissermaßen das ganze Universum inventarisieren
müssten. Die nahezu unbegrenzte und mit dem Lexeminventar unmittelbar gegebene
Menge von Themen wäre danach also für die Schwierigkeit oder sogar Unmöglichkeit ihrer
Systematisierung verantwortlich.

Andererseits ist es natürlich gleichwohl möglich und sogar notwendig, ‚das Universum
zu kategorisieren‘, d. h. einander ähnliche Einzelerscheinungen zu abstrakteren Größen
zusammenzufassen (sie unter Oberbegriffe zu subsumieren), diese wiederum auf höherem
Abstraktionsniveau zusammenzufassen usw. In dieser Kategorisierung der Welt besteht ja
überhaupt die kognitive Funktion der Sprache. Angesichts dessen, v. a. aber angesichts der
immensen Bedeutung, die der Aufgabe der Klassifizierung, Typisierung, Sortierung in der
Forschung eingeräumt wird, wenn es um Sprach-/Textfunktionen, Kommunikationsbereiche oder auch Texte geht, muss es doch erstaunen, dass sich eine parallele Fragestellung in
Bezug auf Themen nicht entwickelt hat, die Frage also, wovon denn in Texten überhaupt
die Rede sein kann, als solche kaum einmal aufgeworfen wird.

Stattdessen wird die Tatsache, dass Texte Themen haben, als gegeben unterstellt bzw.
formuliert und daran zunächst einmal die (für Texte ja geforderte) Kohärenz festgemacht.

---

[1] Das soll selbstverständlich nicht heißen, dass in Titeln grundsätzlich das Thema genannt würde,
dies ist nur besonders typisch für Sachbücher. Zu Titeln und dem Verhältnis von Titel und Textsorte vgl. besonders Hellwig (1984); vgl. auch Nord (1993) und Dietz (1995).

Bei den meisten auf die Kohärenz zentrierten Ansätzen thematischer Analyse geht es dann eigentlich nicht darum, wovon diese handeln, sondern darum, worin ihre thematische Geschlossenheit besteht und wie diese sich äußert (nämlich insbesondere an den Wiederaufnahmerelationen und Ketten semantisch verwandter Elemente). In anderen Ansätzen fokussiert man die Merkmale, dass Texte (prototypisch) relativ umfangreiche und in sich strukturierte Gebilde sind. Dabei geht es dann nicht um Typen von Themen, sondern um Typen der thematischen Entfaltung. Hier unterscheidet man meist deskriptive, narrative, explikative und argumentative Themenentfaltung[2] und erörtert Makro- bzw. Superstrukturen von Texten.

Ebenso wie die Abstinenz gegenüber der Typologisierung von Themen überrascht es, dass die Frage nach der Definition des Analysebegriffs *Thema* (ganz anders als die von *Text*) meist im Hintergrund bleibt, man mehr oder weniger offen das ‚Alltagsverständnis' des Ausdrucks zugrunde legt und dieses auch nicht weiter erläutert. Dass der Begriff *Thema* als relativ unproblematisch erscheint, erhellt besonders daraus, dass die ausführliche Studie, die Lötscher (1987) dazu vorgelegt hat, in mehreren neueren Einführungsdarstellungen (Brinker 2001; Heinemann/Heinemann 2002; Gansel/Jürgens 2002) zwar im Literaturverzeichnis erscheint oder kurz erwähnt wird, seine Überlegungen jedoch nicht weiter einbezogen werden. So mag man durchaus geneigt sein, dem Urteil Hellwigs (1984:14) zuzustimmen: „Der Begriff des Themas ist eine der in der Linguistik bisher am meisten verkannten Größen".

Regelmäßig diskutiert wird allerdings das Thema-Rhema-Konzept, in dem der Begriff *Thema* auf Einzelsätze bezogen ist und dem entspricht, was andernorts *psychologisches Subjekt* genannt wird (vgl. S. 21ff.). Es soll den Ausgangspunkt der Satzaussage, das, worüber etwas mitgeteilt wird, bezeichnen, während das Rhema den Aussagekern, das, was über das Thema mitgeteilt wird, darstellt. Dieses Begriffspaar ist selbst sehr umstritten, da es nie gelungen ist, klare Kriterien zur Abgrenzung von Thema und Rhema zu entwickeln und dafür verschiedene Merkmale herangezogen werden, die oft nicht zusammenfallen (das bereits Bekannte, Vorerwähnte; das, was am Satzanfang steht; das, was unbetont ist). Mit dem Konzept der thematischen Progression hat František Daneš (1970) nun versucht, diesen satzbezogenen Thema-Begriff auf die Analyse Texten auszuweiten.[3] Der Text wird dabei jedoch lediglich als Satzfolge gesehen und die einzelnen Satzthemen haben nicht

---

[2] Vgl. als frühen Ansatz Werlich (1975); ansonsten v. a. Brinker (2001). In den HSK-Bänden (Brinker et al. 2000/01) erscheinen die Themenentfaltungstypen unter dem Begriff *Vertextungsmuster*.

[3] Da dieses Konzept andernorts regelmäßig und ausführlich besprochen wird, brauchen die fünf Grundtypen von Daneš hier nur summarisch vorgestellt zu werden: Bei der einfachen linearen Progression wird das Rhema des 1. Satzes zum Thema des 2., das Rhema des 2. zum Thema des 3. usw.; bei einem durchlaufenden Thema ist das Thema in allen Sätzen gleich; bei der Progression mit abgeleiteten Themen wird ein Hyperthema (z. B. Haus) in Unterthemen zerlegt (z. B. Keller, Erdgeschoss, Dachgeschoss etc.); beim gespaltenen Rhema wird das Rhema in mehrere Themen zerlegt, die nacheinander abgearbeitet werden. Schließlich rechnet Daneš noch mit der Progression mit einem thematischen Sprung. – Vgl. dazu die einschlägigen Kapitel in Einführungen zur Textlinguistik (bes. Sowinski 1983:98ff.) sowie ausführlicher Lötscher (1983) und Eroms (1986).

direkt etwas mit dem zu tun, was man intuitiv als Thema des Textes betrachtet. Daher wird der satzbezogene Thema-Begriff für die Analyse von Thema und thematischer Struktur von Texten meist abgelehnt (anders Hoffmann 2000) und in dieser Klarstellung erschöpft sich dann oft auch die Diskussion um die Definition des Terminus. Wir folgen dem insoweit, als es im Folgenden nur noch um textbezogene Thema-Begriffe geht.

6.2. Drei Themenbegriffe: Gegenstand, Kerninformation, Fragestellung

Unter diesen lehnt Hellwig ganz entschieden zwei geläufige Auffassungen ab, nämlich einerseits die, das Thema, sei „einfach der Gegenstand über den gesprochen wird" (Hellwig 1984:14), andererseits die, es handele sich um die „Basisaussage", den „Informationskern" des Textes (ebd.:15) oder in den Worten Brinkers um „die größtmögliche Kurzfassung des Textinhalts" (2001:56). Dem stellt Hellwig die folgende Auffassung gegenüber:

> „Mir erscheint es vollkommen außer Zweifel, daß ein Thema im normalsprachlichen Sinne des Wortes etwas Fragliches ist, zu dem in einem Text eine Lösung gesucht wird. Als kanonische Formulierung eines jeden Themas kann ein abhängiger Fragesatz f konstruiert werden, der als eingebettet in eine eingesparte Formel wie
> Der zugehörige Text beantwortet die Frage, f
> zu interpretieren ist." (Hellwig 1984:14)

Dementsprechend sei Thema eines Textes also nicht der Gegenstand, sondern „das, was über den Gegenstand in Frage steht, und sei es in der allgemeinsten Form: Was ist mit x?". Gegen die zweite Auffassung wendet Hellwig ein, der Identifizierung von Thema und Kernaussage liege „eine Verwechselung von Thema und These zugrunde. Eine These ist stets auf ein Thema bezogen, aber sie ist nicht das Thema, sowenig wie eine Antwort eine Frage ist" (ebd.:15). Diese Klärung des Begriffs Thema führt nach Hellwig dann unmittelbar zu einem Ansatz für die Textanalyse:

> „Aus der Neubestimmung des Themas als des Fraglichen ergibt sich ein neues Programm für die Textanalyse. [...] Zu jedem Aussagesatz in einem monologischen Text gibt es eine implizite, zuweilen auch im Text selbst explizit gemachte Frage, auf die der Satz eine Antwort ist. Kohärenz entsteht dadurch, daß die Fragen selbst nicht beliebig sind, sondern sich aus vorangehenden Aussagen in Abhängigkeit von pragmatischen Gewohnheiten und Erfordernissen ergeben. Der Autor nimmt in Gedanken vorweg, was der Leser an bestimmter Stelle fragen könnte oder müßte, und beantwortet es im voraus." (Hellwig 1984:15)

Lötscher nun kommt in seiner ausführlichen Durchmusterung verschiedener Thema-Begriffe im Prinzip zu derselben Differenzierung dreier Ansätze wie Hellwig: Thema als zentrales Referenzobjekt bzw. fokussierter Gegenstand, als Informationskern und als Problemstellung bzw. als das Fragliche, die Quaestio oder auch Strittige. Er macht überdies deutlich, dass diese drei Lesarten sowohl in der wissenschaftlichen Literatur als auch im alltäglichen Sprachgebrauch üblich sind. Anders als Hellwig betrachtet Lötscher Hellwigs Fragestellungstheorie jedoch nicht als Aufhebung der beiden anderen Konzepte, glaubt also nicht, dass die beiden ersten Versionen auf die dritte zurückführbar sind (zur Kritik an Hellwig vgl. Lötscher 1987:135ff.). Vielmehr sieht er in dessen Ansatz eine Konzeption, die nur auf einen bestimmten Typ von Text passt:

> „Problemstellungstheorien bzw. Fragestellungstheorien stellen also [nur] spezielle Theorien für spezielle Texttypen dar, erst recht in der Verknüpfung mit der Auffassung, Themen seien ‚das Strittige‘ in einer Kommunikation." (Lötscher 1987:90)

Lötscher meint mit diesen speziellen Texttypen natürlich argumentative Texte; das kommt im Übrigen auch in Hellwigs Verwendung des Ausdrucks *These* gut zum Ausdruck, denn in Bezug etwa auf Erzählungen wird man ja wohl kaum von Thesen sprechen. Zu narrativen Texten passt vielmehr besonders gut die Informationskern-Theorie, umsetzbar natürlich in die Frageform: ‚Was ist passiert?‘ Die Gegenstands-Theorie schließlich erweist sich als besonders angemessen für deskriptive Texte.

Lötscher hält die Differenzierung verschiedener, ‚spezieller Themabegriffe‘, für sinnvoll, da die relevanten Unterschiede nicht verdeckt werden sollten, denn die „Vielfalt an Texttypen muß [...] prinzipiell zu texttypenabhängigen Verschiedenheiten zwischen den einzelnen Themadefinitionen führen" (Lötscher 1987:77). Gleichwohl konzentrieren sich seine weiteren Bemühungen darauf, einen

> „verallgemeinerten Themabegriff zu entwickeln, der die konzeptuelle Basis für die Identifizierbarkeit aller speziellen Themabegriffe als eine Instantiierung des allgemeinen Begriffs ‚Thema‘ abgeben kann" (Lötscher 1987:78).

Zu diesem Zweck legt er eine handlungstheoretisch fundierte Textauffassung zugrunde und setzt als Ausgangspunkt von Texten ebenso wie von anderen Handlungen eine „Sachverhaltslücke" an, die einem „zu behebenden Mangel" entspricht. Handlungen und Texte haben dann die Funktion, diesen Mangel zu beheben. Dies führt zu der folgenden allgemeinen Definition von Textthema:

> „Das Thema eines Textes ist ein in irgendeiner Beziehung mangelhaftes Objekt, dessen Mangel in der Behandlung in diesem Text beseitigt werden soll" (Lötscher 1987:84).

Die auf dieser Grundlage möglichen Differenzierungen ergeben sich aus „der unterschiedlichen Konkretisierung der Art des Objektes und der Art des Mangels am Objekt" (ebd.:85). Dabei müssen die Begriffe *Objekt* und *Mangel* „möglichst weit gehalten werden"; die Typen von mangelhaften Objekten

> „reichen von umstrittenen Propositionen bei kontroversen Diskussionen über Ereignisse in Erzählungen bis zu Dingen und Personen im geläufigen Sinne bei Beschreibungen" (ebd.:99f.).

Ob Lötschers allgemeine Definition mehr leistet, als dem Bedürfnis nach einer theoretisch befriedigenden Globalformel Rechnung zu tragen, soll hier nicht weiter diskutiert werden und ich möchte auch nicht auf die Probleme eingehen, die sich bei der Ableitung spezieller Thema-Begriffe aus dem allgemeinen oder bei der Anwendung auf konkrete Texte ergeben. Besonders ergiebig und berücksichtigenswert erscheint mir Lötschers Beitrag wegen der sehr klaren Differenzierung der drei Thema-Begriffe. Eher bedauerlich finde ich dagegen, dass er dann den ‚funktionalen Status eines Themas‘, der sich auf die Arten von Mängeln bzw. Problemtypen bezieht, in den Vordergrund stellt, der in keinem „systematischen Zusammenhang mit seinem logisch-ontologischen Status" (ebd.:108) stehe. Letzterer wird

122

dann auch nicht weiter behandelt. Wenn man aber über das Thema von Texten nachdenkt, kommt man m. E. einfach nicht umhin, auch dessen ‚logisch-ontologischen Status' zu thematisieren, also der Frage nachzugehen, welche Typen von Objekten sich unterscheiden lassen.

6.3. Thementypen

In seinen Hinweisen zu der breiten Skala von möglichen Objekten – Propositionen, Ereignisse, Dinge und Personen – steckt Lötscher das Feld immerhin bereits ab; besonders erfreulich scheint es mir, dass sich dabei systematische Anschlussmöglichkeiten an die andernorts unterschiedenen Themenentfaltungstypen oder Vertextungsmuster ergeben (Argumentation, Narration und Deskription). Wenngleich die Themenentfaltung, worunter Brinker (2001:61) „die gedankliche Ausführung des Themas" versteht, nicht dasselbe sein kann wie das Thema selbst, erkennt man hier doch immerhin Beziehungen zwischen den beiden Konzepten. Um diese Beziehungen zu verdeutlichen, werde ich nun zunächst die relativ ausführliche Behandlung der Grundformen thematischer Entfaltung bei Brinker (2001:Kap. 3.5.) auf (weitere) Kategorien durchsuchen, die den Thementyp betreffen.

Es ergibt sich die folgende Liste: *Vorgang, Ereignis, Geschehen, Sachverhalt, Lebewesen, Gegenstand, Ding, Zustand, Prozess, These, Behauptung, Proposition, Aussage.* Diese Ausdrücke werden nicht als Beschreibungskategorien eingeführt, sondern sollen offenbar im gemeinsprachlichen Sinne verstanden werden und sind teilweise wohl auch als Synonyma aufzufassen. Bemerkenswert ist nun, dass diese Objekttypen nicht direkt und eindeutig den Themenentfaltungstypen zugeordnet werden können, genauer gesagt erfolgt eine solche Spezifizierung nur für drei Themenentfaltungstypen, nämlich den narrativen (Ereignisse), explikativen (Sachverhalte) und argumentativen (Thesen/Behauptungen/Propositionen/Aussagen). Beim deskriptiven Typ erscheinen dagegen alle Kategorien außer den für argumentative Texte spezifischen. Darin würde ich jedoch eher eine unbeabsichtigte Einschränkung sehen; jedenfalls wüsste ich nicht, warum man Thesen weniger gut beschreiben können sollte als Ereignisse, und auf jeden Fall müssen wir vorsehen, dass man mit Thesen (und Theorien) auch etwas anderes machen kann als sie aufzustellen oder zurückzuweisen, wie es in argumentativen Texten geschieht; großenteils werden sie nämlich nur referiert und günstigenfalls erklärt.

Ich möchte Überlegungen zu weiteren Kombinationsmöglichkeiten von Thema- und Themenentfaltungstyp hier nicht ausführen – der Versuch zeigt, dass eine direkte Abbildung der beiden Kategorien aufeinander nicht möglich ist und insbesondere die anscheinend völlig themen-unspezifische Deskription stört. Als Schlussfolgerung können wir festhalten, dass man auch zur Erläuterung von Themenentfaltungstypen auf Kategorien zurückgreift, die eine nähere Kennzeichnung des ‚logisch-ontologischen Status' von ‚Objekten' (im allgemeinsten Wortsinne) und auch von Relationen, die zwischen diesen Objekten bestehen, erlauben. Was wir also brauchen, ist eine Übersicht über solche Kategorien.

In zusammenfassenden Darstellungen zur Textlinguistik findet sich eine solche m. W. nur bei Beaugrande/Dressler,[4] und zwar im Kapitel zur Kohärenz. Den Autoren geht es bei der Erläuterung der Kohärenz nämlich nicht lediglich darum, etwa durch die Markierung wiederkehrender Einheiten die thematische Geschlossenheit eines Textes aufzuweisen. Vielmehr stellen sie den gesamten Textinhalt als Netz aus Konzepten und Relationen zwischen ihnen dar und betrachten diese abstrakte Struktur als Abbildung der Kohärenz eines Textes. Für die Erstellung dieses Netzwerks legen sie eine Liste von vier Primärkonzepten – *Objekte, Situationen, Ereignisse* und *Handlungen* – und insgesamt 34 Sekundärkonzepten zugrunde, die sie teilweise aus der Kasusgrammatik, d. h. Versuchen zur Differenzierung semantischer Rollen, übernehmen. Ein entsprechendes Inventar findet man auch in der *Deutschen Satzsemantik* von Peter von Polenz (1985), wo zudem vorab Prädikatsklassen unterschieden werden (die erst die Bezugsstellen für die semantischen Rollen eröffnen), nämlich: *Handlung, Vorgang, Zustand, Eigenschaft* und *Gattung*.[5]

Weder Beaugrande/Dressler noch Polenz beanspruchen, dass ihre Klassifikationen erschöpfend oder endgültig seien; ich verzichte daher auch darauf, sie hier vollständig wiederzugeben und zu vergleichen. Beide Vorschläge zeigen jedoch – insbesondere wenn man die ausführlichen Beispieldemonstrationen einbezieht –, dass die Kategorisierung des Universums auf einem relativ abstrakten Niveau plausibel ist: Die Menge von sinnvoll unterscheidbaren Objekten und Relationen bewegt sich zwar im zweistelligen Bereich, weist aber eben keineswegs die Unüberschaubarkeit auf, die man zunächst wohl befürchtet.

Welchen Nutzen können wir nun aus der hier leider nur in groben Zügen möglichen Vorstellung von Kategorien aus der Satzsemantik und der Theorie semantischer Rollen für den vorliegenden Zusammenhang ziehen? Sie kann uns zunächst bei der Frage nach einer Thementypologie weiterhelfen (die weder bei Beaugrande/Dressler noch bei Polenz im Vordergrund steht). Unter Rückgriff auf die vorgestellten Kategorien lässt sich nämlich sehr wohl eine Grobklassifikation entwerfen. Ich unterscheide drei Gruppen (die natürlich in gewisser Weise auf die drei ‚spezifischen Thema-Begriffe' bezogen sind). Bei der ersten handelt es sich um statische ‚Objekte', nämlich um *unbelebte Dinge* bzw. *Gegenstände, Lebewesen* und *Zustände/Situationen*. Diesen stehen natürlich dynamische ‚Objekte' (= *Ereignisse*) gegenüber, wobei ich mit Polenz *Vorgänge* und *Handlungen* unterscheide (letztere erfordern einen Handlungsträger, ein Agens). Schließlich scheint es mir unausweichlich, abgehoben von diesen ‚Objekten', die gewissermaßen dem äußeren Universum (nicht zu verwechseln mit der Standardwelt) angehören, kognitive ‚Objekte' anzusetzen, und zwar um *Begriffe* bzw. *Kategorien, Propositionen, (strittige) Thesen* sowie *Theorien* als mögliche Themen einzubeziehen.

<hr/>

[4] Das soll nicht heißen, dass andere Autoren nicht zumindest ad hoc auch auf entsprechende Kategorien zurückgreifen. Relativ ausführlich geschieht dies z. B. bei van Dijk (1980:Kap. 6; vgl. insbesondere das Schema ebd.:176).

[5] Gattungsprädikate weisen Sätze mit prädikativen Substantiven auf (*Das ist ein Vorschlag*). – Bei Beaugrande/Dressler, die die Sekundärkonzepte übrigens in irritierender Geringschätzung der Nützlichkeit von Zahlen von (a) bis (hh) auflisten, sind Prädikatsklassen dagegen nicht als besonderer Typ von Konzepten ausgezeichnet.

124

Wenn nun entsprechend dieser Grobeinteilung der Typ des Themas festgelegt ist, lassen sich auch bereits Aussagen darüber machen, was über das Thema mitgeteilt werden kann; die möglichen Subthemen, mittels derer das Thema inhaltlich ausgeführt wird, ergeben sich nämlich aus der Natur (bzw. dem logisch-ontologischen Status) der Themen. An dieser Stelle ist es nun nützlich, auf die Sekundärkonzepte von Beaugrande/Dressler bzw. die Kategorien für semantische Rollen von Polenz zurückzugreifen, deren Ziel ja gerade darin besteht, eine möglichst vollständige Übersicht zu liefern und die Zusammenhänge zwischen den Konzepten zu verdeutlichen. Führen wir uns dies konkreter vor Augen:

Statische Objekte haben *Eigenschaften*, bestehen aus *Einzelteilen* oder sind selbst *Bestandteil* eines größeren Ganzen. Sie befinden sich zu einer bestimmten *Zeit* an einem bestimmten *Ort* und lassen sich also situieren. Der Beantwortung entsprechender Fragen (Welche Eigenschaften hat das Objekt?; Aus welchen Teilen besteht es?; Wo befindet es sich? usw.) sind Teile eines Textes gewidmet, der nur statische Objekte zum Thema hat. Dafür kommen als Prädikatsklassen die für Eigenschaften, Zustände und Gattungen in Frage.

Die statischen Objekte treten aber natürlich auch als Bestandteile von dynamischen Objekten auf, bei denen Vorgangs- und Handlungsprädikate zu verwenden sind: An statischen Objekten vollziehen sich *Vorgänge*, die nicht selten einer *Bewertung* unterliegen; Lebewesen vollziehen als *Agenten Handlungen*, und zwar teilweise an *Gegenständen*. Dazu benutzen sie unter bestimmten *Bedingungen* andere Gegenstände als *Instrumente*. Sie handeln aus bestimmten *Motiven* und verfolgen dabei *Zwecke*, können allerdings die *Folgen* der Handlungen nicht immer absehen. Andere Beteiligte können als *Helfer*, *Nutznießer* oder *Opfer* von Handlungen auftreten und eventuell *Ausgleichshandlungen* vornehmen oder *Gegenmaßnahmen* ergreifen, wenn sie die *Ursachen* erkennen.

Bei diesen Erläuterungen habe ich mit den kursiv gesetzten Ausdrücken auf Kategorien von Beaugrande/Dressler bzw. Polenz zurückgegriffen: Wie man sieht, handelt es sich dabei zwar um sehr abstrakte Konzepte, allerdings solche, die uns außerordentlich vertraut sind und die man intuitiv sowieso einsetzt. Das zeigt auch ein Beispiel, das Brinker diskutiert, um das Prinzip der thematischen Entfaltung zu verdeutlichen. Er legt eine Zeitungsnachricht mit dem Titel *Zimmer ausgebrannt* zugrunde und rekonstruiert als wesentliche Teilthemen des Hauptthemas *Wohnungsbrand*: Bekämpfung, Folgen (für *Sachen* und *Personen*) und Ursachen. Gleich darauf abstrahiert er noch etwas weiter, legt dabei allerdings m. E. eine übervorsichtige Haltung an den Tag:

> „Ob der Text ein allgemeines thematisches Schema für Nachrichtentexte realisiert, die ein vergangenes negatives Ereignis zum Thema haben (etwa in dem Sinne: Gegenmaßnahmen – Folgen – Ursachen) müßte an größerem Textmaterial geprüft werden." (Brinker 2001:63)

Ich bezweifle sehr, dass es umfangreicher empirischer Untersuchungen bedarf, um behaupten zu können, dass Nachrichtentexte Ereignisse zum Thema haben, wovon ein Subtyp negative Ereignisse (Unglücksfälle, Verbrechen usw.) betrifft, und dass hier als charakteristische Unterthemen neben den näheren Umständen Ursachen, Folgen und Gegenmaßnahmen der dafür zuständigen Berufsrollenträger (Feuerwehr, Polizei, Ärzte usw.) besprochen werden bzw. ggf. die Frage erörtert wird, warum keine Gegenmaßnahmen ergriffen wurden bzw. diese fehlgeschlagen sind u. Ä. Genau dies ist mit der These gemeint, dass bei einem gegebenen Thementyp die inhaltliche Ausführung auf einem sehr abstrakten Niveau voraussehbar ist und dass es eine durchaus überschaubare Menge von Inhaltsaspekten ist, die dabei zur Sprache kommt. Offensichtlich ist hier auch der Anschluss an die Modelle des semantischen Gedächtnisses aus der kognitiven Psychologie, die den Ausführungen von Beaugrande/Dressler ja zugrunde liegen, besonders sinnvoll.[6]

Bei den bisher angeführten Konzepten handelt es sich um sehr abstrakte bzw. elementare Kategorien. Auf ähnlich allgemeiner Ebene lassen sich die ‚Objekte' auch noch unter drei weiteren Aspekten unterscheiden: Es kann sich um *generische* oder *singuläre* handeln, bei statischen also um *Individuen* (die Biene Maja) oder *Klassen* (Bienen) und bei Ereignissen um *einmalige* oder *typische/wiederholbare* (letztere bilden z. B. das Thema von Gebrauchsanweisungen). Ebenso wie die Texte selbst (vgl. 4.4.) lassen sich die Objekte ferner zeitlich und räumlich situieren, wobei insbesondere das Verhältnis zu Zeit und Ort der Textproduktion und -rezeption interessiert. Schließlich ist von besonderer Bedeutung, ob die Kommunikanten selbst zum Thema werden.

Auf einer anderen Ebene liegt ein weiteres, allerdings ebenfalls sehr abstraktes Kriterium: Es betrifft den diskursiven Status des Themas und damit einen Aspekt der Frage nach dem Verhältnis der Kommunikanten zum Thema. Es gibt bekanntlich auf gesellschaftlicher Ebene brisante Themen, die besonders umstrittene Weltausschnitte betreffen (z. B. Gentechnologie oder Sterbehilfe). Sie sind einerseits prädestiniert für Streitinteraktionen (wenn nämlich die Interaktanten unterschiedliche Positionen vertreten) und werden genau deswegen vermieden, wenn man konfliktären Interaktionen ausweichen will. Andererseits sind dieselben Themen besonders geeignet (und beliebt), wenn Individuen miteinander kommunizieren, die derselben Anschauung anhängen und durch die wiederholte Bestätigung der gemeinsamen diskursiven Position einander ihrer Zusammengehörigkeit versichern. Eine solche Brisanz können Themen aber auch lediglich individuell aufweisen oder gewinnen. Wenngleich man bestimmte Gegenstände leicht als brisant oder tabuisiert identifiziert (dabei freilich die Kulturspezifik von Tabugegenständen und auch ritualisierte Tabuverletzungen berücksichtigen muss[7]), ist eine allgemeine und vorgängige Klassifizierung von Themen unter diesem Kriterium natürlich nicht möglich – eben wegen der kultur-, gruppen- und individuenspezifischen Variation in diesem Bereich. Als abstraktes Kriterium sollte die Umstrittenheit oder auch Brisanz von Themen aber zweifellos berücksichtigt werden.

Damit können wir für den Bereich Thema/Inhalt ein ähnlich abstraktes Inventar von Kategorien wie bei Kommunikationsbereichen und Funktionen zugrunde legen. Wie auch dort soll daraus nun nicht eine Taxonomie abgeleitet werden, entsprechend der Merkmalskonfigurationen definiert werden und jeder Text einer so bestimmten Klasse zugeordnet würde. Es geht lediglich darum, ein Set von Beschreibungskategorien zur Verfügung zu haben. Dieses eignet sich wegen seiner Abstraktheit auch nicht unmittelbar, d. h. im ersten Schritt, zur intuitiven Charakterisierung des Themas, denn dabei denkt man ja eher an einen bestimmten Weltausschnitt wie etwa Sport, Politik, Essen und dergl. Hier besteht ein un-

---

[6] Vgl. dazu auch Heinemann/Viehweger (1991:66ff.) bzw. Heinemann/Heinemann (2002:122ff.).
[7] Vgl. dazu z. B. Trad (2001) und Rothe/Schröder (2002).

126

mittelbarer Bezug zu den im Kapitel 4 behandelten Aspekten des situativen Kontextes, nämlich Weltbezug und Kommunikationsbereich, aber auch zur Funktion der Texte, denn die Situation und die möglichen Absichten bestimmen, worüber man überhaupt reden kann bzw. mit welchen Themen man sich auseinandersetzen will oder muss und welche Subthemen in Frage kommen, wie das Thema also inhaltlich ausgeführt wird.

Sowohl im Fall der Kommunikationsbereiche als auch bei den Funktionen arbeitet man nun mit Einheiten niedrigerer Abstraktionsstufe, den Textsorten: Kommunikationsbereiche sollen Ensembles von Textsorten darstellen bzw. sich durch ihre Funktion unterscheiden lassen. Es hatte sich allerdings bereits gezeigt (vgl. 4.6.), dass erst die Verbindung von Merkmalen verschiedener Dimensionen die Spezifizierung von Textsorten erlaubt. Wir wollen nun zunächst die Themenspezifik von Textsorten behandeln, also der Frage nachgehen, inwieweit bei einer gegebenen Textsorte (orientiert an den durchaus vagen alltagssprachlichen Bezeichnungen) Thema und Inhalt vorhersehbar sind. In einem zweiten Schritt geht es dann um die Beschreibung des Inhalts gegebener Texte.

6.4. Zur Themenspezifik von Textsorten

In seinem Versuch, die Klassifikationskategorien alltagssprachlicher Textklassennamen zu rekonstruieren, der eine Liste von 80 nach dem Zufallsprinzip ausgewählten Bezeichnungen zugrunde liegt, behandelt Dimter (1981:116ff.) auch die Frage, zu welchem Anteil die Ausdrücke Informationen über Situation, Funktion und Inhalt enthalten. Über den Inhalt geben danach 75% der Ausdrücke Aufschluss (über die Situation 84,2% und über die Funktion 80,3%), es gibt jedoch keinen, der ausschließlich über den Textinhalt orientiert. Zu beachten ist, dass Dimter (1981:94ff.) mit einem sehr weiten Begriff von *Inhalt* arbeitet, der auch die abstrakten Kategorien umfasst, die bislang besprochen wurden. Er behandelt davon Zeitbezug und Fallbezug (singulär versus generisch) sowie den Wirklichkeitsbezug (faktizitätsgetreu – realitätsgerecht – fiktional) und nennt diese Aspekte *Gegenstandseigenschaften*, während er den behandelten Weltausschnitt in, wie er sagt, ‚relativ willkürlicher Terminologie' als *Thema* bezeichnet. Über das Thema in diesem engeren Sinne geben nun nur noch 26,3% der Ausdrücke Aufschluss; das sind insbesondere Komposita mit einem Ausdruck für den Weltausschnitt als Determinans (*Wetterbericht, Geburtsanzeige, Kochrezept, Sportreportage*). Die große quantitative Differenz zwischen den Ausdrücken, die über ‚Gegenstandseigenschaften' und solchen, die über das Thema im engeren Sinne orientieren, zeigt zunächst, dass die Vororientierung, die man mit den ganz abstrakten Merkmalen für Thementypen gewinnt, beim Umgang mit Texten offenbar doch eine erhebliche Rolle spielt.

Anscheinend sind jedoch die Intuitionen darüber, was eine Textsortenbezeichnung über den Inhalt des Textes verrät, recht unterschiedlich. Auf den ersten Blick ist man jedenfalls zweifellos frappiert, wenn man die Merkmalsmatrix von Sandig (1972:118) betrachtet, in der es auch eine Spalte für [them] gibt, in der angegeben werden soll, ob „das Thema ziemlich genau festlegt ist oder nicht" (ebd.:117). Die drei Merkmalausprägungen sind den 18 besprochenen Textsorten folgendermaßen zugeordnet:

+	Interview, Gesetzestext, Arztrezept, Kochrezept, Wetterbericht, Traueranzeige, Vorlesung(s-stunde), Vorlesungsmitschrift, Stelleninserat, Zeitungsnachricht, Telegramm, Gebrauchsan-weisung, Diskussion
−	Rundfunknachrichten, familiäres Gespräch
±	Brief, Telefongespräch, Reklame

Es ist doch höchst erstaunlich, dass das Thema eines Telegramms ziemlich genau festgelegt sein soll, das eines Briefes – diesen führt Dimter (1981:94) gerade als ein Beispiel an, wo „der Inhalt völlig unbestimmt" ist – und eines Telefongesprächs dagegen nur teilweise und das von Rundfunknachrichten gar nicht, während es wiederum bei einer Zeitungsnachricht und auch einer Diskussion bestimmt sein soll.

Hier liegt natürlich eine andere Auffassung von Themafixierung zugrunde als bei Dim-ter. Sie bezieht sich offenbar darauf, ob bei „Beginn einer Interaktion [...] das Thema fest vereinbart" ist (Schank/Schoenthal 1983:35) oder es zumindest zu Beginn festgelegt wird. Die +-Markierung könnte man daher folgendermaßen erläutern: Wenn das Thema (im Sinne von Weltausschnitt) einmal gegeben/gewählt ist, dann bleibt man in den angeführten Textsorten auch bei diesem Thema und alles weiterhin Geäußerte steht damit in Zusammenhang. Eine assoziative Themenbehandlung, wie sie als charakteristisch für das familiäre Gespräch (oder allgemeiner Small Talk) angesehen wird, ist ausgeschlossen, und auch ,Sammlungen' von Texten, die lediglich äußerlich zusammenhängend präsentiert werden (Rundfunk- und natürlich auch Zeitungsnachricht*en*) sind nicht als auf *ein* Thema festgelegt zu betrachten. Dass das Thema eines Telegramms (im Gegensatz zu dem von Briefen) als fixiert gilt, dürfte sich damit aus der Kürze einer solchen Mitteilung ergeben; dass es bei der Reklame nicht unbedingt festliegt, aus der Abstrusität der wundersamen Wirkungen, die dort oft dem Konsum eines banalen Gebrauchsartikels zugesprochen werden.

Es geht bei dieser Auffassung von Themenfixierung also nicht um die Frage, ob der behandelte Weltausschnitt festgelegt ist, sondern nur um den inhaltlichen Zusammenhang der Bestandteile des Gesamttextes. Dabei wird augenscheinlich unterstellt, dass ein solcher in nahezu allen Textsorten gegeben ist, was ganz einfach der Grundannahme entspricht, Texte seien kohärent. Nur kann die Kohärenzforderung ausdrücklich suspendiert sein, wenn asso-ziative Sprünge zugelassen sind oder verschiedene Einzeltexte zusammengestellt werden.

Für die Frage nach der Voraussehbarkeit thematisierter Weltausschnitte bei gegebenen Textsorten scheint mir diese Annahme nun einerseits zu stark, andererseits zu schwach zu sein. Zu stark ist sie, weil man thematische Brüche intuitiv zweifellos auch in Interviews, Diskussionen oder Vorlesungen für möglich halten wird – und solche werden mitunter ja im Text auch ausdrücklich als Themenwechsel (die auch assoziativ bedingt sein können) markiert. Es gibt denn doch eine gewisse Toleranz gegenüber inhaltlich nur schwach (oder auch gar nicht) verknüpften Teiltexten, und Sprachbenutzer rechnen mit unterschiedlich ausgeprägter Kohärenz auch bei Gebrauchstexten. Wenn wir nun nicht in die Versuchung zurückfallen wollen, Texte, die nur eine schwach ausgeprägte Kohärenz oder abrupte The-menwechsel aufweisen (und die deswegen auch relativ schlecht oder unverständlich sein

128

mögen), als Nicht-Texte aus der Betrachtung auszuschließen, kommen wir wieder zu dem Ergebnis, dass Textualitätsmerkmale mehr oder weniger stark ausgeprägt sein können und die Kohärenzherstellung auch eine vom Rezipienten zu leistende Aufgabe ist: Er sucht und stiftet selbst Zusammenhänge.

Man sollte die Kombinations- und auch Abstraktionsfähigkeit nicht unterschätzen, die Rezipienten dabei mobilisieren können. Dies führt zu der These, die referierte Annahme sei auch zu schwach. Es ist nämlich keineswegs unmöglich, die Folge verschiedener Rundfunknachrichten als kohärent zu deuten, indem man sie schlicht etwa unter das Thema subsumiert: *Was heute an für die Öffentlichkeit relevanten Dingen im In- und Ausland Wesentliches passiert ist*, ein Thema, das selbstverständlich durch ‚Themenspaltung' abgearbeitet wird. Mit dem Globalthema *für die Öffentlichkeit relevante aktuelle Ereignisse* ist überdies nicht nur die Weltspezifik, sondern auch die Skala der thematisierbaren Weltausschnitte schon erheblich eingeschränkt. Bekanntlich sind auch die konkreten Ereignistypen, die in Nachrichtentexten zur Sprache kommen, sehr stark vorhersehbar, und damit gehört dieser Paradefall informativer Texte gar nicht zu denen mit einem besonders hohen Informationswert (im Sinne einer ausgeprägten Unvorhersehbarkeit oder Unwahrscheinlichkeit).[8] Deswegen hören und schauen ja auch viele bei Nachrichten gar nicht so genau hin und werden erst aufmerksam, wenn doch einmal etwas Ungewöhnliches berichtet wird.

Eine besonders große Unwahrscheinlichkeit weisen aber natürlich auch familiäre Gespräche und sonstige lockere Unterhaltungen nicht auf, insbesondere nicht für einander bekannte Beteiligte. Die Bandbreite unverfänglicher Allerweltsthemen schließlich, die für Small Talk mit Fremden in Frage kommen, ist sogar sehr begrenzt. Mit dieser ausgesprochen großen Vorhersehbarkeit der Themen von Gebrauchstexten, die in der Standardwelt angesiedelt sind, dürfte es auch zusammenhängen, dass viele die Beschäftigung damit außerordentlich langweilig finden: Man lernt dabei kaum einmal etwas, was man als kompetenter Sprachteilhaber nicht schon weiß (und auch wirklich wissen will). Umgekehrt könnte man die besondere Beliebtheit der Beschäftigung mit Werbetexten damit zu erklären suchen, dass deren Verfasser bevorzugt mit unerwarteten Themen aufwarten und zumindest heutige Werbetexte uns vielfach in die Welt des Spiels entführen.

Zusammenfassend sei festgehalten, dass die aus dem Alltag bekannten Textsorten(bezeichnungen) großen Aufschluss nicht nur über den situativen Kontext und die Funktion, sondern auch über die behandelten Themen geben. Dabei ist nicht nur an diejenigen Konzepte zu denken, die explizit auf einen bestimmten Weltausschnitt referieren, denn das gilt tatsächlich nur für relativ wenige. Die Vororientierung über den Inhalt besteht vielmehr darin, dass 1. aus dem Gesamtbereich möglicher Themen nur ein enger Ausschnitt behandelbar ist bzw. ein großer Teil ausgeschlossen ist; 2. in der Mehrheit der Fälle Aussagen über abstrakte Merkmale des Thementyps möglich sind. 3. minimale Kenntnisse über den Thementyp und den behandelten Weltausschnitt ausreichen, um voraussehen zu können, welche Teilthemen abgearbeitet werden können. Anders gesagt: Bereits ein inhaltlich spezifisches Stichwort reicht aus, um kognitive Schemata zu aktivieren, die miteinander zusammenhängende Konzepte und Verbindungen zwischen ihnen aufrufen.

---

[8] Vgl. dazu Beaugrande/Dressler (1981:Kap. VII).

6.5.   Zur Beschreibung von Thema und Inhalt gegebener Texte

Wir wechseln jetzt die Perspektive und gehen von unten nach oben vor: Wie lassen sich Thema und Inhalt beschreiben, wenn ein Text gegeben ist? In der Literatur wird an dieser Stelle in der Regel das Konzept der ‚Makrostrukturen'[9] von van Dijk besprochen, der dieses in seinem Buch *Textwissenschaft* (1980:Kap.2.3.) auch an deutschen Beispielen vorgestellt hat. Das Ziel besteht darin, ein Verfahren zu entwickeln, das die systematische Rekonstruktion von globalen Textstrukturen erlaubt (im Gegensatz zu den Mikrostrukturen, die die Relationen linear aufeinander folgender Sätze betreffen), um bestimmte Fähigkeiten des Sprachgebrauchers zu erklären, insbesondere

> „Themen abzuleiten, Textgegenstände zu beschreiben oder Zusammenfassungen zu geben, sowie andere Aufgaben zu erfüllen, die sich auf den ‚Inhalt' eines Textes insgesamt beziehen (Fragen beantworten, paraphrasieren, übersetzen usw.)"
> „Wir müssen uns Einsicht verschaffen in das sehr wesentliche Vermögen des Sprachgebrauchers das ihm ermöglicht, auch bei sehr langen und komplizierten Texten Fragen zu beantworten wie ‚Wovon war die Rede?', ‚Was war der Gegenstand des Gesprächs?' u. ä. Ein Sprachgebraucher kann das auch dann, wenn Thema oder Gegenstand selbst als ganzes nicht explizit im Text erwähnt werden. Er muß also das Thema aus dem Text ableiten." (van Dijk 1980:45)

‚Makrostrukturen' sind semantische Einheiten und operieren daher auf Propositionen (im Gegensatz zu grammatisch und lexikalisch spezifizierten Sätzen), von denen jeweils mehrere zu einer globaleren Einheit (eben der ‚Makrostruktur') zusammengefasst werden. Die Verfahren, auf deren Grundlage dies geschieht, nennt van Dijk Makroregeln. Es handelt sich um Operationen der semantischen Informationsreduktion, im Einzelnen: AUSLASSEN, SELEKTIEREN, GENERALISIEREN und KONSTRUIEREN/INTEGRIEREN. Da auf den so entstandenen ‚Makrostrukturen' selbst wiederum Makroregeln operieren können, gibt es ‚Makrostrukturen' unterschiedlichen hierarchischen Niveaus. Das oberste Niveau entspricht dem Thema des Textes (und stellt sich konkret als Satz(folge) dar, die die Kerninformation liefert, also als größtmögliche Textkondensation anzusehen ist).

Formal sehen ‚Makrostrukturen' genau so aus wie die Bäume, mit denen die Konstituentenstruktur von Sätzen (oder auch komplexen Wörtern) erfasst wird.[10] Abgesehen davon, dass nicht grundsätzlich eine binäre Verzweigung unter einem Knoten vorgesehen ist (im Beispielschema erscheinen 1–4 Propositionen als Makropropositionen zusammengefasst) besteht der wesentliche Unterschied zu den syntaktischen Konstituentenstrukturen darin, dass die oberen Knoten keine abstrakten Kategorien (wie S, V, N usw.) repräsentieren, sondern selbst denselben (konkreteren) Status haben wie die Endsymbole.[11]

---

9   Der Begriff von van Dijk wird hier durchgängig in Anführungszeichen gesetzt, da er oft für das verwendet wird, was van Dijk selbst *Superstruktur* nennt. Dies geschieht auch hier (vgl. Kap. 7.2), denn es erscheint sinnvoll, einen so durchsichtigen Ausdruck wie *Makrostruktur* generell für globale Strukturen zu verwenden, ob es sich nun um inhaltliche, pragmatische oder auch formale handelt.

10 Vgl. das Schema bei van Dijk (1980:43), wiedergegeben u. a. bei Vater (1992:88) und (leicht verändert) bei Heinemann/Viehweger (1991:45) und Heinemann/Heinemann (2002:78).

11 Abstrakte Symbole verwendet van Dijk (1980:Kap. 5) dagegen bei dem, was er *Superstrukturen* nennt. Diese erfassen (konventionalisierte) textsortenspezifische Teiltexte und Kategorien wie

Es ist nun schon intuitiv unmittelbar evident, dass die Möglichkeit einer eindeutigen ‚Themenableitung‘ sich (je nach Text) zwischen zwei Extremen bewegt: Sie kann trivial sein und ist es natürlich besonders dann, wenn das Thema explizit genannt wird, d. h. als *Thema-/Schlüsselwort* oder auch *Themasatz* (vgl. ebd.:45) erscheint. Sie kann aber auch extrem schwierig sein, was für Texte gilt, bei denen sich Sprachgebraucher schon in ihrer alltäglichen Auseinandersetzung mit dem Inhalt nicht darüber verständigen können, was denn nun das eigentliche/wesentliche (Haupt-)Thema ist, welche Textinhalte nebensächlich sind und in der Zusammenfassung weggelassen werden können usw. van Dijk demonstriert das Verfahren an einem trivialen Fall – einem eigens für die Analyse fabrizierten Text (vgl. ebd.:32 und 51), dessen Thema klarerweise als *Peters Winterurlaub* wiedergegeben werden kann – und einem recht komplexen authentischen Text aus dem *Stern* (vgl. ebd.:56ff.), der die *unterlassene Strafverfolgung eines Nazi-Verbrechers seitens der BRD* behandelt, *die 1977 zu politischen Spannungen mit den Niederlanden geführt hat.* Dies ist nur eine der möglichen Textkondensationen (van Dijk wählt eine ausführlichere), dennoch kann über das Hauptthema des Textes kein Streit aufkommen, zumal er selbst auch die relevanten Schlüsselwörter enthält und es für Alternativinterpretationen keinerlei Anhaltspunkte gibt.

Bei der ausführlicheren Wiedergabe und Kritik des Modells greift man meist auf triviale Beispiele zurück, kommt aber schon angesichts dieser zu dem Schluss, dass letzten Endes offen bleibt, wie die Makroregeln konkret angewandt werden können. So bleibt es meist bei der Anerkennung der intuitiven Plausibilität (der Grundgedanken) des Modells, dessen praktische Umsetzbarkeit jedoch eher bezweifelt wird. Die Einschätzungen von Brinker und Vater dürften weithin auf Zustimmung stoßen:

> „Man muß sich überhaupt darüber im klaren sein, daß die textanalytische Bestimmung des Themas primär auf interpretativen Verfahren beruht; es kann hier keine ‚mechanische‘ Prozedur geben, die nach endlich vielen Schritten automatisch zur ‚richtigen‘ Themenformulierung führt." (Brinker 2001:56)

> „So nützlich ich die Annahme von Text-Makrostrukturen finde und so wichtig ich diese Annahme für die linguistische Textanalyse halte, so große Bedenken habe ich gegen die Makroregeln von VAN DIJK (1980). Die beschriebenen Kürzungsvorgänge haben zwar eine gewisse psychologische Realität, insofern man beim Wiedererzählen irrelevante Informationen wegläßt. Andererseits können solche Makroregeln nicht erklären, warum bei der Rekonstruktion von Texten oft Informationen beigesteuert werden, die gar nicht im Text enthalten waren – auch nicht implizit. Solche Informationen – wie z. B. die Erwähnung eines Zauberers bei der Nacherzählung eines Märchens, in dem gar kein Zauberer vorkam – können nur aus dem kognitiven Schema kommen, das dem Text bzw. dem Texttyp zugrundeliegt." (Vater 1992:93)

Abgesehen davon, dass ich mich der hier zur Ausdruck gebrachten Skepsis anschließe, halte ich das Konzept auch insofern für etwas eng, als es ja beim Umgang mit authentischen Texten nicht hauptsächlich darum geht, das Thema ‚abzuleiten‘ oder eine Zusammenfassung zu erstellen, sondern es oft eher darauf ankommt, den Text zu interpretieren und

---

EPISODE, bestehend aus RAHMEN und EREIGNIS (dies selbst besteht aus KOMPLIKATION und AUFLÖSUNG) usw. für narrative Texte oder EXPERIMENT (bestehend aus AUFBAU und DURCH-FÜHRUNG) usw. für wissenschaftliche Abhandlungen. Es sind rein formale Schemata, die mit dem jeweiligen Inhalt des Textes nichts zu tun haben, sondern bloß die für die Textsorte konstitutiven Bestandteile erfassen sollen.

auch zu bewerten. Wenn man in Zusammenfassungen Nebeninformationen weglässt, weil man eben eine Zusammenfassung schreiben soll, heißt das ja noch nicht, dass man diese Informationen wirklich für nebensächlich oder gar überflüssig hält und zum Ausdruck bringen möchte, der Autor hätte sie von vornherein weglassen können. Auch dies kommt bei der Beurteilung von Texten aber natürlich vor, ebenso wie es vorkommen kann, dass man es als negativ bewertet, dass der Autor bestimmte Informationen nicht gebracht oder Inhaltsaspekte nicht behandelt hat, obschon sie doch, wie Frisch sagte, „immerzu am Wege liegen". Bei der Charakterisierung und Beurteilung von Textinhalten kommt es also nicht nur darauf an, was – *genau* – im Text steht, sondern auch darauf, was dort *nicht* steht.

Woher man wissen kann, was im Text auch noch hätte stehen können, wenngleich es dort nicht steht, haben wir teilweise schon gesehen: Es kann erstens aus dem kognitiven Schema kommen, das dem Text oder der Textsorte zugrunde liegt. Solche Bestandteile erlauben auch die Rekonstruktion von erwartbaren Anschlussfragen, wie Hellwig sie grundsätzlich bei der Erklärung der inhaltlichen Entfaltung eines Themas ansetzt. Wenn also z. B. von einem Brand die Rede ist und man nichts darüber erfährt, was die Feuerwehr gemacht hat (oder warum sie nichts gemacht hat), *fehlt* im qualitativen Sinne etwas im Nachrichtentext. Zweitens können die Erwartungen an die Behandlung bestimmter Inhaltselemente auch aus dem kommen, was man das Weltwissen nennt: Wenn man nämlich über das Thema schon Informationen hat, ist es selbstverständlich naheliegend, dass man als Beurteilungskriterium für den Textinhalt das Kriterium heranzieht, ob das, was man selbst für besonders wichtig hält, dort auch ausgeführt ist. Drittens gibt es einen praktisch besonders geeigneten Weg, sich alternative Themenausführungen vor Augen zu führen (und diese möglicherweise zu interpretieren oder zu werten): Man kann nämlich Texte, die dasselbe Globalthema behandeln, miteinander vergleichen. Besonders beliebt ist dieses Vorgehen, um verschiedene Zeitungen oder sonstige Presseorgane miteinander zu vergleichen: Was wird im jeweiligen Fall (typischerweise) mitgeteilt, was ‚verschwiegen'? Welche Gewichtung erhalten verschiedene Inhaltskomplexe? Bekanntlich wird z. B. in der sog. Boulevardpresse besonderes Gewicht auf personenbezogene (Human-Interest-)Angaben gelegt, die die seriösen Blätter, Nachrichtenagenturen (und wahrscheinlich auch Leute, die das Thema ableiten bzw. eine Zusammenfassung erstellen wollen) als vom Hauptthema abführende Nebensächlichkeiten definieren.

Am Beispiel von wissenschaftlichen Kurztexten, nämlich Einträgen aus linguistischen Fachwörterbüchern, habe ich ein Beispiel für einen entsprechenden Inhaltsvergleich vorgestellt (vgl. Adamzik 2001a:Kap. V.4.3.). An dieser Stelle soll es um thematisch übereinstimmende Texte unterschiedlicher Textsorten gehen, jedoch immer noch um Texte bzw. Textausschnitte, deren Themenableitung völlig unproblematisch ist. Es handelt sich um einige Beispiele, die Informationen über die Biografie Alfred Döblins liefern.

Textbeispiel 5.1
Döblin, Alfred, geb. 1887 in Stettin als Sohn eines Kaufmanns. Kam 1888 nach Berlin. Stud. der Medizin, promovierte 1905 in Freiburg/Br. und war von 1911–1933 Facharzt für Nervenkrankheiten in Berlin. Emigrierte 1933 nach Zürich, dann nach Paris und 1940 nach den USA. 1945 kehrte er nach Dld. zurück. Gest. 1957 in Emmendingen.

Das erste Beispiel bringt lediglich die für biografische Artikel elementaren Angaben: Geburts- und Sterbedatum (sogar lediglich das Jahr) und -ort, Herkunft, Ausbildung, Beruf, Aufenthaltsorte. Dass der Text überhaupt keine Informationen zur literarischen Tätigkeit des Autor enthält, erklärt sich daraus, dass es sich bei der Quelle um ein Lexikon handelt, das die Werke chronologisch präsentiert und lediglich zusätzlich einige zusammenhängende Ausführungen zu den einzelnen Epochen enthält, denen Lebensabrisse der „Hauptgestalten" der Epoche (hier Expressionismus) folgen. Gleichwohl wird man fragen, ob denn mit diesen Grunddaten tatsächlich die wesentlichsten biografischen Informationen gegeben werden, zumal bei den Erläuterungen zu den einzelnen Werken keine zusätzlichen biografischen Elemente einbezogen werden. Eine andere Schwerpunktsetzung findet sich in einem Klappentext, der auf eine gewisse Bedeutung des Inhaltskomplexes Religion schließen lässt:

Textbeispiel 5.2
Alfred Döblin
entstammt einer alten jüdischen Kaufmannsfamilie. Er wurde 1878 in Stettin geboren, studierte in Berlin und Freiburg Medizin und ließ sich 1911 als Kassenarzt in Berlin nieder. Mitbegründer und Mitarbeiter der Zeitschrift ‚Der Sturm‘. Mit dem Roman ‚Berlin Alexanderplatz‘ (1929) schrieb er den wohl bedeutendsten Großstadtroman. 1933 emigrierte Döblin über Zürich nach Paris. 1940 floh er weiter nach Amerika. Konversion zum Katholizismus. Nach dem Krieg ging Döblin als französischer Offizier nach Deutschland zurück. Er war Herausgeber der Literaturzeitschrift ‚Das goldene Tor‘ (1946 bis 1951) und Mitbegründer der Mainzer Akademie (1949). Alfred Döblin fühlte sich im Deutschland der Nachkriegszeit als Dichter vergessen und isoliert, er kehrte enttäuscht 1951 nach Paris zurück. Im Juni 1957 starb er in Emmendingen. Weitere wichtige Werke: ‚Die drei Sprünge des Wang-lun‘ (1915; dtv-Band 663) [...]

Ganz der Textsorte zuzuschreiben sind in diesem Fall natürlich die (hier gekürzt wiedergegebenen) Hinweise darauf, welche weiteren Werke im selben Verlag erschienen sind.

Textbeispiel 5.3

Hagenau (Els.) 10.X.17

Sehr geehrter Herr,
Sie erhalten auf Ihren Wunsch für Ihr Lexikon beifolgende biographische Bemerkungen.

Ergebenst [...]

Geboren 10. August 1878 zu Stettin als Sohn eines Kaufmanns, bis 1888 in Stettin auf der Vorschule des Realgymnasiums und in Privatunterricht, von da ab in Berlin, das Köllnische Gymnasium bis zum Abiturium 1901 absolvierend. 1901–1905 Studium, wesentlich Medizin, auch Philosophie, in Berlin; die letzte Zeit in Freiburg i. B; dort Approbation als Arzt und medizinisches Doktorexamen. Drei Jahre rein irrenärztliche Tätigkeit an der Kreisirrenanstalt Regensburg; Buch bei Berlin; Privatirrenanstalt bei Berlin. Darauf Übergang zur inneren Medizin mit Assistenten- und Ausbildungszeit in Berlin. 1911 niedergelassen in Berlin als Spezialarzt in Berlin [sic], 1912 verheiratet. Mit Ende 1914 als landsturmpflichtiger Arzt zum Heeresdienst eingezogen.
Hand in Hand mit medizinisch-klinischer und wissenschaftlicher Arbeit und philosophischer Beschäftigung litterarische Tätigkeit lebhafter 1901 einsetzend, jahrelang hinter der konkurrierenden andern zurücktretend, erst in den letzten Jahren im Vordergrund der Tätigkeit. Nach einem nicht publizierten lyrischen Roman („Die jagenden Rosse" (1901), 1902/03 ein zweiter streng stilisierter Roman („Der schwarze Vorhang"), der später im „Sturm" abgedruckt wurde. 1906 der Einakter „Lydia und Mäxchen" bei Joh. Singer Straßburg, Elsaß. [...]

Die Textbeispiele 5.3 und 5.4 stammen von Döblin selbst, sind also auto-biografisch und beide vor dem Erscheinungsdatum des bekanntesten Werks, *Berlin Alexanderplatz*, geschrieben. Infolgedessen können natürlich gar keine Inhaltselemente auftauchen, die das spätere Leben Döblins betreffen, und es ist auch leicht verständlich, dass in 5.3 die Ausbildungs- und Berufstätigkeit sowie auch die (hier wiederum nur gekürzt wiedergegebene) frühe literarische Tätigkeit viel ausführlicher behandelt werden. Dass diese genauen Angaben jedoch viel wesentlicher noch auf die Textsortenspezifik („Angaben für ein Lexikon") zurückgehen, zeigt 5.4, eine „autobiographische Skizze", wo Döblin die äußeren Daten derartig unwichtig nimmt, dass er nicht einmal das Erscheinungsdatum des ersten publizierten Romans mitteilt (er erschien 1911/12 im *Sturm*; eine Buchausgabe im Jahr 1919). Präsentiert wird die Innensicht der Entwicklung zum Schriftsteller; Religion und Familienverhältnisse spielen keine Rolle.

Textbeispiel 5.4

In Stettin 1878 geboren, als Knabe nach Berlin gekommen, bis auf ein paar Studienjahre dauernd in Berlin ansässig und an dieser Stadt hängend. Gymnasialbildung, Medizinstudium, eine Anzahl Jahre Irrenarzt, dann zur Inneren Medizin; jetzt im Berliner Osten spezialärztlich praktizierend.

Als Pennäler schon literarisierend; der erste Roman, lyrisch, Ichroman, in der Prima. Als Student der Roman ‚Der schwarze Vorhang‘, der vor zwei, drei Jahren gedruckt wurde. Mir war aber die ganze Literatur zuwider; ich hatte keine Lust, mich mit den Verlegern herumzuschlagen; Medizin und Naturwissenschaft fesselten mich außerordentlich. Ich habe in einer verbissenen Wut, doch nicht durchzudringen, nicht einmal in meiner Umgebung, dazu auch in Hochmut und Gewißheit: ‚Ich weiß schon, was ich kann, ich habe Zeit‘, ein ganzes Jahrzehnt nichts Rechtes vorgenommen. Sondern mich in Psychiatrie und Klinik herumgetrieben, bis in die Nächte bei Laboratoriumsarbeit biologischer Art; es gibt eine Handvoll Publikationen von mir dieser Art. 1911 wurde ich aus dieser Tätigkeit gerissen, mußte in die mich erst fürchterlich abstoßende Tagespraxis. Von da ab Durchbruch oder Ausbruch literarischer Produktivität. Es war fast ein Dammbruch; der im Original erst fast zweibändige ‚Wang-lun‘ wurde samt Vorarbeiten in acht Monaten geschrieben, überall geschrieben, geströmt, auf der Hochbahn, in der Unfallstation bei Nachtwachen, zwischen zwei Konsultationen, auf der Treppe beim Krankenbesuch; fertig Mai 1913. Vorher hatte ich die tröpfelnden Novellen des verflossenen Jahrzehnts zum Bande ‚Ermordung einer Butterblume‘ zusammengefaßt; erschien bei Müller-München. [...] Von meiner seelischen Entwicklung kann ich nichts sagen; da ich selbst Psychoanalyse treibe, weiß ich, wie falsch jede Selbstäußerung ist. Bin mir außerdem psychisch ein Rühr-mich-nicht-an und nähere mich mir nur in der Entfernung der epischen Erzählung. Also via China und Heiliges Römisches Reich 1630.

Geradezu zentriert auf die Familienverhältnisse ist der Ausschnitt aus einem Autorenlexikon, der hier als Textbeispiel 5.5 wiedergegeben ist. Wie man an der Gegenüberstellung von 5.5 und 5.6 leicht erkennen kann, gibt die Textsortencharakteristik ‚Artikel aus Autorenlexikon‘ allerdings noch nicht unbedingt Aufschluss darüber, was an biografischen Daten über welche Autoren mitgeteilt wird und wie diese präsentiert werden. Festhalten kann man immerhin, dass das *Metzler Autoren Lexikon* (5.5) eher untypisch ist und auch als Alternative zu den ‚normalen‘ Autorenlexika konzipiert wurde, die „ihren Ehrgeiz in die möglichst vollständige Nennung der annähernd 3000 Autoren, die bekannt geworden sind" setzen und die „Daten zu Leben und Werk [...] ohne thematischen Zusammenhang" bekannt geben. Demgegenüber beabsichtigt das *Metzler Autoren Lexikon* „erzählerische Intensität der einzelnen Artikel", um „die Verfahrensweisen der Literaturgeschichte und der Biographik lebendig und eindringlich miteinander zu verbinden" (Vorwort). Es grenzt sich also ab gegen eher konventionelle Lexika, wie sie hier durch mit 5.6 repräsentiert sind.

Textbeispiel 5.5
Döblin, Alfred
Geb. 10.8.1878 in Stettin; gest. 26.6.1957 in Emmendingen
[...]
Kindheit und Jugend D.s standen unter dem Bann eines Ereignisses, das er als seine „Vertreibung aus dem Paradies" bezeichnet hat: als er zehn Jahre alt war, ging der Vater, ein musisch begabter Schneider, mit einer seiner Schneidermamsells auf und davon und ließ Frau und fünf Kinder im sozialen Elend zurück. „Ich erinnere mich ungern daran", wird der Sohn vierzig Jahre später schreiben, „es führt geradewegs zu mir." Der Vater verkörperte für ihn das Lust-, die Mutter das Realitätsprinzip – Lebenshaltungen, zwischen denen er ständig schwankt und, von Frauen angezogen und sie zugleich fliehend, affektiv hin- und hergetrieben ist. [...]
Die Mutter zog mit den Kindern 1888 nach Berlin, der Stadt, deren leidenschaftlicher Liebhaber, später auch Chronist und Epiker D. bis 1933 ist. Hier hatte er in der Schule seine erste Begegnung mit dem preußischen Obrigkeitsstaat, mit dem deutschen Ordnungsdenken. Hier lernte er aber auch in der Begegnung mit Philosophie und Kunst, wie man widersteht [...]. Nach dem Abitur (1900) studierte er Medizin, insbesondere Neurologie und Psychiatrie, und legte 1905 in Freiburg sein Doktorexamen ab. Als Assistensarzt [sic] praktizierte er in den Irrenanstalten Prüll bei Regensburg (von 1905 bis 1906) sowie in Berlin-Buch (von 1906 bis 1910). In diesen Jahren entstanden die ersten literarischen Arbeiten – darunter 1902/03 der Roman *Der schwarze Vorhang*, eine psychographische Studie [...]. Nicht zufällig, daß er, der schon lange mit Herwarth Walden befreundet war, 1910 zum Mitbegründer des Künstlerkreises „Der Sturm" wurde und bis 1915 einer der Hauptbeiträger der gleichnamigen expressionistischen Zeitschrift blieb.
Als Hauptwerk dieser Ästhetik darf der Roman *Wang-lun* gelten. 1911 machte D. sich als Kassenarzt für Neurologie selbständig; 1912 heiratete er die Medizinstudentin Erna Reiss, nachdem er im Jahr zuvor Vater eines unehelichen Kindes geworden war. Durch vier Söhne (1912, 1915, 1917 und 1926 geboren) und das Menetekel seiner eigenen Jugend fühlte er sich an seine soziale Verantwortung erinnert. Er entfloh daher der „wahren Strindberg-Ehe" (Robert Minder) nicht – trotz der Verlockung, in Yolla Niclas, die ihm später auch in die Emigration folgte, 1921 eine Seelenführerin kennengelernt zu haben, von der er sich und sein Werk verstanden fühlte. [...]
Unmittelbar nach dem Reichstagsbrand floh D. am 2.3.1933 in die Schweiz. Von dort aus übersiedelte er im Sommer 1933 nach Paris. [...] Der Hölle Europa im Sommer 1940 gerade noch entronnen, mußte er endlich in den USA das Elend des Exils erfahren [...]

Zweifellos würde man beim Bemühen um eine Textsortenklassifikation die Beispiele 5.5 und 5.6 unterschiedlichen Typen zuordnen, also zumindest von Textsortenvarianten sprechen und etwa eher datenorientierte und eher essayistische Kurzbiografien von Schriftstellern einander gegenüberstellen. Dies betrifft v. a. die Textgliederung und die sprachliche Form: Konventionelle datenorientierte Kurzbiografien nennen die Eckpunkte am Anfang und weisen die für Nachschlagewerke typischen Ökonomieformen (Abkürzungen, verblose Sätze usw.) auf. Dieser Erwartung trägt 5.5 insofern Rechnung, als die Lebensdaten aus dem Text ausgegliedert und an den Anfang gestellt werden; auch die Abkürzung des Autornamens ist aus dem Lexikoncharakter zu erklären, stört allerdings geradezu in den ansonsten durchformulierten Lesetexten, deren Anfang oft ein Zitat (vom Autor oder aus einer Äußerung über diesen) bildet.

Ein näherer Vergleich der angeführten Textbeispiele verbietet sich hieraus Platzgründen (vgl. dazu weiter Kap. 7.2.). Deutlich werden sollte allerdings unmittelbar, dass – auch wenn Thema und Textsorten(variante) gegeben sind – die tatsächlich mitgeteilten Informationen zwar aus einem Set gut voraussehbarer Subthemen stammen, sich die konkrete Ausführung dieser Inhaltskomplexe jedoch nicht voraussehen lässt. Die Themen‚ableitung‘ ist bei unseren Beispielen völlig unproblematisch (genauer gesagt: überflüssig); es ist allerdings zu bezweifeln, dass Sprachgebraucher übereinstimmende Kondensationen etwa von 5.5. oder 5.6 erstellen würden, wenn man darunter etwas anderes verstehen will als eine Kurzfassung von 5.1., also etwa: *Der Schriftsteller Alfred Döblin lebte von 1878 bis 1957.*

Textbeispiel 5.6
Döblin, Alfred (Ps. Linke Poot), *10.8.1878 Stettin, †28.6.1957 Emmendingen (b. Freiburg i. Br.); Romancier, Erzähler, Essayist, auch Publizist und Dramatiker. D. stammt aus einer Kaufmannsfamilie; sein Vater, ein musisch vielseitig begabter, aber lebensuntüchtiger Mensch verließ seine Familie und wanderte in die USA aus; 1888 Übersiedlung nach Berlin, 1891/1900 Besuch des Gymnasiums, erste schriftstellerische Versuche; ab 1902 Studium der Medizin (Neurologie und Psychiatrie) in Berlin und Freiburg i. Br. (1905 Dr. med.); Assistent an der Irrenanstalt in Regensburg, dann in Berlin-Buch; 1910 Mitbegründer und Mitarbeiter der expressionistischen Zeitschrift „Der Sturm“. Beginn seiner fortdauernden Tätigkeit als eigenwilliger, z. T. feuilletonistischer Kritiker [...]; 1911/33 Nervenarzt in Berlin (u. a. Kassenarzt in einem Berliner Arbeiterviertel); 1914/18 Militärarzt im ersten Weltkrieg; [...] 1921 Mitglied der SPD und Bekanntschaft mit Yolla Niclas, der bis an sein Lebensende geliebten „Schwesterseele“ (D. war verheiratet und Vater von vier Söhnen); [...] 1933 wurden D.s Werke von den Nazis verboten, er selbst wurde verfolgt; Emigration über die Schweiz nach Paris, 1936 französischer Staatsbürger; [...] beim Einfall faschistischer Truppen Flucht aus Paris (die Briefe Rosa Luxemburgs und die Predigten Taulers im Gepäck) über Portugal in die USA [...]; Depression über das Versagen der „Geistigen“ und schwere persönliche Krise, 1941 Übertritt zum Katholizismus [...]

Dies soll verdeutlichen, warum mir eine Analyse der ‚Makrostruktur‘ nach van Dijk relativ unergiebig scheint; um die Texte inhaltlich zu charakterisieren, ist es vielmehr erforderlich, zu vergleichen, wo sie inhaltliche Schwerpunkte setzen und welche konkreten Informationen sie liefern. Bei unseren Beispielen wird man zweifellos etwas erstaunt sein, dass sich widersprüchliche Informationen zu eigentlich unproblematischen Daten finden (War der Vater nun Kaufmann oder Schneider? Wann legte Döblin sein Abitur ab, was studierte er, wann begann seine literarische Tätigkeit? usw.). Offenbar wird die Richtigkeit dieser Daten trotz ihrer objektiven Verifizierbarkeit gar nicht so wichtig genommen. Interessanter sind aber natürlich Unterschiede, die eine gewisse inhaltliche Schwerpunktsetzung oder auch eine Tendenz der Darstellung erkennen lassen und die man bei der Rekonstruktion einer Makroproposition gerade nivelliert. So ist es eben durchaus nicht ganz dasselbe, ob man sagt, Döblin habe sich 1911 *als Kassenarzt in Berlin* niedergelassen oder ob man sagt, er habe als *Spezialarzt in Berlin* oder *im Berliner Osten* oder in einem *Berliner Arbeiterviertel* praktiziert. Besonders auffällig ist natürlich auch, dass zwar in allen Texten die Emigration erwähnt wird, dabei jedoch meist größeres Gewicht auf die einzelnen Stationen gelegt wird, während die wohl interessanteren näheren Umstände lediglich in 5.6 angesprochen werden.

Wenngleich ich ausdrücklich als einen besonderen Typ von Themen ‚kognitive Objekte‘ eingeführt habe, war bislang davon noch nicht weiter die Rede. Den Prototyp dafür stellen natürlich wissenschaftliche Texte dar. Bei diesen ist nun sowohl die ‚Themenableitung‘ als auch die Kondensation besonders schwierig: Man weiß einfach oft nicht, was denn nun das Wesentliche ist. Die Schwerverständlichkeit von Wissenschaftstexten wird oft an sprachli-

chen Charakteristika (Fachwörter, umfangreiche Nominalgruppen, lange Sätze usw.) festgemacht. Hier soll kurz erläutert werden, warum sie unter thematischem Gesichtspunkt
besonders schwierig sind. Dies liegt nicht (allein) daran, dass es oft um Gegenstände geht,
die uns aus dem Alltag nicht vertraut sind; in Bezug auf die Sprachwissenschaft und speziell die Textlinguistik ist das ja gerade nicht der Fall. Die besondere Schwierigkeit besteht
vielmehr darin, dass man die Gültigkeit von Konzepten und kognitiven Schemata, die uns
aus dem ‚Alltag' vertraut sind, großenteils, und zwar explizit, außer Kraft setzt, so dass
nicht allzu stark eingeweihte bzw. eingearbeitete Rezipienten nicht mehr wissen, woran sie
sich eigentlich halten können. Der für das Textverständnis so ungemein wichtige Rückgriff
auf Vorwissen und Vorerwartungen ist also teilweise blockiert. Dass die gleichzeitig erho-
bene Forderung, man möge sich mit dem Präsentierten auch noch selbständig und kritisch
auseinandersetzen, oft nur Ratlosigkeit auslöst, ist angesichts dessen wenig verwunderlich.

Abschließend seien drei Beispiele für die Kondensation eines wissenschaftlichen Artikels (Fluck 1988) präsentiert. Solche Kurzzusammenfassungen werden als Abstracts bezeichnet. Sie können entweder vom Autor selbst stammen (Eigenabstract) oder von anderen
Personen (Fremdabstract) und sind oft in einer anderen Sprache abgefasst als der Artikel
selbst (so Textbeispiel 6.1). Der (intendierte) Ertrag, den man aus solchen Abstracts gewinnen kann, hängt teilweise damit zusammen, wo sie sich befinden. Teilweise stehen sie direkt beim Aufsatz (am Anfang oder am Ende), teilweise stellen die Abstracts einen Teiltext
der Textsammlung (Zeitschriftenheft oder Sammelband) dar, in der sie abgedruckt sind (das
gilt wiederum für 6.1).[12] Besonders im ersten Fall kann man davon ausgehen, dass der Leser auch jederzeit auf den Text selbst zurückgreifen kann; dies führt nicht selten dazu, dass
das Abstract weniger informativ gestaltet wird als im dritten Fall: Das Abstract ist räumlich
unabhängig vom Ausgangstext und befindet sich in einem Referentenorgan oder einer Bi-
bliografie. Hier sollte das Abstract als Hilfe bei der Entscheidung benutzt werden können,
ob man sich den Aufsatz überhaupt besorgen will. 6.2. und 6.3 sind Fremdabstracts dieser
Art. Sie bilden den Gegenstand der Aufgabe 2. Bei ihrem Vergleich lässt sich recht gut
erkennen, wie unterschiedlich die Erwartungen an eine Zusammenfassung/ein Abstract
eingeschätzt werden können.

Aufgaben

1. Versuchen Sie eine Zusammenstellung der erwartbaren (Sub-)Themen in den Textsorten ‚Reiseführer' und ‚Hausordnung' sowie für Texte zum Thema *Gewalt in der Schule*
   (eventuell differenziert nach Textsorten).

2. Vergleichen Sie die Textbeispiele 6.1–6.3 unter inhaltlichem Aspekt: Welche
   Informationen stimmen in den drei Texten überein, wo werden inhaltliche Schwer-

---

[12] Ein praktischer Hinweis: Man sollte sie beim Kopieren nicht vergessen!

punkte gesetzt, auf welche (unterstellten) Rezipientenfragen antworten die Texte, und welche Fragen bleiben unbeantwortet?

Textbeispiel 6.1
Hans-Rüdiger Fluck
Analysing and teaching the text genre ‚abstract‘
Establishing and describing specific text genres has become a major topic of research into special languages over the past few years. The studies presented so far, are still largely based on an intuitive rather than clearly-defined identification of text genres. This should not, however, obscure the fact that in specialised communication there will be a large number of text types within one single text genre. From a didactic point of view, the problem of the vertical stratification of specialised text genres is of some importance, particularly with regard to a learner-oriented curriculum. This necessitates establishing universal and specific features of individual specialised text genres. In order to achieve this, a communicative-pragmatic analysis of the specialised text genre ‚abstracts in scientific journals‘ is made. This analysis is based on a comparison of ten abstracts from each of the following fields: linguistics, business studies and metallurgy. The analysis and comparison do not just demonstrate different kinds of text structuring, but also reveal their special dependence on certain situational and intentional factors (e. g. subject-specific conventions, character of the various journals) and the possible range within each text genre. All these factors (text patterns, linguistic devices, subject-specific features) have to be taken into account in special language teaching.

Textbeispiel 6.2
Nach einer allgemeinen Charakterisierung der Textsorte stellt Fluck die Ergebnisse einer vergleichenden Analyse von je 10 ABSTRACTS von wissenschaftlichen Zeitschriftenaufsätzen aus den Fachbereichen germanistische Linguistik (ZGL), Betriebswissenschaft und Metallkunde vor, um die Hypothese zu überprüfen, „daß von thematisch unterschiedlichen Informationsquellen und der Anwendung fachspezifischer Darstellungsmittel in verschiedenen Fachbereichen her sich allgemeine und spezielle Merkmale der Textsorte und damit auch unterschiedliche Texttypen unterscheiden lassen“ (75). Die Textanalysen zeigen, daß sich Abstracts „nicht nur nach fachinhaltlichen Gesichtspunkten, sondern auch nach formalen, textuellen und sprachlich-stilistischen Aspekten zu Gruppen mit relativ festgelegten Merkmalen zusammenfassen lassen“ (84), daß aber dennoch ein beträchtlicher individueller Variationsspielraum besteht. Die konkreten Auswertungsergebnisse sind leider meist nur in relativ allgemeiner Form mitgeteilt, so daß ein Vergleich mit anderen quantitativen Erhebungen unmöglich ist. Die Studie wird durch Überlegungen zur Behandlung von Abstracts im (Fremd)Sprachunterricht abgeschlossen.

Textbeispiel 6.3
Fluck geht der Frage nach, wie Informationswiedergaben, bezogen auf die Textart Abstract, in sich strukturiert sind und ob es Differenzierungen zwischen verschiedenen wissenschaftlichen Disziplinen gibt. Er vergleicht Texte der Fachbereiche Sprachwissenschaft, Betriebswirtschaft und Metallkunde unter den Gesichtspunkten Textaufbau, Verwendung kohärenter Mittel, syntaktische Komplexität, lexikalisch-stilistische Mittel. Zum Schluß gibt er Hinweise zur Didaktisierung von Abstracts im fachbezogenen Fremdsprachenunterricht.

7. Sprachliche Gestalt

In der Abbildung 4, die eine Übersicht über die Dimensionen der Textbeschreibung liefert, steht die sprachliche Gestalt im Zentrum, und diese Dimension bildet selbstverständlich auch den Hauptgegenstand der sprachwissenschaftliche Auseinandersetzung mit dem Text. Die notwendige Linearität eines Drucktextes erlaubt nun keine Anordnung, die dem jeweiligen Stellenwert von Teiltexten tatsächlich gerecht würde, v. a. aber die engen Beziehungen zwischen den Einheiten sinnfällig machen würde. Wer in der Schlussstellung dieses Kapitels eine tiefere Bedeutung sucht, möge darin zum Ausdruck gebracht sehen, dass die Frage nach dem *Wie* der Gestaltung von Texten den Ziel- und Höhepunkt der textlinguistischen Betrachtung bildet, zu dem die Vergegenwärtigung der ‚äußeren‘ Merkmale die Grundlage darstellt.

Es ist freilich größtenteils auch schon Sprachliches, das uns die Bestimmung dieser ‚äußeren‘ Faktoren überhaupt erlaubt – wie schon in Kapitel 3 ausgeführt, verdeckt die früher übliche Unterscheidung textexterner und textinterner Merkmale den Tatbestand, dass eine solche allenfalls analytisch möglich ist. In Bezug auf das Thema erwies sich die Entgegensetzung als besonders unangemessen, sind es doch – unbeschadet der großen Bedeutung von Vorerwartungen an (wahrscheinlich) behandelte Themen – die lexikalischen Einheiten, genauer gesagt die Inhaltswörter, die uns Aufschluss darüber geben, wovon denn in einem Text die Rede ist. Mit den Themen ist der Weltausschnitt, um den es geht, bestimmt und damit zugleich die Welt, in der wir uns bewegen.

Angaben über den Kommunikationsbereich und die Identität der Kommunikanten sind großenteils versprachlicht. Dies zwar nicht unbedingt in jedem einzelnen Text, dafür aber umso mehr an den Stellen, an denen man die Texte findet: Die Frage, ob nun die vielen Schilder und Aufschriften, die an Gebäuden, Gegenständen und auch Personen angebracht sind, selbst Texte sind oder nicht, scheint mir dementsprechend weniger wichtig als der Hinweis, dass sie für die ‚normalen‘ Texte insofern von entscheidender Bedeutung sind, als sie uns über den Kommunikationsbereich und die Rollen der Personen Aufschluss geben. Auf diese Funktion spezialisiert sind auch bestimmte Untergruppen der Paratexte (Titel, Umschläge, Hinweise *Über den Autor* usw.). Schließlich wird natürlich auch die Textfunktion an Sprachlichem abgelesen. Den wichtigsten Hinweis geben dafür die Textsortenbezeichnungen selbst, die den Texten explizit (in Paratexten) beigegeben sind.

Nicht nur die innige Verquickung von sprachlichen mit sog. textexternen Merkmalen weist ersteren einen zentralen Stellenwert zu. In Bezug auf das Sprachliche verfügen wir vielmehr – qua Disziplin – auch über das umfangreichste und differenzierteste Inventar von Beschreibungskategorien. Denn was immer als geeignete Kategorie für die Sprachbeschreibung entwickelt wurde, ist letzten Endes aus Texten abstrahiert und kann auch nur in Texten zum Einsatz kommen (vgl. Kap. 1.3 und 1.7). Wenn es also der sog. Systemlinguistik darum geht, die Elemente einer Sprache und die Regeln für deren Verbindbarkeit zu eruieren, um die Frage zu beantworten: Was ist in dieser Sprache möglich?, ist es der Textlinguistik als Linguistik des Sprachgebrauchs um die Frage zu tun: Wie werden die Möglichkeiten des Systems normalerweise, in einem einzelnen Text oder in einer Gruppe von Texten genutzt? Entsprechend lassen sich neben der Textpragmatik, die bisher im Vordergrund stand, parallel zu den Subdisziplinen der Systemlinguistik Textphonemik/-graphemik, Textgrammatik (Textmorphologie und -syntax) und Textlexik unterscheiden, d. h. alle Ebenen, die bei der Beschreibung des Systems wichtig sind, sind prinzipiell auch anzusetzen, wenn es um die Ausnutzung der Möglichkeiten in Texten geht. Daher ist es auch unangemessen, die Textlinguistik in irgendeinen Gegensatz zu ,traditionellen' sprachwissenschaftlichen Fragestellungen bringen zu wollen.

Gleichwohl ist eine solche Entgegensetzung nicht unüblich, und sie wird durch die Beschwörung der Textlinguistik als eines relativ jungen Neuansatzes immer wieder wachgerufen. Kapitel 1 und 2 haben freilich gezeigt, dass es sich weniger um einen Neuansatz als um die Wiederentdeckung von Fragestellungen handelt, die im Strukturalismus weitgehend ausgeklammert wurden. Aber auch die Praxis besonders der frühen textlinguistischen Forschung hat gerade in Bezug auf die Dimension der sprachlichen Gestalt dazu beigetragen, dass man oft nur einen relativ engen Bereich von Phänomenen als spezifischen Gegenstand der Textlinguistik ansieht. Das sind natürlich die sprachlichen Mittel der Kohärenzherstellung, die Kohäsionsmittel, auf die man, wie schon hervorgehoben (vgl. Kap. 3), auch heutzutage die sog. textinternen Merkmale häufig beschränkt; sie stehen jedenfalls ganz im Vordergrund der Erläuterung dieser Dimension. Beantworten kann man mit dieser Konzentration auf die Kohäsionsmittel allerdings nur die Frage, was das Texthafte an einem Text ist, was diese Satz-/Zeichenfolge nämlich zu einem Text macht – und auch dies nur unter der axiomatisch gesetzten Annahme, dass Texte kohärent sind bzw. es zu sein haben.

7.1. Texthaftigkeit: Kohäsionsmittel

Heutzutage besteht allerdings weitgehende Übereinstimmung darüber, dass der explizite Ausdruck der Verbundenheit von Textsegmenten weder eine notwendige noch eine hinreichende Bedingung für Texthaftigkeit und das Vorliegen bzw. die Herstellbarkeit von Kohärenz ist (vgl. auch Kap. 1.7.) und dass es sich um eine graduelle Eigenschaft handelt. Jürgens geht sogar so weit zu sagen, dass „Sprachzeichen nur in dem Maße durch formale Mittel explizit aufeinander bezogen werden, wie es für die Kommunikation erforderlich ist".[1] Für die von ihm untersuchte Textsorte der Rundfunk- bzw. TV-Sportreportage kann er auch gut einsichtig machen, dass selbst der minimalistische Einsatz von Kohäsionsmitteln die Verständigung nicht unbedingt stört. Gleichwohl sind Kohäsionsmittel natürlich ein ganz typisches Merkmal von Texten. Die wesentlichen Formen, die man dabei unterscheidet, sollen daher auch hier zusammenfassend vorgestellt werden.[2]

---

[1] Gansel/Jürgens (2003:211); gleichlautend und fett gedruckt in Jürgens (1999:301).
[2] Für ausführlichere Darlegungen seien einerseits die Einführung von Brinker (2001:27ff.), andererseits die zusammenfassenden Artikel von Linke/Nussbaumer (2000), Zifonun (2000) und Fabri-

Kohäsionsmittel lassen sich grob zwei Gruppen zuordnen, nämlich einerseits der Rekurrenz, der Wiederkehr bestimmter Elemente, andererseits der Konnexion, expliziten Verknüpfungsmitteln wie insbesondere Konjunktionen. Davon hat die Rekurrenz das deutlich größere Interesse auf sich gezogen; dabei wurde speziell die Objektreferenz,[3] die Wiederaufnahme von nominalen Gruppen untersucht, die sich auf außersprachliche Objekte beziehen. Dieser Fall der Rekurrenz ist schon in Kapitel 1.7. zur Sprache gekommen und sei hier nochmals unter Rückgriff auf Brinkers Darstellung erläutert. Er unterscheidet zwischen expliziter und impliziter Wiederaufnahme.

> „Die explizite Wiederaufnahme besteht in der Referenzidentität (Bezeichnungsgleichheit) bestimmter sprachlicher Ausdrücke in aufeinanderfolgenden Sätzen eines Textes. Ein bestimmter Ausdruck (z. B. ein Wort oder eine Wortgruppe) wird durch einen oder mehrere Ausdrücke in den nachfolgenden Sätzen des Textes in Referenzidentität wiederaufgenommen. Der Begriff ‚Referenzidentität‘ (auch ‚Koreferenz‘) besagt, daß sich der wiederaufgenommene Ausdruck (wir wollen ihn Bezugsausdruck nennen) und der wiederaufnehmende Ausdruck auf das gleiche außersprachliche Objekt beziehen." (Brinker 2001:27)

An konkreten Möglichkeiten dieser Wiederaufnahme unterscheidet er mehrere Möglichkeiten, die hier an Textbeispiel 3 (S. 26) exemplifiziert seien: Wiederholung desselben Substantivs (*Braut* – *Braut*); ein oder mehrere andere Substantive bzw. substantivische Wortgruppen (*ein junger Bergmann* – *den schlafenden Jüngling* – *ihren Bräutigam* – *die geliebte Leiche*) sowie Pronomina (*der Jüngling* – *er/ihn*) bzw. allgemeiner Pro-Formen (wie z. B. *da, damals, deshalb, darin* etc.; im Textbeispiel 3 gehört dazu *unterdessen*, das einzige Element, das einen schwach kohäsiven Übergang zwischen den thematisch unterschiedlichen Teiltexten erzeugt). Hinzugerechnet wird gewöhnlich auch die Ellipse, eine „‚negative‘ Form von Wiederholung" (Linke/Nussbaumer 2000:308), bei der identische und koreferenzielle Satzteile eingespart werden: *Rainer fährt demnächst nach Berlin. Hans* ~~*fährt demnächst*~~ *auch* ~~*nach Berlin*~~. Eine besondere Rolle spielt bei diesen Wiederaufnahmerelationen die Artikelwahl. Neu eingeführte, (noch) nicht bekannte Elemente werden mit dem unbestimmten Artikel versehen. Der Gebrauch definiter Formen (bestimmter Artikel, Demonstrativa usw.) zeigt an, dass die Größe als bekannt vorausgesetzt wird.

Die implizite Wiederaufnahme entspricht dem, was Behaghel als *mittelbare Anaphora* und Harweg als *Text-Kontiguitäts-Substitutionen* bezeichnet hatte.

> „Im Gegensatz zur expliziten Wiederaufnahme ist die implizite Wiederaufnahme dadurch charakterisiert, daß zwischen dem wiederaufnehmenden Ausdruck [...] und dem wiederaufgenommenen Ausdruck keine Referenzidentität besteht. Beide Ausdrücke beziehen sich auf verschiedene Referenzträger, d. h., es wird von verschiedenen Gegenständen und dergleichen gesprochen; zwischen diesen bestehen aber bestimmte Beziehungen, von denen die Teil-von- oder Enthaltenseinsrelation die wichtigste ist." (Brinker 2001:36)

Hier geht es also um die Beziehungen zwischen Ausdrücken wie *Bergmann* – *Bergleute, Schacht* – *Metalladern* – *Schicht* – *Grube*. Auch solche nicht referenzidentischen Ausdrücke können bei ihrer ersten Erwähnung mit einem Definitum verbunden werden, da sie

---

cius-Hansen (2000) empfohlen. Vgl. für eine kurze Erläuterung auch Adamzik (2001d:Kap. 48), wo als Beispiel ein Tagebucheintrag von Kafka besprochen wird.
[3] Zu anderen Typen der Referenz vgl. v. a. Vater (1992:Kap. 4).

aufgrund des Weltwissens bzw. aufgrund kognitiver Schemata nach der Erwähnung des Bezugsausdrucks als bekannt gelten können.

Nun handelt es sich bei der so gefassten impliziten, erst recht aber der expliziten Wiederaufnahme um eine wenig spektakuläre Erscheinung, die dem Aufweis der thematischen Geschlossenheit eines Textes dient, von der man intuitiv ja sowieso ausgeht und die jeder Rezipient auch genau an diesen Erscheinungen festmacht. Interessanter und schwieriger ist dagegen der Versuch, genauer zu bestimmen, in welchem Verhältnis die koreferenten Ausdrücke zueinander stehen,[4] ob man bestimmte Regeln für die Abfolge solcher Ausdrücke aufstellen kann und wie sich ungewöhnliche Wahlen interpretieren lassen. So hat man z. B. versucht, die Regel aufzustellen, dass in der Wiederaufnahmerelation „der Oberbegriff auf den Unterbegriff [folgt] und nicht umgekehrt" (Brinker 2001:32). Dagegen sprechen aber die besonders in Zeitungsmeldungen üblichen Nachtragsinformationen, z. B. *ein 43 Jahre alter Mann – der Facharbeiter – der Betrunkene* (vgl. ebd.:28 bzw. 32). Linke/Nussbaumer (2000:313) sprechen hier von *Nebenbei-Prädikationen*, deren besonderer Effekt darin besteht, „dass die neue Information in diesen Fällen nicht rhematisch, sondern thematisch eingeführt wird". Es ist auch häufig darauf hingewiesen worden, dass zwar die übliche Form des Verweises im Rückverweis, dem anaphorischen Bezug, besteht, aber ebenso (auch in nicht-literarischen Texten) Vorverweise, kataphorische Bezüge, vorkommen, die besondere Spannung erzeugen: *Sie ... Sie ... Die Rede ist von X.* Insgesamt können wir festhalten, dass die Untersuchung der Wiederaufnahmerelationen interpretatorisch ergiebig v. a. dann ist, wenn es sich nicht allein um die elementaren oder einfachen Formen, gewissermaßen das Märchenschema, handelt.

Rekurrenz beschränkt sich nun nicht auf koreferente Nominalgruppen, vielmehr handelt es sich ganz allgemein um das wiederholte Auftreten irgendwelcher Elemente. Zur Verstärkung der Kohäsion von Texten eignen sich sogar gerade die Rekurrenzen, die sich nicht schon aus dem thematischen Zusammenhang des Textes ergeben, sondern zusätzlich eingesetzt werden. Dies sind natürlich asemantische Rekurrenzen, die Wiederkehr „von ausschließlich Ausdrucksseitigem" (Linke/Nussbaumer 2000:307), also insbesondere lautliche Erscinungen wie Reim, Alliteration, Metrum usw. Eine Zwischenstellung nimmt die Rekurrenz der grammatischen Kategorien Tempus und Modus ein, insofern sie, zumindest in bestimmtem Ausmaß, eine außersprachliche Referenz aufweisen:

> „Die Tempora situieren oder lokalisieren die Proposition im Zeitablauf [...]. Die Modi tragen dazu bei, die Proposition in einer ,Welt' zu lokalisieren; sie signalisieren also, ob die Proposition bezogen auf die [...] wirkliche Welt interpretiert werden soll oder nur auf eine ,mögliche Welt', wie wir sie zum Beispiel in unseren Hoffnungen, Befürchtungen, Wünschen und Plänen konzipieren." (Zifonun 2000:315f.)[5]

---

[4] Vgl. dazu Brinker (2001:30ff.), v. a. aber die differenzierte Auflistung bei Linke/Nussbaumer (2000).

[5] Dieser Gebrauch des Ausdrucks *Welt* stimmt natürlich nicht überein mit dem in Kap. 4.1. eingeführten und die dort unterschiedenen Welten korrelieren auch nicht mit dem bevorzugten Gebrauch bestimmter Modi, denn Hoffnungen, Befürchtungen, Pläne usw. gehören natürlich auch in den Bereich der Standardwelt.

142

Keine (auch nur im weitesten Sinne) referenzielle Funktion kommt allerdings dem in Zifonuns Artikel ebenfalls behandelten Genus Verbi (Aktiv – Passiv) sowie vielen anderen morphologischen und syntaktischen Strukturen zu; man kann mit ihnen aber eine gewisse Perspektivierung, Gewichtung usw. zum Ausdruck bringen und auf jeden Fall können Rekurrenzen hier ebenso wie auf der lautlichen Ebene als Kohäsionsmittel eingesetzt werden. Natürlich hat aber nicht jedwede Wiederholung solcher Strukturen einen besonderen Kohäsionseffekt, zumal es nur eine begrenzte Anzahl davon (z. B. nur zwei Genera Verbi) gibt und man ganz einfach gezwungen ist, aus dem begrenzten Inventar immer wieder übereinstimmende Wahlen vorzunehmen. Häufig fallen aber Rekurrenzen unmittelbar auf und sie sind in der Figurenlehre der Rhetorik auch schon früh sehr differenziert beschrieben worden.[6]

Auch die nicht auffälligen und teilweise unausweichlichen bzw. sich aus der Aussageabsicht direkt ergebenden Rekurrenzen grammatischer Formen tragen natürlich in gewissem Sinne zur Textkohäsion bei. An ihnen zeigt sich aber besonders deutlich, dass es eben nicht nur darum geht, einen Text kohäsiv zu gestalten; er muss ja auch einen gewissen Informationswert haben, und dieser ist umso geringer, je erwartbarer die Wahl einer sprachlichen Form ist. Die (unauffällige) Wiederholung einer Form hat nun den geringsten Überraschungswert oder andersherum: Es ist oft gerade der Wechsel, die Nicht-Rekurrenz, die auffällt und bei der Textgestaltung eine besondere Funktion hat. So fällt z. B. in einer Erzählung, die als durchgängiges oder Grundtempus das Präteritum aufweist, der Wechsel zum Präsens auf, der etwa der Verlebendigung dienen oder auch die Erzählung durch eine reflektierende Passage unterbrechen kann (vgl. das Beispiel in Adamzik 2001d:286). In einem wissenschaftlichen Text ist die Aufeinanderfolge von (normgerechten und relativ komplexen) Aussagesätzen das Übliche, entsprechend fallen Frage-, Imperativsätze und alle Arten von syntaktischen Strukturen auf, die nicht dem vollständigen Verbalsatz entsprechen; sie können hier eingesetzt werden, um eine gewisse Monotonie der Ausführungen zu durchbrechen, während sie in einem spontanen Gespräch gerade nicht diesen Effekt haben.

Diese Überlegung führt uns noch einmal auf die Objektreferenzen zurück: Die Ermittlung der Koreferenz von Nominalgruppen zeigt lediglich deren stark erwartbare Kohäsionsleistung auf. Interpretatorisch interessanter ist aber gerade die Variation der Ausdrücke, die ja sogar eine Stilnorm darstellt. Es ist einfach langweilig, immer denselben Ausdruck oder erwartbare Proformen und Oberbegriffe zu benutzen, d. h. die ‚Nebenbei-Prädikationen‘ haben natürlich auch einen stilistischen Wert.

Kommen wir nun zu den Konnektoren (oder Konnektiven) als der zweiten Großgruppe der Kohäsionsmittel. Entsprechend der Darstellung von Fabricius-Hansen, die hier zugrunde gelegt und zur Vertiefung empfohlen wird, sind als Konnektoren solche Ausdrucksmittel zu betrachten, die Relationen zwischen Sätzen (bzw. Einheiten mit propositionalem Status) explizit machen. Sie stehen damit im Gegensatz zu den bei der Rekurrenz

---

[6] Vgl. für eine kurze Übersicht Fix et al. (2001:Kap. 2.5), ansonsten Ottmers (1996:Kap. V.2), Ueding/Steinbrink (1994:Kap. F.III) bzw. die umfangreichen Zusammenstellungen in den Werken von Lausberg.

propositionalen Ebene betreffen. Die prototypischen Mittel zum Ausdruck von semantischen Beziehungen zwischen Sätzen sind satzverbindende Konjunktionen (*und, weil, wenn* usw.), die, wie schon gesagt, auch im Zentrum der Betrachtung der Konnexion stehen. Fabricius-Hansen (2000:331) bezeichnet sie als *grammatische Konnektive*. Beziehungen zwischen Sätzen – und im Übrigen auch zwischen größeren Einheiten, nämlich Satzfolgen oder Teiltexten – kann man aber auch mit anderen Mitteln explizit machen, die Fabricius-Hansen zusammenfassend als *lexikalische Konnektive* bezeichnet, wobei sie insbesondere auf (Konjunktional-)Adverbien und Partikeln verweist (*deshalb, trotzdem, aber, auch, sogar* etc.). Die Grenze zwischen konnektiven und anaphorischen (wiederaufnehmenden) Ausdrücken lässt sich allerdings nicht ganz scharf ziehen, der Unterschied ist nur ein gradueller (vgl. ebd.:Kap. 2.1.). Dies ergibt sich schon daraus, dass ja auch ganze Sätze und Teiltexte als Bezugausdrücke für anaphorische Elemente in Frage kommen:

Sie lag vier Tage mit Fieber im Bett.
a) *Weil sie krank war/wegen ihrer Krankheit/Deshalb* konnte sie ihre Arbeit nicht fertig stellen.
b) *Ihre Krankheit/Das* ließ sie mit ihrer Arbeit in Verzug kommen.

1. ...; 2. ...; 3. ... – *Die unter Punkt 1–3 angeführten Argumente ...*

Für die textlinguistische Betrachtung am interessantesten sind die semantischen Untergruppen von Konnektoren. Dabei führt Fabricius-Hansen zunächst die aus der Grammatik bekannten, nämlich zur Unterscheidung von Konjunktionen benutzten Gruppen an:

koordinative (additive, disjunktive, adversative): *und, oder, aber* usw.
kausale (inklusive finale und konsekutive): *weil, damit, so dass* usw.
konzessive: *obwohl* usw.
konditionale: *wenn* usw.
temporale: *als* usw.
modal-instrumentale: *indem* usw.

Die hier als Beispiele angeführten Konjunktionen lassen leicht erkennen, um welchen Typ semantischer Relation es sich handelt; wichtig ist aber, im Auge zu behalten, dass es um eine Unterscheidung abstrakter inhaltlicher Beziehungen geht, die mit ganz verschiedenen Mitteln ausgedrückt werden können. Hier besteht ein unmittelbarer Bezug zur thematisch-inhaltlichen Analyse (vgl. Kap. 6), und es soll nicht unerwähnt bleiben, dass sich die hier angeführten Relationen alle auch (teilweise allerdings mit abweichender Benennung) unter den Sekundärkonzepten von Beaugrande/Dressler wiederfinden.

Dass eine zu starke Orientierung an der Ausdrucksseite unangemessen ist, wird auch bei Fabricius-Hansen sehr schön deutlich, da sie (neben der bislang behandelten expliziten) auch eine *implizite Konnexion* ansetzt, was man auf den ersten Blick für einen Widerspruch in sich halten möchte. Diese Bezeichnung trägt aber nur dem Tatbestand Rechnung, dass man bei der Rekonstruktion der Beziehungen zwischen Textsegmenten ebenso wie bei der Rekonstruktion von gemeinten Referenten immer auch den größeren sprachlichen Kontext einbeziehen und Welt- und Situationswissen aktivieren muss, da eine vollständige Explizierung des Gemeinten sowieso nicht möglich ist. Schon grammatische Konnektoren unterscheiden sich in ihrer semantischen Spezifizität: Insbesondere die Konjunktion *und* ist sehr unspezifisch (viel mehr als z. B. *weil* und *obwohl*), und die Logiker haben sich veranlasst gesehen, dem normalsprachlichen *wenn/if* ein *gdw.* bzw. *iff* hinzuzugesellen (es bedeutet: *genau dann wenn* bzw. *if and only if*). Man versteht daher bei einem *und* – je nach den Inhalten der koordinierten Sätze – mitunter eine temporale (*Ich habe mir den Aufsatz beschafft und eine Fotokopie gemacht*), mitunter eine kausale Relation und kann diese natürlich auch rekonstruieren, wenn es überhaupt keinen Konnektor gibt: *Sie hat ihre Arbeit nicht fertig gekriegt. Sie lag vier Tage mit Fieber im Bett*. Entsprechend betrachtet Fabricius-Hansen auch die Konnexion als graduelle Texteigenschaft, als auf einer Skala zwischen maximaler und minimaler Explizitheit anzusetzendes Merkmal.

Über die enge Auffassung von Konnexion im Sinne von expliziten Mitteln der Satzverknüpfung geht Fabricius-Hansen auch insofern hinaus, als sie in ihrem letzten Abschnitt das bespricht, was man „oft unter den Begriff Diskursrelation oder rhetorische Relation subsumiert" (ebd.:340). Gemeint sind damit Beziehungen zwischen Teiltexten, die die globale thematische Struktur eines Textes ausmachen. Neben Relationen auf der Sachverhaltsebene wie Zeit/zeitliche Situierung, Grund/Ursache (vgl. Kap. 6) werden dabei als rhetorische Kategorien i. e. S. auch Kategorien wie Elaboration, Hintergrund, Erklärung, Kontrast, Parallele u. Ä. angenommen. Eine gängige Liste solcher Relationen hat sich jedoch noch nicht durchgesetzt und ihre genauere Untersuchung darf als Aufgabe für die Zukunft betrachtet werden.

7.2. Regeln, Normen und Realisierungen: Erwartungen an die sprachliche Gestalt und Abweichungen davon

In den einleitenden Abschnitten zum Hauptkapitel wurde ausgeführt, dass prinzipiell alles, was in Untersuchungen der Systemlinguistik an Kategorien für die Beschreibung von Einzelsprachen entwickelt wurde, in textlinguistischen Analysen von Relevanz sein kann. Entsprechend der Tradition der Textlinguistik wurde jedoch in 7.1. zunächst ein Sonderaspekt behandelt, eben die Frage, welche Sprachmittel speziell zur Kohäsion von Texten beitragen. Damit verbleiben nun noch alle übrigen Fragen zur sprachlichen Gestalt von Texten, und dies ist natürlich keineswegs eine marginale Restkategorie. Inhaltlich geht es in diesem Abschnitt also um die sprachliche Gestalt, unabhängig von der Frage nach der Kohäsionsleistung sprachlicher Mittel.

7.2.1. Vorüberlegungen: Vier Bezugsebenen für die Auffälligkeit sprachlicher Merkmale

Angesichts der Breite der Fragestellung ist es selbstverständlich etwas verwegen, diesem Thema nur einen kleinen Unterabschnitt zu widmen. Dies rechtfertigt sich lediglich daraus, dass es ohnehin ein völlig aussichtsloses Unterfangen wäre, auch nur die wesentlichsten Unterthemen mit annähernder Vollständigkeit vorzustellen. Dies käme etwa einem Abdruck der Inhaltsverzeichnisse von sprachbeschreibenden Werken gleich, also insbesondere von Einführungen in die Lexikologie und Grammatiken. So sei hier nur festgehalten, dass tatsächlich der Rückgriff auf solche Werke empfohlen werden muss, wenn es um die Beschreibung des lexikalischen Materials und der grammatischen Strukturen von Texten geht. Während das Problem in Bezug auf den situativen Kontext, die Funktion und das Thema von Texten darin besteht, zu einem Inventar sinnvoller Beschreibungskategorien zu kommen, sehen wir uns bei der sprachlichen Gestalt eher einem Überangebot gegenüber.

Die Unmöglichkeit einer Auflistung relevanter Aspekte hat immerhin einen Vorteil: Man entgeht so der Gefahr, den Eindruck zu erwecken, es gebe ein Set von Beschreibungskategorien, das bei jedem Text notwendigerweise abzuarbeiten wäre. Welche Fragestellungen und welche Kategorien bei der Analyse von Textkorpora oder Einzeltexten sinnvoll sind, ist vielmehr vom Einzelfall abhängig und ergibt sich wenigstens teilweise aus dem intuitiven Eindruck und einem globalen Textverständnis. Dabei fallen bestimmte sprachliche Erscheinungen unmittelbar auf oder scheinen schon auf den ersten Blick charakteristisch für das Untersuchungsmaterial zu sein. Dementsprechend kann nur davon abgeraten werden, bei der linguistischen Analyse den Standpunkt des naiven Lesers auszublenden. Das intuitive Verständnis sollte vielmehr den Ausgangspunkt bilden; bei der Analyse geht es dann darum, herauszufinden, welche sprachlichen Mittel zu diesem intuitiven Eindruck führen – eventuell auch, ob er sich überhaupt bestätigt bzw. inwieweit intersubjektive Übereinstimung darüber hergestellt werden kann.

Zum ersten unmittelbaren Eindruck bei der Begegnung mit einem Text gehört etwas, was in den genannten sprachbeschreibenden Werken nicht behandelt wird, nämlich ihre formale Makrostruktur, eine Eigenschaft von Äußerungen, die spezifisch für Texte ist und nicht die dort im Vordergrund stehenden kleineren Einheiten betrifft. In der Textlinguistik wurden grafische Elemente zunächst v. a. als sog. Delimitationssignale einbezogen, als Mittel, die die Textgrenzen, also Anfang und Schluss, erkennen lassen. Viel Literatur liegt vor zur Titelgestaltung.[7] Jeder längere Text ist in der Regel aber auch intern grafisch (und eventuell mit Zwischentiteln) gegliedert – Ausnahmen gibt es natürlich auch hier, vgl. etwa die autobiografischen Schriften von Thomas Bernhard (u. a. *Ein Kind*, 1982).

Heutzutage müssen außer der Absatzbildung und größeren Gliederungseinheiten angesichts der stark erweiterten medialen Möglichkeiten – man denkt natürlich insbesondere an das Hypertextprinzip – weitere Gesichtspunkte des Layouts und der (nicht unbedingt linearen) Anordnung formaler Teiltexte verstärkt berücksichtigt werden. Verwiesen sei hier speziell auf die Untersuchungen zum Verhältnis von Text und Bild (vgl. z. B. Fix/Wellmann 2000; Nöth 2000b; Straßner 2002). Weniger Arbeiten liegen bislang zum Verhältnis von Text und Musik vor, v. a. zu den bei Hör- bzw. audiovisuellen Medien (vgl. dazu Burger 2000a und 2000b) besonders wichtigen textstrukturierenden und textsortenspezifizierenden Jingles und Signets.

Wir belassen es bei diesen wenigen Hinweisen zur formalen Makrostruktur von Texten und gehen über zu den zentralen Beschreibungsebenen der Linguistik, nämlich der Lexik und der Grammatik. Bei dem bloßen Hinweis, dass es vom Einzelfall abhänge, mit welchen Kategorien man bei der Beschreibung arbeitet, kann es natürlich nicht sein Bewenden ha-

---

[7] Vgl. Kap. 6: Anm. 1 sowie die bibliografische Zusammenstellung unter www.unige.ch/lettres/alman/akt/aktbibl.html.

146

ben und der Verweis auf ‚Auffälliges‘ und für den intuitiven Eindruck ‚Relevantes‘ ist in dieser Pauschalität selbstverständlich auch wenig hilfreich. Es muss im Folgenden also zunächst darum gehen, sich zu verdeutlichen, nach welchen Prinzipien man bei der Beschreibung vorgehen kann und welche grundsätzlichen Vorüberlegungen anzustellen sind.

Dazu sei vorab eine Grobunterscheidung von vier Fragestellungen vorgenommen, die im Zentrum der Analyse stehen können.[8] Die erste ist die nach der Texthaftigkeit des Textes, bei der man nach Merkmalen sucht, die prinzipiell allen Texten zukommen, und zwar auch Texten ganz unterschiedlicher Sprachen. Zu diesen gehört die in 7.1. behandelte Kohäsion; auch die Tatsache, dass für die Kohäsion speziell Rekurrenzen und Konnektoren bedeutsam sind, stellt keine einzelsprachspezifische dar. Dies erklärt auch, wieso behauptet werden konnte, dass die Aufdeckung der Kohäsion in irgendeinem normalen Text eine einigermaßen triviale Angelegenheit ist: Dass wir nämlich eine solche in der Regel finden und sie an Kohäsionsmitteln festmachen können, entspricht vollkommen den Erwartungen an jedweden Text und fördert damit überhaupt nichts Auffälliges zutage.

Im größtmöglichen Gegensatz zur Frage nach der Texthaftigkeit eines Textes steht die nach seiner Spezifik als einer individuellen, einmaligen Größe. Sie kommt bevorzugt zum Tragen, wenn es um literarische, religiöse oder auch anspruchsvolle Sachtexte geht, um Texte jedenfalls, bei denen der Autor eine große Gestaltungsfreiheit hat und diese auch nutzt, d. h. dass er einen Text produziert, der sich von vergleichbaren grundsätzlich oder auch nur in vielen Details, aber auf jeden Fall deutlich unterscheidet. Für die Erwartungen, die man gegenüber solchen Texten hat, heißt das: Charakteristisch ist, dass man überhaupt keine konkreten Erwartungen an Gehalt und sprachliche Gestalt entwickeln kann oder solche jedenfalls relativ schwach ausgeprägt sind; sollte man sich aber doch von vornherein auf etwas Spezifisches gefasst machen, muss man damit rechnen, dass die Erwartungen nicht erfüllt werden, man also auf Unerwartetes, Auffälliges, stößt.

Nun stellt sich die Frage, in Bezug auf welche Vergleichsgrundlage irgendetwas als ungewöhnlich/nicht erwartbar auffällt.[9] Dies führt uns zu den beiden weiteren Ebenen, zu deren Unterscheidung Coseriu die Begriffe *System* versus *Norm* eingeführt hat, da die Saussure'sche Gegenüberstellung von System (*langue*) und Rede (*parole*) sich als unklar bzw. unzureichend erweist. Zur Norm sei zunächst nur grob gesagt, dass es sich um das in einer historischen Einzelsprache Übliche handelt. Sehr viele der vom System prinzipiell durchaus zugelassenen Möglichkeiten sind nämlich gleichwohl unüblich; z. B. ist entsprechend dem System prinzipiell keine Begrenzung für die Anzahl von Konstituenten vorgesehen, die zu einer größeren Einheit verbunden werden. Gleichwohl sind Sätze mit 25 in-

---

[8] Ich orientiere mich dabei an den Vorstellungen von Coseriu (1980, vgl. aber auch 1979 und 1988: Kap. X–XII) ohne jedoch sein Konzept und die eingeführten Termini im Einzelnen vorzustellen.

[9] In der Literaturwissenschaft ist man mit der sog. Abweichungsstilistik soweit gegangen, literarische Sprache gewissermaßen als Gegenmodell zur ‚Normalsprache‘ zu definieren, wonach die Abweichung von einer Norm das Spezifische literarischer Texte wäre. Das erklärt immerhin, wieso man dort auch auf Texte/Textbestandteile stoßen kann und diese akzeptiert, die andernorts als Fehler oder sinnlose Äußerungen gelten würden. In ‚dichterischen Freiheiten‘ dieser Art erschöpft sich aber das Literarische keineswegs, und so taugt die Abweichungsstilistik nicht „als Grundlage für eine Stiltheorie", in der diese Auffassung inzwischen als „gründlich widerlegt" (Spillner 1996: 244) gilt.

einander geschachtelten Nebensätzen oder Komposita mit 25 lexikalischen Morphemen (auch im Deutschen) völlig unüblich.

Zusammenfassend seien die vier Ebenen noch einmal gegenübergestellt: Ein Text ist Sprache schlechthin (erinnern wir uns hier ohne differenziertere terminologische Einlassungen an Saussures Begriff *langage*), er ist eine individuelle, einmalige Größe (Rede bzw. *parole*), er ist Repräsentant einer Einzelsprache (System bzw. *langue*) und er folgt einer bestimmten Tradition des Sprechens[10] innerhalb einer Einzelsprache (Norm).

Jeder einzelnen dieser Ebenen entsprechen nun bestimmte Erwartungen, anders gesagt: man kann von den Erwartungen auf allen Ebenen abweichen (natürlich auch von mehreren auf einmal). Zur Demonstration eignet sich hervorragend ein Werk von Raymond Queneau, *Exercices de style* (1947), das Ludwig Harig und Eugen Helmlé ins Deutsche übertragen haben. Es enthält in der letzten Fassung mehr als hundert Variationen zu einem Thema bzw. Abwandlungen zu folgendem Ausgangstext.

Textbeispiel 7.1
Angaben
Im Autobus der Linie S, zur Hauptverkehrszeit. Ein Kerl von etwa sechsundzwanzig Jahren, weicher Hut mit Kordel anstelle des Bandes, zu langer Hals, als hätte man daran gezogen. Leute steigen aus. Der in Frage stehende Kerl ist über seinen Nachbarn erbost. Er wirft ihm vor, ihn jedesmal, wenn jemand vorbeikommt, anzurempeln. Weinerlicher Ton, der bösartig klingen soll. Als er einen leeren Platz sieht, stürzt er sich drauf.
Zwei Stunden später sehe ich ihn an der Cour de Rome, vor der Gare Saint-Lazare, wieder. Er ist mit einem Kameraden zusammen, der zu ihm sagt: „Du solltest dir noch einen Knopf an deinen Überzieher nähen lassen." Er zeigt ihm wo (am Ausschnitt) und warum.

Schon dieser Text weicht von unseren Erwartungen an Texte schlechthin ab: Es dürfte nämlich ziemlich schwierig sein, hier das Hauptthema ‚abzuleiten‘, da man nicht so recht versteht, worauf das Ganze hinaus soll. Zwar sind die beiden Absätze durch die üblichen Kohäsionsmittel verknüpft, eine inhaltliche Kohärenz zwischen den beiden Szenen erschließt sich aber kaum und man fragt sich, in welcher Situation dieser Text welchem Zweck dienen könnte.

Viel massiver weichen aber die Varianten 7.2 und 7.3, die hier nur verkürzt wiedergegeben zu werden brauchen, von den Erwartungen an einen Text schlechthin ab – es fehlt weitgehend oder gänzlich eine syntaktische Verknüpfung der Einheiten. Übrigens lassen sich diese Versionen besonders leicht übersetzen, da es eben gar nicht um einzelsprachspezifische Besonderheiten geht.

Textbeispiel 7.2	Ich.
Logische Analyse	Ich. Dritte Person, Erzähler.
Autobus.	Worte.
Plattform.	Worte.
Autobusplattform. Ort der Handlung.	Worte. Was gesagt wurde.
[...]	[...]

---

[10] Die Begriffe *Tradition des Sprechens* bzw. *Diskurstradition* (auch als Ersatz für *Texttyp, Textsorte* u. Ä.) sind besonders in der deutschen Romanistik im Anschluss an Konzepte von Coseriu in Gebrauch; vgl. etwa Schlieben-Lange (1983) und Oesterreicher (1997).

> *Textbeispiel 7.3*
> Einzelteile der Abhandlung
> Artikel: der, die, das, die, ein, eine, der des, dem.
> Substantive: Tag, Mittag, Plattform, Autobus, Linie S, Seite [...]

Eine Reihe von Versionen, deren jeweiliger Beginn hier unter 7.4 zusammengestellt ist, setzt sich völlig über das Regelsystem der französischen bzw. deutschen Sprache hinweg; auch sie sind relativ leicht übertragbar, denn es kommt hier nur auf systematische Durchbrechungen an, die in verschieden Sprachen gleich gut durchgeführt werden können.

> *Textbeispiel 7.4*
> Metathesen – Eines Tegas genge Mattig berkemte ich auf der hitneren Plattform [...]
> Anagramme – Zur Hauptperverszitehk in einem S tristt sich ein Lerk [...]
> Aphäresis – nen tobus ler gäste. merkte nen gen schen sen [...]
> Synkopen – Ich stg in'n Aubus vollr Fhrgäste. Ich bmerkte einen Jngmann [...]
> Javanisch – Eiweinewes Tawagewes gewegewen Miwittawagewes [...]

Weniger stark ist die Abweichung von den Regeln des Systems in der Version *Wortkomposition*, die Möglichkeiten der Wortbildung lediglich ‚überstrapaziert': *Ich autobusplattformte [...] und nachbarlichte mit einem [...] Kordelumdenhutgetüm. [...] „Du solltest deinen Überzieher knopfvervollständigen."*

Extreme Abweichungen von den Erwartungen bereits auf der Ebene der Texthaftigkeit und der Orientierung an den Regeln einer bestimmten Einzelsprache kommen auch außerhalb solcher spielerischen oder zu Demonstrationszwecken eingesetzten Versuche vor. In einer gewissen Massierung finden sich absichtliche Verstöße dieser Art einerseits tatsächlich am ehesten in literarischen Werken und Sprachspielen (z. B. Nonsens-Gedichten, konkreter Poesie, ‚Geheimsprachen' von Kindern usw.); sie entsprechen hier einer bestimmten Ausdrucksabsicht, die ihnen abgeht, wenn sie sich in Texten von Produzenten finden, denen man unterstellen darf, dass sie die allgemeinen und einzelsprachspezifischen Regeln für die Textbildung (noch) nicht beherrschen (und nehmen dann natürlich meist nicht gerade die hier präsentierte Form an).

Andererseits gibt es eine ganze Reihe von Textsorten, bei denen die Anforderungen an ‚normale Texte' suspendiert sind, die z. B. keinerlei Konnektoren, sondern nur ‚implizite Konnexion' aufweisen, da eine Explizierung kommunikativ nicht notwendig ist oder sogar stören würde. Das gilt etwa für alle möglichen Listen, von Einkaufszetteln bis hin zu Börsennotierungen und Registern oder auch Wörterbüchern; auch andere Bücher und Aufsätze aus Sprachwissenschaft, Logik oder Mathematik weisen (ähnlich wie 7.2 und 7.3) Bestandteile auf, in denen Sprachmaterial vorkommt, das aber nicht zu einem kohäsiven Text verbunden ist. Die auch in Bezug auf solches Material nicht selten vorgeschlagene ‚Lösung', festzusetzen, es handle sich eben gar nicht um Texte, führt wohl kaum weiter, denn es handelt sich auf jeden Fall um Formen des Sprachgebrauchs, die man auch irgendwie beschreiben (können) muss. Bei einem Teil der Stilübungen von Queneau wird nun der Ausgangstext in eine Version umgesetzt, die den spezifischen Normen bestimmter Textsorten folgt. Dazu gehört z. B. 7.5:

> *Textbeispiel 7.5*
> Telegraphisch
> BUS BESETZT STOP JNGMANN LANGER HALS HUT KORDEL UMRANDET BELÄSTIGT UNBEKANNTEN FAHRGAST OHNE TRIFTIGEN GRUND STOP BETRIFFT GEQUETSCHE ZEHEN BERÜHRUNG FERSE VORGEBLICH MIT ABSICHT STOP JNGMANN GIBT DISKUSSION WEGEN FREIEM PLATZ AUF STOP VIERZEHN UHR PLACE ROME JNGMANN HÖRT MODISCHEN RATSCHLAG VON KAMERAD STOP KNOPF VERSETZEN STOP GEZEICHNET ARKTUR

Gleichwohl widerspricht 7.5 den Erwartungen an ein Telegramm, und zwar wiederum, weil man sich nur schwer vorstellen kann, wozu man derlei Banalitäten jemandem telegrafieren sollte: Thema/Inhalt, Funktion, Medium und (textsortenbedingte) sprachliche Gestalt passen nicht zusammen, sind inkohärent. Gleiches gilt für die Version *Amtlicher Brief*.

Am wenigsten weichen von möglichen Erwartungshaltungen denn auch die Versionen ab, in denen der gegebene Inhalt an eine dafür geeignete Situation und Textsorte angepasst wird. Für eine normale Erzählung ist der Inhalt einfach nicht ergiebig genug (jedenfalls nicht, wenn der Text nicht weitergeführt wird); in sog. konversationellen Erzählungen, eingebettet in Alltagsunterhaltungen ohne festgelegtes Thema und mit starker Suspendierung der Kohärenzforderung, machen Leute aber auch mehr oder weniger irrelevante Alltagsbeobachtungen zum Thema. Dies wird in der Version *Unverhofft* demonstriert, die ein Stammtischgespräch inszeniert. Nach der Bestellung und der unausweichlichen Erkundigung nach dem Befinden folgt die Frage nach Neuigkeiten, die Albert zunächst mit *Nichts Besonderes* quittiert. Man wendet sich dem Wetter zu, woraufhin Albert sich an die in diesem Kontext denn doch erzählenswert scheinende Begebenheit erinnert: *Halt, ich habe heut was Drolliges gesehen.* Es wird dann allerdings doch keine normale konversationelle Erzählung, da Albert nicht zusammenhängend erzählt, sondern jede einzelne Information von den anderen erfragt wird und sich einer von ihnen merkwürdigerweise am Schluss auch noch als der Ratgeber von der Gare Saint-Lazare erweist. Dies ist ein Beispiel für einen (thematischen) Erwartungsbruch, der innerhalb eines Textes (bzw. hier eines Dialogs) erfolgt: Wieso hat Albert seinen Kumpel nicht erkannt? Genau dieser Erwartungsbruch weckt ein gewisses Interesse an diesem Text; es handelt sich eben nicht um die Wiedergabe einer simplen Alltagserzählung.

Nahezu unauffällig sind nur die Versionen, bei denen man als Situationscharakteristika eine starke subjektive Betroffenheit und Emotionalität rekonstruiert. Diese lassen sich am besten als ,innere Rede' vorstellen. Dem aus der Literatur bekannten ,stream of consciousness', bei dem Assoziativität und Kohärenzmangel das Charakteristische sind, entspricht z. B. 7.6:

> *Textbeispiel 7.6*
> Ausrufe
> Sieh an! Mittag! Zeit, den Autobus zu nehmen! Was ne Menschenmenge! was ne Menschenmenge! ist das ein Gedränge! doll! dieser Kerl da! was für ne Visage! und was fürn Hals! fünfundsiebzig Zentimeter! mindestens! und die Kordel! die Kordel! sowas hab ich noch nie gesehen! die Kordel! das ist das Dollste! [...]

Dass in 7.6 nun wirklich sämtliche Einheiten durch ein Ausrufungszeichen abgeschlossen werden, widerspricht natürlich schon jeder Normalerwartung an einen Text. Man erwartet zwar Rekurrenzen, aber eben nicht das Maximum, das an Rekurrenz vorstellbar ist. Charakteristisch ist eine solche Übererfüllung der Norm nur für Parodien, und einen stark parodistischen Charakter haben die *Stilübungen* ja auch.

Nach dieser Beispieldiskussion können wir nun die wesentlichen Punkte folgendermaßen zusammenfassen. Es hat sich zunächst bestätigt, was in Kapitel 3 (vgl. Abb. 4) postuliert wurde: Situative Faktoren, Funktion, Inhalt und sprachliche Gestalt stehen in Wechselbeziehung zueinander. Wenn alles gut zueinander passt, ist der Text unauffällig, er realisiert die erwartete Kohärenz der verschiedenen Dimensionen. Deswegen können auch Texte ganz unterschiedlicher sprachlicher Gestalt (sogar wenn sie vom gleichen Thema handeln) gleichermaßen unauffällig sein, nämlich genau den Normen entsprechen, die für die jeweilige Textsorte oder Varietät gelten. Das heißt: Die Norm stellt nicht eine einheitliche Größe dar, sondern ein Gefüge aus verschiedenen Normen für unterschiedliche Teilbereiche der Sprachverwendung: Die normale Sprachgestalt von Märchen entspricht nicht der von wissenschaftlichen Abhandlungen, und das, was in der Verwaltungssprache üblich ist, ist im alltäglichen Sprachgebrauch auffällig.

Der Begriff der *Norm* im Sinne des Tradierten, Üblichen, Unauffälligen darf auch unter gar keinen Umständen mit der Norm im Sinne einer Vorschrift, einer Menge präskriptiver Regeln verwechselt werden, also mit dem, was von Kodifizierungsinstanzen für korrekt erklärt wird. Man differenziert die beiden Normbereiche oft als *Soll-Norm* (das entsprechend der Präskription Korrekte) und *Ist-Norm* (das entsprechend deskriptiven Untersuchungen tatsächlich Übliche, das teilweise von der Soll-Norm abweichen kann). Dieser auch mnemotechnisch geeigneten Differenzierung werde ich im Weiteren folgen. Bei der Soll-Norm denkt man in Bezug auf das Deutsche immer als erstes an die Vorschriften des *Duden*. Abgesehen davon, dass er gar nicht so präskriptiv ist, wie viele meinen und wie Sprachpfleger es wünschen – er lässt viele Varianten zu –, darf jedoch Soll-Norm nicht mit der Norm *einer* Varietät, nämlich der besonders hoch bewerteten Standard- oder Hochsprache, identifiziert werden. Soll-Normen betreffen überdies nicht nur das Korrekte, sondern auch das stilistisch Wünschbare. Sie sind einfach Vorschriften dafür, wie es sein soll, wie man zu sprechen oder zu schreiben hat, und solche kann es für alle Varietäten und Textsorten geben. Teilweise sind sie für verschiedene Bereiche geradezu gegensätzlich. So besteht eine Soll-Norm für die Wortwahl in wissenschaftlichen Texten in einem Synonymenverbot für Termini: Für ein Konzept soll immer derselbe (definierte) Fachausdruck verwendet werden. Im nicht-wissenschaftlichen Bereich lautet die Soll-Norm dagegen, dass Wortwiederholungen zu vermeiden sind (ein stilistischer Rat, den man übrigens auch im nicht-terminologischen Teil von Wissenschaftstexten beherzigen darf).

Bei den Ist-Normen, dem in bestimmten Situationen, Textsorten usw. Üblichen, handelt es sich offensichtlich um eine Frage der Frequenz. Es geht nicht um kategorische Regeln, entsprechend denen man eine sprachliche Form immer oder nie (in bestimmter Weise) gebraucht, sondern um Typisches, mit einer bestimmten Häufigkeit Auftretendes. Der Verweis darauf, dass in Parodien die (Soll- und Ist-)Norm darin besteht, Merkmale einer (noch dazu unpassenden) Ist-Norm zu übertreiben, zeigt besonders deutlich, dass eine Übererfüllung der Norm mindestens ebenso auffällig ist wie das Gegenteil.

Die Feststellung der Ist-Normen ist nun eine empirische Aufgabe, d. h. es muss die Sprachverwendung in verschiedenen Bereichen vergleichend untersucht werden. Grundlage für solche Untersuchungen können nur Textkorpora sein – Sprache realisiert sich nur in Texten –, so dass sich eine enge Verbindung zwischen den sog. traditionellen Untersuchungsbereichen der Sprachwissenschaft und der Textlinguistik als notwendig erweist.

Dabei kann sich das Interesse auf drei unterschiedliche Ebenen konzentrieren: Die Beschreibung und Interpretation von Einzeltexten, die Erfassung von Ist- und Soll-Normen für bestimmte Textsorten und Varietäten und schließlich die Zusammenschau und Verallgemeinerung spezifischer Ist-Normen, die es erlaubt, das für eine bestimmte Einzelsprache in einem bestimmten Zeitraum Typische, Übliche, Unauffällige zu erfassen. Alle drei Fragestellungen hängen notwendigerweise miteinander zusammen: Die Spezifik eines Einzeltextes kann man nur vor dem Hintergrund von Normen beurteilen – ist das in dieser Textsorte erwartbare (und eventuelle vorgeschriebene) realisiert oder gibt es Abweichungen dazu, und wenn ja: Wie sind diese zu interpretieren? Ob nun aber die Ist-Norm z. B. einer Textsorte tatsächlich genau für diese Textsorte typisch ist, kann man auch nur beurteilen, wenn man sie mit den Ist-Normen anderer Textsorten derselben Varietät und mit denen anderer Varietäten vergleicht, wenn man allgemeine Durchschnittwerte oder Bandbreiten für die Varianz kennt, die das Varietätengefüge der Sprache insgesamt charakterisieren.

Die damit umrissenen Aufgaben der deskriptiven Sprachwissenschaft sind natürlich schon seit langer Zeit angegangen und insbesondere in den verschiedenen Zweigen der Variationslinguistik bearbeitet worden, in der Historiolinguistik, der Sprachgeografie (bei der es auch um Varianten der Soll-Normen für die Standardsprache, die sog. nationalen Varietäten geht), der Soziolinguistik, Fachsprachforschung usw. Im Bereich der Textlinguistik sind es v. a. die Studien zu einzelnen Textsorten, die Ergebnisse zu diesen Fragen beitragen und dieser Zweig der Textlinguistik hat seit etwa 20 Jahren gerade die Forschungen zur Sprachgeschichte und zu Fachsprachen stark befruchtet. Trotz der Vielzahl von Einzelstudien fehlen jedoch noch weitgehend zusammenfassende Übersichten über die Ergebnisse, Werke, in denen man die für Vergleiche notwendigen Befunde nachschlagen könnte.[11] Dies wiederum hängt sehr stark damit zusammen, dass auch die Diskussion über die Untersuchungsmethoden unterentwickelt ist und in Einzelstudien vielfach mit schlecht definierten oder nicht vergleichbaren Kategorien gearbeitet wird. Für die künftige Forschung liegt hier noch ein weites Arbeitsfeld vor. In den folgenden beiden Unterkapiteln kann es nur darum gehen, eine erste Übersicht über relevante Beschreibungskategorien zu bieten. Nur exemplarisch können dabei vorliegende Untersuchungsergebnisse und Beispielanalysen eingebracht werden.

---

[11] Vgl. daher teilweise auch immer noch Meier (1967) – trotz der berechtigten Kritik von Braun (1993:166).

152

7.2.2. Lexik

In quantitativen Untersuchungen zum Wortschatz werden zunächst meist die folgenden eher formalen Merkmale berücksichtigt, die auch für das lexikalische Material jedweden Textes bestimmt werden können:
- Wortlänge (gemessen in Buchstaben oder Silben)
- Wortarten
- Wortkomplexität (Kategorien aus der Wortbildung wie Simplizia, Komposition, Derivation, Kurzwörter)
- Worthäufigkeit (vgl. Frequenzwörterbücher)
- Wortvarianz bzw. -wiederholung (type-token-Relation)

Immer nur für einen kleinen Teil des gesamten Wortmaterials relevant, daher aber auch unmittelbar auffällig und für qualitative Auswertungen besonders relevant sind folgende Merkmale:
- Herkunft („Fremdwörter')
- Varietätenspezifik (Ausdrücke, die markiert sind als Fachwörter, Regionalismen, als umgangssprachlich, gehoben, vulgär usw., als veraltet, selten etc.)
- Konnotation und Wertung (im Wörterbuch z. B. markiert als pejorativ, ironisch, spöttisch, euphemistisch usw.)

Die verschiedenen Merkmale hängen im Übrigen miteinander zusammen, die besonders häufigen Wörter sind z. B. auch besonders kurz, Fachwörter sind häufig komplex usw. Die aus der systembezogenen Wortschatzbetrachtung geläufigen Kategorien Wortfamilie und Wortfeld eignen sich dagegen nicht für eine Grobanalyse von Gesamttexten; nur in Ausnahmefällen (z. B. bei Wetterberichten oder Kochrezepten) lässt sich das Wortmaterial auf eine begrenzte Gruppe von Wortfeldern verteilen.

Unter textlinguistischen Gesichtspunkten scheint es mir nun sinnvoll, das Wortmaterial eines Textes nicht unmittelbar den durch diese Merkmale charakterisierten Gruppen zuzuordnen, sondern die Frage vorzuschalten, weshalb bestimmte Wahlen getroffen werden bzw. woraus sich die Erwartbarkeit herleitet. Unterscheiden möchte ich dabei vier Gruppen: Ein großer Teil des Wortmaterials entfällt immer auf Einheiten, die sich in allen Texten der betreffenden Sprache finden, sie erklären sich also aus der *Einzelsprachspezifik* des Textes. Dabei handelt es sich um die sog. Funktions- oder Strukturwörter, zu denen v. a. die Ausdrücke der Wortarten Artikel, Pronomen, Präposition, Konjunktion und Partikel gehören. Hinzuzurechnen sind auch die zur Formenbildung verwandten Hilfsverben sowie Modal- und Modalitätsverben, hochfrequente Adverbien und Zahl- und Mengenausdrücke. Der Anteil, den diese Ausdrücke am Gesamtbestand eines ‚Normaltextes' ausmachen, variiert natürlich entsprechend der Sprachstruktur. Im Deutschen sind es etwa 40–60%, also grob gesehen die Hälfte aller Ausdrücke.

Die übrigen Ausdrücke bezeichnet man als Inhaltswörter. Abgesehen von einigen ‚Allerweltswörtern' (wie z. B. *machen, Sache, allgemein* u. Ä.) ist deren Auswahl selbstverständlich in erster Linie vom *Thema* abhängig. Will man hier subdifferenzieren, kommt sehr wohl der Frage, welchen Wortfeldern und größeren Sachbereichen die Einheiten zuzuordnen sind, vorrangige Bedeutung zu. Entsprechendes gilt auch für den dritten Einflussfaktor, die *Textsorte*. Da Textsorten teilweise bereits thematisch spezifiziert sind (vgl. Kap. 6.4.) gibt es zwischen diesen beiden Faktoren einen Überschneidungsbereich; für thematisch stark variable Textsorten ist die Differenzierung aber notwendig. Zur vierten Gruppe gehört schließlich alles Wortmaterial, das sich nicht in die vorigen Kategorien einordnet; dies fasse ich als Restgruppe zusammen – sie umfasst also die am wenigsten oder gar nicht erwartbaren Ausdrücke und ist daher für die Interpretation besonders interessant.

Die genauere Untersuchung des Anteils der Funktionswörter und aller Untergruppen ist meist wenig ergiebig und nur relevant, da es bestimmte Textsorten gibt, in denen ihr Anteil von einem ‚allgemeinen Durchschnitt' deutlich abweicht. Überdurchschnittlich groß ist er etwa in dialogischen Texten, da hier charakteristischerweise auf die Gesprächspartner referiert wird, und zwar mit Pronomina, und auch ansonsten viele Referenzen mit deiktischen Elementen (vgl. dazu Diewald 1991) sowie viele Partikeln und Gesprächswörter vorkommen. Extrem gering (bis gegen 0) ist er natürlich in Textsorten, die gar keinen kohäsiven Texten entsprechen (Listen, Register usw.) oder entsprechend einer spezifischen Ist-Norm Kohäsionsmittel einsparen (Telegramme, Stichwortnotizen) oder auch durch grafische Sonderzeichen ersetzen. Textbeispiel 7.5 etwa enthält überhaupt nur vier Funktionswörter in Gestalt der Präpositionen *ohne, mit, wegen* und *von*, was einem Anteil von 8% entspricht.

Auch was die Inhaltswörter angeht, kann man einen groben Richtwert insofern angeben, als von diesen auf die Substantive immer der größte Anteil (meist mehr als die Hälfte) entfällt, während die Häufigkeit von Verben und Adjektiven textsortenspezifisch stark variiert. Wie notwendig es ist, solche Gegebenheiten zu berücksichtigen, zeigen irreführende Interpretationsversuche: In vielen Studien zur Werbesprache versucht man etwa, den besonders hohen Anteil von Substantiven aus der Textsorte zu erklären, mit dem Hinweis, durch Substantive würden ‚die Werbeobjekte benannt und gekennzeichnet' oder gar durch den allgemeinen Verweis auf die ‚heutige Tendenz zum Nominalstil in Wirtschaft und Verwaltung'. Dass es in durchformulierten Texten normalerweise mehr Substantive als Verben gibt, erklärt sich aber schon daraus, dass das strukturelle Zentrum des Satzes ein Verb (Prädikat) ist, das *mehrere* Mitspieler regiert, deren Standardform die Nominalgruppe ist, die dann auch noch Attribute in nominaler Form umfassen kann.

Der Unterschied zwischen themen- und textsortenspezifischen lässt sich gut an den Textbeispielen 6.2 und 6.3 veranschaulichen, da das Thema bei Abstracts (und den ihnen zugrunde liegenden wissenschaftlichen Aufsätzen) nicht vorhersehbar ist. Textsortenspezifisch sind die Ausdrücke, mit denen man auf den zusammengefassten Text und Teile davon Bezug nimmt (*Studie, Ergebnisse, Schluss*), auf Tätigkeiten des Autors referiert, die die in wissenschaftlichen Arbeitsprozessen üblichen sind (*Fragen nachgehen, vergleichen, Hypothesen überprüfen, zusammenfassen, unterscheiden*) und sonstige für Wissenschaft schlechthin typische Größen benennt (*Aspekt, Gruppe, Merkmal, Erhebung*). Für die Bezugnahme auf den Autor selbst wird in beiden Texten der Name (*Fluck*) gewählt, nicht wie sonst oft *Autor* oder *Verf(asser)*. Der Eigenname ist damit bereits themenspezifisch, hängt nämlich natürlich davon ab, welcher (wessen) Aufsatz zusammengefasst wird. Themenspezifisch sind weiter alle Ausdrücke, die den konkreten Inhalt des Aufsatzes betreffen (*Abstract, Textsorte, Metallkunde, Fremdsprachenunterricht* usw.).

In beiden Texten erkenne ich keinen Ausdruck, der der Restgruppe zuzuordnen wäre – sie enthalten also gar nichts Unerwartbares, und genau das ist für Abstracts völlig normal. Auffällig ist allenfalls das *leider* in 6.2. Es handelt sich zwar um ein Adverb, dessen Wahl insofern wenig überrascht, als es zu den 1000 häufigsten Wortformen des Deutschen gehört; es ist aber wegen der Wertung, die darin zum Ausdruck kommt, in einem Abstract auffällig. Es gibt nämlich eine Soll-Norm, nach der man in dieser Textsorte (im Gegensatz zur Rezension) auf Wertungen zu verzichten hat. Dem widerspricht allerdings zumindest teilweise die Funktion von Abstracts – schließlich sollten sie dem Leser zu erkennen geben, welchen Nutzen er aus der Lektüre des Aufsatzes ziehen kann.

Auch die weiteren Erörterungen zur Analysegesichtspunkten im Bereich des Wortschatzes sollen anhand der Textbeispiele aus Kapitel 6 vorgenommen werden. 5.1–5.3 und 5.6 sind lexikalisch wenig auffällig, auch hier lassen sich die Wahlen aus Thema und Textsorte erklären. Für die Textsorte Lexikoneintrag typisch sind die Abkürzungen – *geb., Stud., Dld., Gest.; Ps[eudonym], D.*, nicht jedoch allgemein verbreitete wie *(i.) Br., Dr. med., u. a., z. T.* Im Klappentext 5.2 unauffällig ist die Wertung *bedeutendsten*.

In 5.3 fällt natürlich *Irrenarzt* (bzw. *irrenärztlich, Kreisirrenanstalt* und *Privatirrenanstalt*) auf, dabei handelt es sich jedoch um die historisch üblichen Ausdrücke, die bei Döblin erwartbar sind und uns lediglich die historische Distanz verdeutlichen, die uns von ihm trennt. In den moderneren Texten sind sie denn auch ersetzt durch *Facharzt für Nervenkrankheiten* (5.1), *für Neurologie* (5.5) bzw. *Nervenarzt* (5.6) – nicht jedoch durch das heute üblichste *Psychiater* – und werden nur dort verwendet, wo es um die offizielle Bezeichnung der Institutionen geht, an denen Döblin gearbeitet hat.

Unerwartbar ist in 5.6 eigentlich nur[12] *lebensuntüchtiger (Mensch)* als Charakterisierung des Vaters; diese Wertung widerspricht der Erwartung an die neutral-zurückhaltende Darstellungsweise des Lexikons. Während es in 5.6 jedoch nur diese eine punktuelle Abweichung davon gibt, orientiert sich 5.5 offensichtlich gar nicht an der entsprechenden Norm, sondern realisiert das im Vorwort des *Metzler Autoren Lexikons* zum Ausdruck gebrachte Bemühen um „erzählerische Intensität". Gleichwohl ist bemerkenswert, dass es auf der lexikalischen Ebene doch nur wenige Einheiten sind, die diesen Effekt erzeugen. Ich zähle dazu die im *Duden Universalwörterbuch* als ‚gehoben' gekennzeichneten Lexeme *Bann* und *Menetekel*, die seltenen Verben *entfliehen* und *entrinnen*, die gefühlsbetonten *leidenschaftlich, Elend* (2mal) und insbesondere die dramatisierende Metapher *Hölle* sowie schließlich das ironisch-spöttische *Schneidermamsell*. Schließlich sind auch nicht erwartbar die Anleihen aus dem Vokabular der Psychoanalyse (*Lust-* und *Realitätsprinzip*) und aus dem soziologisch-politischen Diskurs (*Obrigkeitsstaat, Ordnungsdenken*), die eine bestimmte Richtung des interpretatorischen Ansatzes erkennen lassen. Zur erzählerischen Intensität trägt generell auch der Rückgriff auf Zitate bei, in denen sich mit *Vertreibung aus dem Paradies* und *Strindberg-Ehe* auch nochmals auffallende Wortschatzeinheiten finden.

---

[12] Etwas erstaunlich ist wohl auch die Bemerkung in der Klammer (drittletzte Zeile von 5.6); sie ist aber nicht lexikalisch, sondern nur thematisch auffallend, weil man in einem relativ knappen Lexikonartikel Details wie die im Gepäck mitgeführte Literatur normalerweise ausspart.

Besonders bemerkenswert sind die lexikalischen Unterschiede zwischen den beiden Texten von Döblin selbst. Während sich 5.3 auf neutrale Ausdrücke beschränkt, wie sie eben auch für einen Lexikoneintrag taugen, beginnt 5.4 in der gleichen Weise, schlägt aber dann (übrigens mitten im Absatz) in eine stark subjektiv getönte Darstellung um. Sprachlich sind dafür charakteristisch die massive (und in 5.3 strikt gemiedene) Verwendung von Personalpronomina der 1. Person, Ausdrücke aus dem Wortfeld Gefühle (schon gewissermaßen angebahnt mit *hängend* im ersten Abschnitt, dann: *zuwider, Lust, verbissene Wut, Hochmut, fürchterlich abstoßend*; vgl. auch *Rühr-mich-nicht-an*), einige intensivierende (*außerordentlich, fürchterlich, überall*) sowie abwertende Ausdrücke niedrigen Stilniveaus (*Pennäler, sich herumschlagen, sich herumtreiben, eine Handvoll*) und die bildhafte Redeweise mit rekurrenten Morphemen bzw. Semen (*Durchbruch, Ausbruch, Dammbruch; geströmt*).

Auch in diesem Text ist es jedoch nicht allein oder nicht einmal in erster Linie die Wortwahl, die die Eindringlichkeit der Gestaltung ausmacht; die lexikalischen Wahlen müssen im Zusammenhang mit den grammatischen betrachtet werden. Bevor die Beispielerläuterung unter diesem Gesichtspunkt fortgesetzt wird, müssen wir uns aber auch die wichtigsten grammatischen Analysekategorien vor Augen führen.

7.2.3. Grammatik

Auf der Ebene der Grammatik gibt es mit Abstand die meisten quantitativen Untersuchungen; im Vordergrund stehen auch hier formale Merkmale, von denen man annimmt, dass sie in allen Texten vorkommen:
- Länge der Gesamtsätze
- Komplexität der Gesamtsätze (Einfachsätze, Satzreihen, Satzgefüge, Anzahl und Abhängigkeitsgrad der Nebensätze)
- Länge der Elementar-/Teilsätze
- Satzart der Hauptsätze
- Form der Nebensätze (konjunktionale, durch Relativpronomen oder Fragewort eingeleitete, uneingeleitete; satzwertige Infinitiv- und Partizipialkonstruktionen)
- syntaktische Funktion der Nebensätze (Attributsätze, Gliedsätze und Untertypen)
- semantischer Typ der (konjunktionalen) Nebensätze
- Komplexität des Prädikats (insbesondere mit Modal-/Modalitätsverben und Funktionsverbgefüge)
- Stellung der Prädikatsteile (Klammerbildung)
- Tempus (selten auch: Person und Numerus)
- Modus
- Genus Verbi
- Valenz des Prädikats und Realisierung der Ergänzungen (Satzbaupläne)
- Umfang und Komplexität der Satzglieder und Satzgliedteile (insbesondere Attribute)
- Kasus (selten auch: Numerus und Genus)

156

Schon die Zuordnung zu diesen formalen Kategorien ist, anders als man vielleicht erwartet, nicht immer unproblematisch und eindeutig (das gilt im Übrigen auch für die Analyse im Bereich der Lexik). So kann bereits die Abgrenzung der Satzeinheiten Schwierigkeiten bereiten (wie geht man z. B. mit Doppelpunkt und Semikolon als Grenzsignalen um, wie mit Abkürzungen, durch Bindestrich verbundenen Einheiten u. v. a. m.?). Noch schwieriger sind aber Untersuchungen zu satzsemantischen Phänomenen, bei denen die Kategorien weniger klar gegeneinander abgegrenzt werden können, also etwa zu semantischen Prädikatsklassen und semantischen Rollen (vgl. für diese Fragen v. a. Polenz 1988). Sie sind daher auch weniger geeignet für groß angelegte quantitative Analysen, aber von besonderem Interesse bei der Feinanalyse und dem Vergleich von Einzeltexten.[13]

Die Liste von für grammatische Analysen relevanten Kategorien wurde eingeleitet mit dem zunächst wahrscheinlich etwas enigmatischen Hinweis, man nehme an, sie kämen in allen Texten vor. Er ist jetzt zu erläutern: Die Kategorien sind fast alle zugeschnitten auf den vollständigen Verbalsatz; es wird also vorausgesetzt, dass Texte eine Folge von Einheiten darstellen, die der syntaktischen Soll-Norm der Standardsprache entsprechen. Nun gibt es aber auch eine Vielzahl von anderen Konstruktionen. Besonders häufig treten diese in gesprochener Sprache auf. Für diese meint man denn auch oft, ein abweichendes Regelsystem rekonstruieren zu müssen, wenn man sich nicht gar einfach mit der Annahme begnügt, gesprochene Sprache weiche in vieler Hinsicht von den Regeln des Systems ab. Dem liegt jedoch eine Verwechslung von Soll- und Ist-Norm zugrunde bzw. die noch immer weithin herrschende Ansicht, Ist-Normen, d. h. der tatsächliche Sprachgebrauch, bildeten gar nicht den Gegenstand der Arbeit von Grammatikern.

Für textlinguistische Analysen ist eine solche Voraussetzung unhaltbar, da hier das, was tatsächlich vorliegt, beschrieben werden muss. Für eine Diskussion der Problematik und eine Übersicht über Phänomene, die in Arbeiten vernachlässigt werden, die an der Soll-Norm der Standardsprache orientiert sind, sei die Arbeit von Jürgens (1999) empfohlen.[14] Er setzt als Grundkategorie die *syntaktische Basiseinheit* an und legt als Beschreibungsrahmen die Dependenzgrammatik zugrunde, da sich Dependenzen nicht nur im Verbalsatz, sondern in allen Syntagmen ausmachen lassen. Das regierende Element wird als *Zentralregens* bezeichnet. Neben satzförmigen Ausdrücken (die ein finites Verb und ein Subjekt enthalten) kann Jürgens so auch Verbalkonstruktionen ohne Subjekt, Nominal-, Partizipial-, Infinitivkonstruktionen u. a. beschreiben, also die Gesamtheit syntaktischer Ist-Normen erfassen. Jürgens geht es besonders darum, gesprochene Sprache einzubeziehen und er behandelt nur am Rande Schrifttexte. Unsere Beispieltexte zeigen jedoch, dass die Beschränkung auf den Satz als Basiseinheit bei deren Analyse ebenso unangebracht ist.

Belege dafür enthält schon das auf den ersten Blick syntaktisch gar nicht besonders auffallende Textbeispiel 7.1. Neben dem Titel (für den satzförmige Konstruktionen sowieso untypisch sind) sind das erste, zweite und sechste Segment – alle drei sind durch die Inter-

---

[13] Vgl. für Beispiele Adamzik (2001d:171ff. und 287f.).

[14] Vgl. auch die zusammenfassende Darstellung in Gansel/Jürgens (2002:Kap. 6). Die Diskussion wird meist unter dem Stichwort *Ellipsen* geführt; vgl. an weiteren wichtigen Arbeiten dazu Ortner (1987) und Behr/Quintin (1996).

punktion als Gesamtsätze gekennzeichnet – nicht satzförmig, sondern haben als Zentralregens eine Präposition (*Im Autobus ...*) bzw. Nomina (*Ein Kerl ...; Weinerlicher Ton*).

Für gewisse Textsorten sind nicht-satzförmige syntaktische Basiseinheiten typisch. Dazu gehören einige der Beispieltexte zu Döblins Biografie, deren Besprechung jetzt wieder aufgenommen werden soll. Auf eine Exemplifizierung der quantitativen Auswertung entsprechend den aufgelisteten Standardkategorien muss dabei verzichtet werden. Sie wäre schon deswegen unangebracht, weil die meisten Texte aus Raumgründen gekürzt sind, und zwar unter inhaltlichen Gesichtspunkten, wobei auch die syntaktische Originalgliederung nicht immer respektiert wurde. Es kommt hier aber auch mehr darauf an, Interpretationsansätze für grammatische Analysen vorzustellen.

Lexikonartikel sind ein klassischer Fall für Texte mit durchlaufendem Thema im Sinne der thematischen Progression (vgl. Kap. 6, Anm. 3). Das fett gedruckte Stichwort bezeichnet das Thema, über das dann eine Reihe von Aussagen hintereinandergeschaltet werden. Unsere Lexikoneinträge enthalten drei übliche Formen, die überflüssige Wiederholung des Themenausdrucks einzusparen: Weglassung, Wiederaufnahme mit der abgekürzten Form des Stichworts und nominale Prädikationen.

5.1 weist eine normale Gliederung mit Punkten zur Abgrenzung der syntaktischen Basiseinheiten auf, aber nur einen ‚normalen Satz', in dem das Thema (Döblin) durch ein Pronomen wiederaufgenommen ist (*1945 kehrte er nach Dld. zurück.*) Daneben gibt es vier weitere finite Verben, denen jedoch kein explizites Subjekt zugeordnet ist, es ist also einfach weggelassen. Zwei Basiseinheiten sind Partizipialkonstruktionen: Es handelt sich um die in biografischen Artikeln überaus erwartbaren Ausdrücke *geb.* und *gest.* Mit *Stud.* schließlich gibt es ein nominales Zentralregens, das semantisch einer Prädikation entspricht.

Ganz anders geht 5.6 vor. Es enthält überhaupt nur drei durch Punkte gegeneinander abgegrenzte Segmente; der Themenausdruck wird nur gelegentlich (3mal), und zwar in der abgekürzten Form *D.* wiederaufgenommen und nur einmal erscheint das Personalpronomen (*er selbst wurde verfolgt*). Die drei Teilsegmente (besonders die letzten beiden) sind extrem lang, in sich aber durch Kommata und Semikola deutlich strukturiert (eine Auszählung der Satzlänge mit dem Abgrenzungskriterium Punkt würde daher ein sehr erstaunliches, v. a. aber irreführendes Ergebnis erbringen). Anders als 5.1 geht 5.6 nun insofern vor, als die meisten Prädikationen nominal ausgedrückt sind, insbesondere diejenigen, die Aktivitäten von Döblin betreffen (*Übersiedlung, Besuch, Versuche, Studium, Mitbegründer und Mitarbeiter, Beginn, Bekanntschaft, Emigration, Flucht, Übertritt*). Es handelt sich hier um Verbalableitungen; dazu kommen Personenbezeichnungen (*Romancier usw., Nervenarzt, Militärarzt, Mitglied, Staatsbürger*). Nominal ausgedrückt sind auch zwei Prädikate, bei denen Döblin die semantische Rolle des sog. Experiencers einnimmt, dessen, dem etwas geschieht (*Depression, Krise*). Die zwei finiten Verben mit Handlungsprädikaten im Aktiv (*verließ, wanderte aus*) beziehen sich auf Aktivitäten des Vaters; auf Döblin bezogene verbale Prädikate sind passivisch (*wurden verboten, wurde verfolgt*) oder es handelt sich um statische Prädikate (*stammt; war verheiratet und Vater*). Insgesamt können wir damit festhalten, dass das präferierte Ausdrucksmuster für die Stationen im Leben Döblins in 5.6 nominale Konstruktionen sind. Diesen steht meist eine Zeitangabe voran, so dass es sich gewissermaßen um eine tabellarische Auflistung, eine Zeittafel, handelt, die sicherlich nur aus Platzgründen nicht auch grafisch realisiert ist. Sowohl 5.1 als auch 5.6 sind also ziemlich stereotyp formuliert: Jeder, der die Daten kennt, kann solche ‚nach Schema F‘ gestalteten Texte mit Leichtigkeit nachahmen.

Inhaltlich ähnlich wie 5.6 (wenn auch wesentlich kürzer), aber offenbar an der Standardnorm orientiert ist dagegen 5.2. Das präferierte Ausdrucksmuster ist der Verbalsatz mit Subjekt (11 finite Verben, 10 davon Präterium, die einzige Präsensform ist das Eigenschaftsprädikat *entstammt*), und das durchlaufende Thema (*Alfred Döblin*) erscheint mit ‚normalen‘ Wiederaufnahmeformen (viermal *er*, zweimal *Döblin* und einmal *Alfred Döblin*). Bemerkenswert ist immerhin, dass gleichwohl dreimal ein Nomen als Zentralregens vorkommt, und zwar nicht nur vor der Liste mit der Werbung für weitere Bücher des Autors bei dtv (*Weitere wichtige Werke:*), sondern mit *Mitbegründer und Mitarbeiter* bzw. *Konversion* auch ganz so wie in 5.6. Dies zeigt nochmals, dass auch in einem an der Standardnorm ausgerichteten Text gelegentliche Nominalkonstruktionen nichts besonders Auffallendes haben, ja man deren Einsatz sogar als stilistisch wünschbare Variation gelten lassen kann. Um diese bemüht sich der Autor auch sonst, da ins Vorfeld unterschiedliche Elemente gestellt werden (Subjekt, Adverbialbestimmung und Präpositionalobjekt). Dennoch weist der Text eine sehr einfache parataktische Struktur ohne jeden Nebensatz auf.

Der Text 5.5 aus dem *Metzler Autoren Lexikon* ist dagegen der grammatisch anspruchsvollste und variantenreichste; eben dies führt dazu, dass er von den Erwartungen an den Lexikonstil völlig abweicht. Erwähnt sei nur, dass von den 33 finiten Verben ein Drittel auf Nebensatzprädikate entfällt, dass neben den lexikontypischen Partizipialkonstruktionen (in der zweiten Titelzeile und der Klammer mit den Geburtsdaten der Söhne) auch ungewöhnliche vorkommen, die aber der Soll-Norm der Standardsprache entsprechen: *von Frauen angezogen und sie zugleich fliehend; Der Hölle Europa ... entronnen, mußte er ...* Ferner wird auch mit Parenthesen gearbeitet. Lexikonspezifische nominale Prädikate gibt es nicht, und das Adjektiv als Zentralregens (*Nicht zufällig, daß er ...*) kann man nicht auf Bemühen um Ökonomie zurückführen, sondern um expressive Dichte und Variation.

Grammatisch am auffallendsten sind die Texte von Döblin selbst, was man aber hier wohl nicht auf den besonderen Stilwillen des Literaten zurückführen kann. Textbeispiel 5.3 enthält nur ein einziges finites Verb (ganz am Schluss), das sich auf ein Werk (3. Person!) bezieht und zu einem Nebensatz gehört. Der Text folgt mit nominalen (*Approbation, Doktorexamen, Tätigkeit, Übergang*) und partizipialen Prädikaten (*geboren, niedergelassen*) in gewissem Ausmaß zwar den Erwartungen an den Lexikonstil. Er schießt aber darüber hinaus: Verwendet werden nämlich auch Präsenspartizipien und die Partizipialkonstruktionen stellen offenbar ein präferiertes Muster dar, das selbst dann eingesetzt wird, wenn der explizite Prädikatsausdruck überflüssig ist. Dies gilt für *eingezogen* (da sich die Information schon aus *landsturmpflichtig* ergibt) und *absolvierend* (lexikongemäß wäre: *Besuch des Köllnischen Gymnasiums bis ...* oder einfach *Köllnisches Gymnasium bis ...*) sowie *1912 verheiratet* (statt *seit 1912 verheiratet* oder *Heirat (mit ...)*). Auffallend sind schließlich *einsetzend* bzw. *zurücktretend* (statt etwa *lebhafter seit ...*). Ich sehe in diesen Formulierungsauffälligkeiten einen (bewussten?) Ausdruck des Dilemmas, von sich selbst mit Distanz zu sprechen.

Wie bereits früher erwähnt, beginnt 5.4, und zwar auch grammatisch, in genau derselben Weise. Dann erfolgt jedoch ein Bruch: Döblin geht zur offenen *Ich*-Form über und damit auch zu ‚normalen‘ Prädikationen mit finitem Verb. Über die Soll-Normen des schriftsprachlichen Standards setzt er sich gleichwohl hinweg. Nicht nur die Wortwahl, sondern auch die Syntax entspricht eher mündlichem Sprachgebrauch. Dafür sprechen die Trennung des *sondern*-Anschluss vom vorangehenden Satz, Konstruktionen ohne Prädikat oder Subjekt und asyndetische Anschlüsse (... *bei Laboratoriumsarbeit ...; erschien bei ..., bin mir ...; wurde gerissen, mußte ...*).

All dies erscheint besonders massiv in dem Abschnitt über die Entstehung von *Wang-lun*. Dem lexikalisch explizit genannten *Ausbruch* bzw. *Dammbruch* korrespondiert syntaktisch eine die Atemlosigkeit gut zum Ausdruck bringende asyndetische Reihung von Adverbialbestimmungen. Interessanterweise steht das zugehörige Prädikat im Passiv ‚*Wang-lun' wurde ... geschrieben*; ausgerechnet hier (und anders als beim Ausdruck seiner Gefühle), bei seiner Aktivität also, blendet sich der Autor als Person aus – das Werk entstand mehr in einem unkontrollierbaren Prozess, statt Ergebnis geplanter und geordneter Aktivität zu sein. Mit *geströmt* liegt auch geradezu ein Satzbruch vor, denn auf dieses intransitive Verb kann sich das Passivauxiliar nicht beziehen.

Alles mündet in der Prädikation *fertig Mai 1913*, bei der einen das Adjektiv an einen Stoßseufzer, einen Ausruf der Erleichterung erinnert.

Aufgaben

1. Die hier zitierte Fassung von Textbeispiel 3 folgt der historisch-kritischen Ausgabe von Hebels Werken und entspricht in mancher Hinsicht nicht heutigen Ist- und Soll-Normen. Führen Sie die Analyse der Kohäsionsmittel für dieses Beispiel weiter (vgl. schon S. 140f.) und gehen Sie dabei besonders auf diese Abweichungen ein: Inwieweit widersprechen sie heutigen Erwartungen an die Textkohärenz?

2. Schreiben Sie weitere Varianten zu Textbeispiel 7.1, die Sie etwa unter die Titel *Passiv*, *Konversationsanalytisch* und *Polizeibericht* stellen könnten.

3. Stellen Sie anhand der Duden-Grammatik ([6]1998) fest, welche Daten es zur Häufigkeit von Verbformen im Passiv gibt. Beurteilen Sie vor diesem Hintergrund die folgende Interpretation aus einer Untersuchung zu Verwaltungstexten, in denen die gängige Auffassung, hier sei das Passiv besonders häufig, durch eine statistische Auswertung der vorkommenden Genera Verbi überprüft wurde:

   „In diesem Text stehen allerdings nur 21 Passivformen 66 Aktivformen gegenüber. Bei diesem 1:3-Verhältnis kann also von Bevorzugung des Passivs keine Rede sein."

Literatur

1. Quellennachweis für die Textbeispiele

1. Grimms Märchen, Nr. 43. Zit. nach: Kinder- und Hausmärchen gesammelt durch die Brüder Grimm. Darmstadt: Wissenschaftliche Buchgesellschaft 1967, S. 246.
2. Brinker (1985:37).
3. Johann Peter Hebel, Schatzkästlein des Rheinländischen Hausfreundes. Zit. nach: J. P. Hebel: Sämtliche Schriften. Historisch-Kritische Gesamtausgabe. Karlsruhe: Müller, Bd. II, 1990, S. 281–284.
4. Alfred Döblin: Berlin Alexanderplatz, 5. Buch. Zit. nach: A. Döblin: Berlin Alexanderplatz. Die Geschichte vom Franz Biberkopf. Zürich/Düsseldorf: Walter-Verlag 1996, S. 189f.
5.1. Herbert A. Frenzel/Elisabeth Frenzel: Daten deutscher Dichtung. Chronologischer Abriß der deutschen Literaturgeschichte. München: Deutscher Taschenbuch Verlag 1969, Bd. 2, S. 542.
5.2 Klappentext der dtv-Taschenbuchausgabe von Alfred Döblin: Berlin Alexanderplatz. Die Geschichte vom Franz Biberkopf. München: Deutscher Taschenbuch Verlag 1965.
5.3 Alfred Döblin: Brief an Franz Brümmer vom 10.10.1917. In: A. Döblin: Briefe. Olten/Freiburg i. Br.: Walter-Verlag 1970, S. 100f.
5.4 Alfred Döblin: Autobiographische Skizze (1922). Zit. nach: A. Döblin: Schriften zu Leben und Werk. Olten/Freiburg i. Br.: Walter-Verlag 1986, S. 36f.
5.5 Metzler Autoren Lexikon. Hg. v. Bernd Lutz. Stuttgart/Weimar: Metzler 1994, S. 150ff. (Autor des Artikels: Uwe Schweikert).
5.6 Günter Albrecht/Kurt Böttcher/Herbert Greiner-Mai/Paul Günter Krohn: Lexikon deutschsprachiger Schriftsteller von den Anfängen bis zur Gegenwart. Leipzig: Bibliographisches Institut 1974, Bd. 1, S. 155ff.
6.1 Abstract von Fluck (1988). In: Gnutzmann (1988:219f.).
6.2 Adamzik (1995:88f.).
6.3 Ehlich et al. (2000:70).
7. Raymond Queneau: Stilübungen. Frankfurt a. M.: Suhrkamp 1990.

2. Wissenschaftliche Literatur

Adam, Jean-Michel (1992): Les textes: types et prototypes. Récit, description, argumentation, explication et dialogue. Paris: Nathan.
– (1999): Linguistique textuelle. Des genres de discours aux textes. Paris: Nathan.
Adamzik, Kirsten (1991): „Forschungsstrategien im Bereich der Textsortenlinguistik". In: Zeitschrift für Germanistik N.F. 1, 99–109.
– (1994): „Zum Begriff der Mustermischung". In: Halwachs, Dieter W./Stütz, Irmgard (Hgg.): Sprache – Sprechen – Handeln. Akten des 28. Linguistischen Kolloquiums, Graz 1993. Tübingen: Niemeyer, Bd. 2, 3–8.
– (1995): Textsorten – Texttypologie. Eine kommentierte Bibliographie. Münster: Nodus [http://www.unige.ch/lettres/alman/akt/aktbilbl.html]
– (Hg.) (2000a) Textsorten. Reflexionen und Analysen. Tübingen: Stauffenburg.
– (2000b) „Was ist pragmatisch orientierte Textsortenforschung?" In: Adamzik (2000a), 91–112.
– (2000c): „Dialogerträge. Ansätze zu einer mehrperspektivischen Gesprächsanalyse". In: Zeitschrift für germanistische Linguistik 28, 185–206.
– (2001a): Kontrastive Textologie. Empirische Untersuchungen zur deutschen und französischen Sprach- und Literaturwissenschaft. Tübingen: Stauffenburg.

162

- (2001b): „Die Zukunft der Text(sorten)linguistik. Textsortennetze, Textsortenfelder, Textsorten im Verbund". In: Fix et al. (2001), 15–30.
- (2001c): „Grundfragen einer kontrastiven Textologie". In: Adamzik (2001a), 13–48.
- (2001d): Sprache: Wege zum Verstehen. Tübingen/Basel: Francke.
- (2001e): „Aspekte der Gesprächstypologisierung". In: Brinker et al. (2000/01), Bd. 2, 1472–1484.
- (Hg.) (2002a): Texte, Diskurse, Interaktionsrollen. Analysen zur Kommunikation im öffentlichen Raum. Tübingen: Stauffenburg.
- (2002b): „Interaktionsrollen. Die Textwelt und ihre Akteure". In: Adamzik (2002a), 211–255.
- (2002c): „Zum Problem des Textbegriffs. Rückblick auf eine Diskussion". In: Fix et al. (2002), 163–182.
Adelung, Johann Christoph (1781/1977): Deutsche Sprachlehre. Berlin: Voß; Nachdruck Hildesheim/ New York: Olms.
- (1785/1974): Über den deutschen Styl. Berlin: Voß; Nachdruck Hildesheim/New York: Olms.
Aitchison, Jean (1997): Wörter im Kopf. Eine Einführung in das mentale Lexikon. Tübingen: Niemeyer, (engl. Orig. 1987).
Antos, Gerd/Krings, Hans P. (Hgg.) (1989): Textproduktion. Ein interdisziplinärer Forschungsüberblick. Tübingen: Niemeyer.
- /Tietz, Heike (Hgg.) (1997): Die Zukunft der Textlinguistik. Traditionen, Transformationen, Trends. Tübingen: Niemeyer.
Arnold, Heinz Ludwig/Detering, Heinrich (Hgg.) (1996): Grundzüge der Literaturwissenschaft. München: Deutscher Taschenbuch Verlag.
Auer, Peter (1999): Sprachliche Interaktion. Eine Einführung anhand von 22 Klassikern. Tübingen: Niemeyer.
Baumann, Klaus-Dieter/Kalverkämper, Hartwig (Hgg.) 1992: Kontrastive Fachsprachenforschung. Tübingen: Narr.
Beaugrande, Robert-Alain de/Dressler, Wolfgang Ulrich (1981): Einführung in die Textlinguistik. Tübingen: Niemeyer .
Behaghel, Otto (1923–1932): Deutsche Syntax. Eine geschichtliche Darstellung. Heidelberg: Winter, 4 Bde.
Behr, Irmtraud/Quintin, Hervé (1996): Verblose Sätze im Deutschen. Zur syntaktischen und semantischen Einbindung verbloser Konstruktionen in Textstrukturen. Tübingen: Stauffenburg.
Bense, Max (1969): Einführung in die informationstheoretische Ästhetik, Grundlegung und Anwendung in der Texttheorie. Reinbek: Rowohlt.
Berger, Peter L./Luckmann, Thomas (1966/1980): Die gesellschaftliche Konstruktion der Wirklichkeit. Eine Theorie der Wissenssoziologie. Frankfurt a. M.: Fischer.
Bessmertnaja, N. W. / Mankowskaja, S. M. (1983): „Das Redegenre Kommuniqué und sein kompositorischer Aufbau". In: Textlinguistik 10, 23–33.
Biere, Bernd-Ulrich (1991): Textverstehen und Textverständlichkeit. Heidelberg: Groos.
Bittner, Johannes (2003): Digitalität, Sprache, Kommunikation. Eine Untersuchung zur Medialität von digitalen Kommunikationsformen und Texten und deren varietätenlinguistischer Modellierung. Berlin: Erich Schmidt.
Bloomfield, Leonard (2001): Die Sprache. Wien: Praesens, (engl. Orig. 1933).
Boost, Karl (1955): Neue Untersuchungen zum Wesen und zur Struktur des deutschen Satzes. Berlin: Akademie.
Braun, Peter (^{3}1993): Tendenzen in der deutschen Gegenwartssprache. Varietäten. Stuttgart u. a.: Kohlhammer.
Brinker, Klaus (1971): „Aufgaben und Methoden der Textlinguistik. Kritischer Überblick über den Forschungsstand einer neuen linguistischen Teildisziplin". In: Wirkendes Wort 21, 217–237.
- (^{1}1985, ^{5}2001): Linguistische Textanalyse. Eine Einführung in Grundbegriffe und Methoden. Berlin: Erich Schmidt.
- (Hg.) (1991): Aspekte der Textlinguistik. Hildesheim u. a.: Olms (= Germanistische Linguistik 106–107).
- (1993): Textlinguistik. Heidelberg: Groos.
- (2000): „Textfunktionale Analyse". In: Brinker et al. (2000/01), Bd. 1, 175–186.

- /Antos, Gerd/Heinemann, Wolfgang/Sager, Sven F. (Hgg.) (2000/01): Text- und Gesprächslinguistik. Ein internationales Handbuch zeitgenössischer Forschung. Berlin/New York: de Gruyter, 2 Bde.
Brown, Gillian/Yule, George (1983): Discourse Analysis. Cambridge u. a.: Cambridge University Press.
Bühler, Karl (1934/1965): Sprachtheorie. Die Darstellungsfunktion der Sprache. Stuttgart: Gustav Fischer.
Burger, Harald (^{2}2000a): Sprache der Massenmedien. Berlin/New York: de Gruyter.
- (2000b): „Textsorten in den Massenmedien". In: Brinker et al. (2000/01), Bd. 1, 614–628.
- (2001): „Intertextualität in den Massenmedien". In: Breuer, Ulrich/Korhonen, Jarmo (Hgg.): Mediensprache – Medienkritik. Frankfurt a. M. u. a.: Lang, 13–43.
Busse, Dietrich (1992): Textinterpretation. Sprachtheoretische Grundlagen einer explikativen Semantik. Wiesbaden: Westdeutscher Verlag.
Bußmann, Hadumod (^{3}2002): Lexikon der Sprachwissenschaft. Stuttgart: Kröner.
Coseriu, Eugenio (1979): „System, Norm und ,Rede'". In: Coseriu, E.: Sprache. Strukturen und Funktionen. XII Aufsätze zur allgemeinen und romanischen Sprachwissenschaft. Tübingen: Narr, 45–59.
- (1980, ^{3}1994): Textlinguistik. Eine Einführung. Tübingen/Basel: Francke.
- (1988): Einführung in die Allgemeine Sprachwissenschaft. Tübingen: Francke.
Danneberg, Lutz/Niederhauser, Jürg (Hgg.) (1998): Darstellungsformen der Wissenschaften im Kontrast. Aspekte der Methodik, Theorie und Empirie. Tübingen: Narr.
Daneš, František (1970): „Zur linguistischen Analyse der Textstruktur". In: Folia Linguistica 4, 72–78.
Dietz, Gunther (1995): Titel wissenschaftlicher Texte. Tübingen: Narr.
Diewald, Gabriele Maria (1991): Deixis und Textsorten im Deutschen. Tübingen: Niemeyer.
Dijk, Teun A. van (1971/1978): „Aspekte einer Textgrammatik". In: Dressler (1978a), 268–299.
- (1980): Textwissenschaft. Eine interdisziplinäre Einführung. Tübingen: Niemeyer.
Dimter, Matthias (1981): Textklassenkonzepte heutiger Alltagstexte. Kommunikationssituation, Textfunktion und Textinhalt als Kategorien alltagssprachlicher Textklassifikation. Tübingen: Niemeyer.
Drach, Erich (1937/1963): Grundgedanken der deutschen Satzlehre. Darmstadt: Wissenschaftliche Buchgesellschaft.
Dressler, Wolfgang (1972): Einführung in die Textlinguistik. Tübingen: Niemeyer.
- (Hg.) (1978a): Textlinguistik. Darmstadt: Wissenschaftliche Buchgesellschaft.
- (1978b): „Wege der Textlinguistik. Einleitung". In: Dressler (1978a), 1–14.
- /Schmidt, Siegfried J. (1973): Textlinguistik. Kommentierte Bibliographie. München: Fink.
Duden. Deutsches Universalwörterbuch (^{4}2001). Mannheim u. a.: Bibliographisches Institut.
Eckkrammer, Eva Martha (2002): „Brauchen wir einen neuen Textbegriff?" In: Fix et al. (2002), 31–57.
- /Hödl, Nicola/Pöckl, Wolfgang (1999): Kontrastive Textologie. Wien: Praesens.
Ehlich, Konrad (1984): „Zum Textbegriff". In: Rothkegel, Annely/Sandig, Barbara (Hgg.): Text – Textsorten – Semantik. Hamburg: Buske, 9–25.
- /Steets, Angelika/Traunspurger, Inka (2000): Schreiben für die Hochschule. Eine annotierte Bibliographie. Frankfurt a. M. u. a.: Lang.
Eisenberg, Peter (1996): „Sprachsystem und Schriftsystem". In: Günther, Hartmut/Ludwig, Otto (Hgg.): Schrift und Schriftlichkeit. Ein interdisziplinäres Handbuch internationaler Forschung. Berlin/New York: de Gruyter, Bd. 2, 1368–1380.
Eroms, Hans-Werner (1986): Funktionale Satzperspektive. Tübingen: Niemeyer.
- (2000): „Der Beitrag der Prager Schule zur Textlinguistik". In: Brinker et al. (2000/01), 36–43.
Fabricius-Hansen, Cathrine (2000): „Formen der Konnexion". In: Brinker et al. (2000/01), Bd. 1, 331–343.
Feilke, Helmuth (2000): „Die pragmatische Wende in der Textlinguistik". In: Brinker et al. (2000/01), 64–82.

164

Figge, Udo L. (2000): „Die kognitive Wende in der Textlinguistik". In: Brinker et al. (2000/01), 96–112.

Fix, Ulla (1990): „Der Wandel der Muster – Der Wandel im Umgang mit den Mustern. Kommunikationskultur im institutionellen Sprachgebrauch der DDR am Beispiel von Losungen". In: Deutsche Sprache 18, 332–347.

– (1991): „Unikalität von Texten und Relativität von Stilmustern". In: Beiträge zur Erforschung der deutschen Sprache 10, 51–60.

– (1997): „Kanon und Auflösung des Kanons. Typologische Intertextualität – ein ‚postmodernes' Stilmittel?" In: Antos/Tietz (1997), 97–108.

– (2000): „Aspekte der Intertextualität". In: Brinker et al. (2000/01), Bd. 1, 449–457.

– /Adamzik, Kirsten/Antos, Gerd/Klemm, Michael (Hgg.) (2002): Brauchen wir einen neuen Textbegriff? Antworten auf eine Preisfrage. Frankfurt a. M. u. a.: Lang.

– /Habscheid, Stephan/Klein, Josef (Hgg.) (2001): Zur Kulturspezifik von Textsorten. Tübingen: Stauffenburg.

– /Poethe, Hannelore/Yos, Gabriele (2001): Textlinguistik und Stilistik für Einsteiger. Ein Lehr- und Arbeitsbuch. Frankfurt a. M. u. a.: Lang.

– /Wellmann, Hans (Hgg.) (2000): Bild im Text – Text und Bild. Heidelberg: Winter.

Fleischer, Wolfgang/Hartung, Wolfdietrich/Schildt, Joachim/Suchsland, Peter (Hgg.) (1983): Kleine Enzyklopädie Deutsche Sprache. Leipzig: Bibliographisches Institut.

– /Helbig, Gerhard/Lerchner Gotthard (Hgg.) (2001): Kleine Enzyklopädie Deutsche Sprache. Frankfurt am Main u. a.: Lang.

– /Michel, Georg (1975): Stilistik der deutschen Gegenwartssprache. Leipzig: Bibliographisches Institut.

– /Michel, Georg/Starke, Günter (1993): Stilistik der deutschen Gegenwartssprache. Frankfurt a. M. u. a.: Lang.

Fluck, Hans-Rüdiger (1988): „Zur Analyse und Vermittlung der Textsorte ‚Abstract'". In: Gnutzmann (1988), 67–90.

Fricke, Matthias (1999): Empirische Diskursanalyse nach Foucault. Diskussion neuerer Foucault-basierter Verfahren der Diskursanalyse anhand von empirischen Analysen von Printmedientexten. Diss. Oldenburg. [http://docserver.bis.uni-oldenburg.de/publikationen/dissertation/1999/friemp99/friemp99.html]

Gansel, Christina/Jürgens, Frank (2002): Textlinguistik und Textgrammatik. Eine Einführung. Wiesbaden: Westdeutscher Verlag.

Genette, Gérard (1982): Palimpsestes. La littérature au second degré. Paris: Seuil.

Girnth, Heiko (1996): „Texte im politischen Diskurs. Ein Vorschlag zur diskursorientierten Beschreibung von Textsorten". In: Muttersprache 106, 66–80.

– (2002): Sprache und Sprachverwendung in der Politik. Eine Einführung in die linguistische Analyse öffentlich-politischer Kommunikation. Tübingen: Niemeyer.

Gläser, Rosemarie (1979): Fachstile des Englischen. Leipzig: Enzyklopädie.

– (1990): Fachtextsorten im Englischen. Tübingen: Narr.

– (1998): „Fachsprachen und Funktionalstile". In: Hoffmann, Lothar/Kalverkämper, Hartwig/Wiegand, Herbert Ernst (Hgg.): Fachsprachen. Ein internationales Handbuch zur Fachsprachenforschung und Terminologiewissenschaft. Berlin/New York: de Gruyter, Bd. 1, 199–208.

Glinz, Hans ([5]1974): Linguistische Grundbegriffe und Methodenüberblick. [ohne Ort]: Athenaoin.

– (1983): „Fiktionale und nichtfiktionale Texte". In: Textsorten und literarische Gattungen (1983), 118–130.

Glück, Helmut (Hg.) ([2]2000): Metzler Lexikon Sprache. Stuttgart: Metzler, (1. Aufl. 1993).

– /Sauer, Wolfgang Werner ([2]1997): Gegenwartsdeutsch. Stuttgart/Weimar: Metzler.

Gnutzmann, Claus (Hg.) (1988): Fachbezogener Fremdsprachenunterricht. Tübingen: Narr.

Gobyn, Luc (1982): Textsorten. Ein Methodenvergleich am Beispiel Märchen. Diss. Gent.

Goffman, Erving (1979): „Footing". In: Semiotica 25, 1–29.

– (1981): Forms of Talk. Oxford: Blackwell.

Gottsched, Johann Christoph (1742/1973): Versuch einer Critischen Dichtkunst. In: Gottsched, J. Ch.: Ausgewählte Werke. Hg. V. Joachim Birke u. Brigitte Birke. Berlin/New York: de Gruyter, Bd. VI, 1.
Grimm, Jacob/Grimm, Wilhelm (1854–1954): Deutsches Wörterbuch. Leipzig: Hirzel, 16 Bde.
Große, Ernst Ulrich (1976): Text und Kommunikation. Eine linguistische Einführung in die Funktionen der Texte. Stuttgart u. a.: Kohlhammer.
Gülich, Elisabeth/Raible, Wolfgang (Hgg.) (1972): Textsorten. Differenzierungskriterien aus linguistischer Sicht. Frankfurt a. M.: Athenäum Fischer.
–   /Raible, Wolfgang (1975): „Textsorten-Probleme". In: Linguistische Probleme der Textanalyse. Jahrbuch 1973 des Instituts für deutsche Sprache, Düsseldorf: Schwann, 144–197.
–   /Raible, Wolfgang (1977): Linguistische Textmodelle. Grundlagen und Möglichkeiten. München.
Halliday, Michael A. K./Hasan, Ruqaiya (1976): Cohesion in English. London/New York: Longman.
Handler, Peter (Hg.) (2001): E-Text: Strategien und Kompetenzen. Elektronische Kommunikation in Wissenschaft, Bildung und Beruf. Frankfurt a. M. u. a.: Lang.
Harris, Zellig S. (1952): „Discourse Analysis". In: Language 28, 1–30; dt. Übers. in Dressler (1978a), 24–78.
Hartmann, Peter (1964): „Text, Texte, Klassen von Texten". In: Bogawus 2, 15–25; wieder abgedruckt in: Koch (1972), 1–22.
–   (1968a): „Textlinguistik als neue linguistische Teildisziplin". In: Replik 2, 2–7.
–   (1968b): „Zum Begriff des sprachlichen Zeichens". In: Zeitschrift für Phonetik, Sprachwissenschaft und Kommunikationsforschung 21, 205–222.
–   (1968c/1978): „Textlinguistik als linguistische Aufgabe". In: Schmidt, Siegfried J. (Hg.): Konkrete Dichtung, Konkrete Kunst. Karlsruhe, 62–77; wieder in: Dressler (1978b), 93–105.
–   (1971): „Texte als linguistisches Objekt". In: Stempel (1971), 9–29.
Hartung, Martin (2001): „Formen der Adressiertheit der Rede". In: Brinker et al. (2000/01), Bd. 2, 1348–1355.
Hartung, Wolfdietrich (2000): „Kommunikationsorientierte und handlungstheoretisch ausgerichtete Ansätze". In: Brinker et al. (2000/01), Bd. 1, 83–96.
Harweg, Roland (1968, ²1979): Pronomina und Textkonstitution. München: Fink.
Heinemann, Margot (2000): „Textsorten des Alltags". In: Brinker et al. (2000/01), Bd. 1, 604–614.
–   /Heinemann, Wolfgang (2002): Grundlagen der Textlinguistik. Interaktion – Text – Diskurs. Tübingen: Niemeyer.
Heinemann, Wolfgang (1991): „Textsorten/Textmuster – ein Problemaufriß". In: Mackeldey, Roger (Hg.): Textsorten/Textmuster in der Sprech- und Schriftkommunikation. Festschrift zum 65. Geburtstag von Wolfgang Heinemann. Leipzig: Univ., 8–16.
–   (1997): „Zur Eingrenzung des Intertextualitätsbegriffs aus textlinguistischer Sicht". In: Klein/Fix (1997), 21–37.
–   (2000a): „Textsorten. Zur Diskussion um Basisklassen des Kommunizierens". In: Adamzik (2000a), 9–29.
–   (2000b): „Textsorte – Textmuster – Texttyp". In: Brinker et al. (2000/01), Bd. 1, 507–523.
–   (2000c): „Aspekte der Textsortendifferenzierung". In: Brinker et al. (2000/01), Bd. 1, 523–546.
–   /Viehweger, Dieter (1991): Textlinguistik. Eine Einführung, Tübingen: Niemeyer.
Helbig, Gerhard (1986): Geschichte der neueren Sprachwissenschaft. Unter dem besonderen Aspekt der Grammatik-Theorie. Leipzig: Bibliographisches Institut, (1. Aufl. 1970).
–   (1990): Entwicklung der Sprachwissenschaft seit 1970. Opladen: Westdeutscher Verlag, (1. Aufl. 1986).
Hellwig, Peter (1984): „Titulus oder über den Zusammenhang von Titeln und Texten. Titel sind ein Schlüssel zur Textkonstitution". In: Zeitschrift für germanistische Linguistik 12, 1–20.
Henne, Helmut/Rehbock, Helmut (1982): Einführung in die Gesprächsanalyse. Berlin/New York: de Gruyter, (3. Aufl. 1995).
Hermanns, Fritz (1980): „Das ominöse Referat. Forschungsprobleme und Lernschwierigkeiten bei einer deutschen Textsorte". In: Wierlacher, Alois (Hg.): Fremdsprache Deutsch. Grundlagen und Verfahren der Germanistik als Fremdsprachenphilologie. München: Fink, Bd. 2, 593–607.

166

Hoffmann, Ludger (2000): „Thema, Themenentfaltung, Makrostruktur". In: Brinker et al. (2000/01), Bd. 1, 344–356.

Holthuis, Susanne (1993): Intertextualität. Aspekte einer rezeptionsorientierten Konzeption. Tübingen: Stauffenburg.

Ihwe, Jens (Hg.) (1971): Literaturwissenschaft und Linguistik: Ergebnisse und Perspektiven. Frankfurt a. M.: Athenäum, 3 Bde.

– (Hg.) (1972): Literaturwissenschaft und Linguistik. Eine Auswahl Texte zur Theorie der Literaturwissenschaft. Frankfurt a. M.: Fischer Athenäum, 2 Bde.

Isenberg, Horst (1978): „Probleme der Texttypologie. Variation und Determination von Texttypen". In: Wissenschaftliche Zeitschrift der Pädagogischen Hochschule Leipzig 27, 565–579.

Jäger, Siegfried (²1999): Kritische Diskursanalyse. Eine Einführung. Duisburg: Duisburger Institut für Sprach- und Sozialforschung.

Jakobs, Eva-Maria (1998): „Vernetzte Fachkommunikation. Ein interdisziplinärer Ansatz". In: Danneberg/Niederhauser (1998), 189–211.

– (1999): Textvernetzung in den Wissenschaften. Zitat und Verweis als Ergebnis rezeptiven, reproduktiven und produktiven Handelns. Tübingen: Niemeyer.

Jakobson, Roman (1960/1979): „Linguistik und Poetik". In: Jakobson, R.: Ausgewählte Aufsätze 1921–1971. Frankfurt a. M.: Suhrkamp, 83–121.

Jürgens, Frank (1999): Auf dem Weg zu einer pragmatischen Syntax. Eine vergleichende Fallstudie zu Präferenzen in gesprochen und geschrieben realisierten Textsorten. Tübingen: Niemeyer.

Jung, Matthias (1994): Öffentlichkeit und Sprachwandel. Zur Geschichte des Diskurses über die Atomenergie. Opladen: Westdeutscher Verlag.

Jung, Matthias (2001): Hermeneutik zur Einführung. Hamburg: Junius.

Kallmeyer, Werner (1972): „Verweisung im Text". In: Der Deutschunterricht 24, H. 4, 29–42.

– /Klein, Wolfgang/Meyer-Hermann, Reinhard/Netzer, Klaus/Siebert, Hans-Jürgen (1974): Lektürekolleg zur Textlinguistik. Frankfurt a. M.: Fischer Athenäum, 2 Bde.

Kalverkämper, Hartwig (1981): Orientierung zur Textlinguistik. Tübingen: Niemeyer.

– (2000): „Vorläufer der Textlinguistik: die Rhetorik". In: Brinker et al. (2000/01), 1–17.

Klein, Josef (1991): „Politische Textsorten". In: Brinker (1991), 245–278.

– (2000a): „Textsorten im Bereich politischer Institutionen". In: Brinker et al. (2000/01), Bd. 1, 732–755.

– (2000b): „Intertextualität, Geltungsmodus, Texthandlungsmuster. Drei vernachlässigte Kategorien der Textsortenforschung – exemplifiziert an politischen und medialen Textsorten". In: Adamzik (2000a), 31–44.

– /Fix, Ulla (Hg.) (1997): Textbeziehungen. Linguistische und literaturwissenschaftliche Beiträge zur Intertextualität. Tübingen: Stauffenburg.

Klemm, Michael (2002): „Ausgangspunkte: Jedem seinen Textbegriff? Textdefinitionen im Vergleich". In: Fix et al. (2002), 17–29.

Knobloch, Clemens (1990): „Zum Status und zur Geschichte des Textbegriffs. Eine Skizze". In: Kreuzer, Helmut (Hg.): Philologische Grundbegriffe. Göttingen (= LiLi 77), 66–87.

Koch, Peter/Oesterreicher, Wulf (1985): „Sprache der Nähe – Sprache der Distanz. Mündlichkeit und Schriftlichkeit im Spannungsfeld von Sprachtheorie und Sprachgeschichte". In: Romanistisches Jahrbuch 36, 15–43.

– /Oesterreicher, Wulf (1990): Gesprochene Sprache in der Romania: Französisch, Italienisch Spanisch. Tübingen: Niemeyer.

Koch, Walter A. (Hg.) (1972): Strukturelle Textanalyse – Analyse du récit – Discourse Analysis. Hildesheim/New York: Olms.

Krause, Wolf-Dieter (Hg.) (2000a): Textsorten. Kommunikationslinguistische und konfrontative Aspekte. Frankfurt a. M. u. a.: Lang.

– (2000b): „Der interlinguale Textvergleich". In: Krause (2000a), 119–143.

– (2000c): „Kommunikationslinguistische Aspekte der Textsortenbestimmung". In: Krause (2000a), 34–67.

– (2002): „Text und Textsorte in der fremdsprachigen Kommunikation". In: Adamzik (2002a), 191–209.

Kretzenbacher, Heinz L./Thurmair, Maria (1992): „Textvergleich als Grundlage zur Beschreibung einer wissenschaftlichen Textsorte: Das *Peer Review*". In: Baumann/Kalverkämper (1992), 135–146.

Kristeva, Julia (1967): „Bakhtine, le mot, le dialogue et le roman". In: Critique 239, 438–465; wieder in: Kristeva, J.: Semeiotike. Recherches pour une sémanalyse. Paris: Seuil 1969, 82–112.

Kron, Olaf (2002): Probleme der Texttypologie. Integration und Differenzierung handlungstheoretischer Konzepte in einem Neuansatz. Frankfurt a. M. u. a.: Lang.

Kruse, Otto ([9]2002): Keine Angst vor dem leeren Blatt. Ohne Schreibblockaden durchs Studium. Frankfurt a. M.: Campus.

– /Jakobs, Eva-Maria/Ruhmann, Gabriela (Hgg.) (1999): Schlüsselkompetenz Schreiben. Konzepte, Methoden, Projekte für Schreibberatung und Schreibdidaktik an der Hochschule. Neuwied u. a.: Luchterhand.

Kühn, Peter (1995): Mehrfachadressierung. Untersuchungen zur adressatenspezifischen Polyvalenz sprachlichen Handelns. Tübingen: Niemeyer.

Lambek, Joachim (1961): „On the Calculus of Syntactic Types". In: Proceedings of Symposia in Applied Mathematics 12, 25–42.

Lausberg, Heinrich (1973): Handbuch der literarischen Rhetorik. Eine Grundlegung der Literaturwissenschaft. München: Hueber.

– ([10]1990): Elemente der literarischen Rhetorik. Eine Einführung für Studierende der klassischen, romanischen, englischen und deutschen Philologie. München: Hueber.

Leonardy, Heribert J. (1997): Der Mythos vom „edlen" Räuber. Untersuchungen narrativer Tendenzen und Bearbeitungsformen bei den Legenden der vier Räuberfiguren Robin Hood, Schinderhannes, Jesse James und Ned Kelly. Diss. Saarbrücken.

Lerchner, Gotthard (1984): „Konnotative Textpotenz". In: Beiträge zur Erforschung der deutschen Sprache 4, 39–48.

Levinson, Stephen C. (1988): „Putting Linguistics on a Proper Footing: Explorations in Goffman's Concept of Participation". In: Drew, Paul/Wootton, Anthony (eds.): Erving Goffman. Exploring the Interaction Order. Cambridge: Polity Press, 161–227.

Linke, Angelika/Nussbaumer, Markus (1997): „Intertextualität. Linguistische Bemerkungen zu einem literaturwissenschaftlichen Textkonzept". In: Antos/Tietz (1997), 109–126.

– /Nussbaumer, Markus (2000): „Rekurrenz". In: Brinker et al. (2000/01), Bd. 1, 305–315.

– /Nussbaumer, Markus/Portmann Paul R. ([3]1996): Studienbuch Linguistik. Tübingen: Niemeyer.

Lobin, Henning (Hg.) (1999): Text im digitalen Medium. Linguistische Aspekte von Textdesign, Texttechnologie und Hypertext Engineering. Wiesbaden: Westdeutscher Verlag.

Lötscher, Andreas (1983): Satzakzent und Funktionale Satzperspektive im Deutschen. Tübingen: Niemeyer.

– (1987): Text und Thema. Studien zur thematischen Konstituierung von Texten. Tübingen: Niemeyer.

Mangasser-Wahl, Martina (Hg.) (2000a): Prototypentheorie in der Linguistik. Anwendungsbeispiele – Methodenreflexion – Perspektiven. Tübingen: Stauffenburg.

– (2000b): „Roschs Prototypentheorie – Eine Entwicklung in drei Phasen". In: Mangasser-Wahl (2000a), 15–31.

Mazur, Jan (2000): „Textlinguistik im slawischen Sprachraum". In: Brinker et al. (2000/01), Bd. 1, 153–163.

Meier, Helmut ([2]1967): Deutsche Sprachstatistik. Hildesheim: Olms.

Meier, Jörg (2002): „Zwischen Textphilologie, Kulturwissenschaft und ‚neuen Medien'. Interdisziplinäre Anmerkungen und Fragestellungen zum Textbegriff". In: Fix et al. (2002), 83–92.

Michel, Georg (2001): Stilistische Textanalyse. Eine Einführung. Frankfurt a. M. u. a.: Lang.

Morris, Charles W. (1938): Foundations of the Theory of Signs. Chicago: University of Chicago Press.

Motsch, Wolfgang (Hg.) (1996): Ebenen der Textstruktur. Sprachliche und kommunikative Prinzipien. Tübingen: Niemeyer.

– (2000): „Handlungsstrukturen von Texten". In: Brinker et al. (2000/01), Bd. 1, 414–422.

168

Niederhauser, Jürg (1998): „Parodien von Wissenschaft im Lichte der Fachsprachenforschung". In: Lundquist, Lita/Picht, Heribert/Qvistgaard, Jacques (eds.): Proceedings of the 11th European Symposium on Language for Special Purposes. LSP. Identity and Interface, Research, Knowledge and Society. Kopenhagen: Copenhagen Business School, Bd. 2, 708–717.

Nöth, Winfried (2000a): Handbuch der Semiotik. Stuttgart: Metzler.

– (2000b): „Der Zusammenhang von Text und Bild". In: Brinker et al. (2000/01), Bd. 1, 489–496.

Nord, Christiane (1993): Einführung in das funktionale Übersetzen. Am Beispiel von Titeln und Überschriften. Tübingen/Basel: Francke.

Nussbaumer, Markus (1991): Was Texte sind und wie sie sein sollen. Ansätze zu einer sprachwissenschaftlichen Begründung eines Kriterienrasters zur Beurteilung von schriftlichen Schülertexten. Tübingen: Niemeyer.

Oesterreicher, Wulf (1997): „Zur Fundierung von Diskurstraditionen". In: Frank, Barbara/Haye, Thomas/Tophinke, Doris (Hgg.) 1996: Gattungen mittelalterlicher Schriftlichkeit. Tübingen: Narr, 19–41.

Ortner, Hanspeter (1987): Die Ellipse. Ein Problem der Sprachtheorie und der Grammatikschreibung. Tübingen: Niemeyer.

Ottmers, Clemens (1996): Rhetorik. Stuttgart: Metzler.

Paul, Hermann (1916–1920): Deutsche Grammatik. Halle/S.: Niemeyer, 5 Bde.

– (1975): Prinzipien der Sprachgeschichte. Tübingen: Niemeyer, (1. Aufl. 1880).

Polenz, Peter von ([2]1988): Deutsche Satzsemantik. Grundbegriffe des Zwischen-den-Zeilen-Lesens. Berlin/New York: de Gruyter.

Pérennec, Marie-Hélène (2000): „Textlinguistik im romanischen Sprachraum". In: Brinker et al. (2000/01), Bd. 1, 145–153.

Petöfi, János S. (1971/1978): „Transformationsgrammatiken und die grammatische Beschreibung der Texte". In: Linguistische Berichte 14, 17–35; wieder in: Dressler (1978a), 300–327.

Pöckl, Wolfgang (1999): „Kontrastive Textologie". In: Eckkrammer et al. (1999), 13–46.

Rada, Holger (2002): Design digitaler Medien. Tübingen: Niemeyer.

Riesel, Elise (1975): „Grundsatzfragen der Funktionalstilistik". In: Linguistische Probleme der Textanalyse. Jahrbuch 1973 des Instituts für deutsche Sprache. Düsseldorf: Schwann, 36–53.

Rolf, Eckard (1993): Die Funktionen der Gebrauchstextsorten. Berlin/New York: de Gruyter.

– (2000): „Textuelle Grundfunktionen". In: Brinker et al. (2000/01), Bd. 1, 422–435.

Rothe, Matthias/Schröder, Hartmut (Hgg.) (2002): Ritualisierte Tabuverletzung, Lachkultur und das Karnevaleske. Beiträge des Finnisch-Ungarischen Kultursemiotischen Symposiums 9. bis 11. November 2000, Berlin – Frankfurt (Oder). Frankfurt a. M. u. a.: Lang.

Roulet, Eddy/Filliettaz, Laurent/Grobet, Anne (2001): Un modèle et un instrument d'analyse de l'organisation du discours. Bern u. a.: Lang.

Rühling, Lutz (1996): „Fiktionalität und Poetizität". In: Arnold/Detering (1996), 25–52.

Rusterholz, Peter (1996): „Formen ‚textimmanenter' Analyse". In: Arnold/Detering (1996), 365–385.

Sandig, Barbara (1972): „Zur Differenzierung gebrauchssprachlicher Textsorten im Deutschen". In: Gülich/Raible (1972), 113–124.

– (1986): Stilistik der deutschen Sprache: Berlin/New York: de Gruyter.

– (1989): „Stilistische Mustermischungen in der Gebrauchssprache". In: Zeitschrift für Germanistik 10, 133–150.

– (2000): „Text als prototypisches Konzept". In: Mangasser-Wahl (2000a), 93–112.

Schank, Gerd/Schoenthal, Gisela ([2]1983): Gesprochene Sprache. Eine Einführung in Forschungsansätze und Analysemethoden. Tübingen: Niemeyer.

Scherner, Maximilian (1984): Sprache als Text. Ansätze zu einer sprachwissenschaftlich begründeten Theorie des Textverstehens. Forschungsgeschichte – Problemstellung – Beschreibung. Tübingen: Niemeyer.

– (1996): „‚Text'. Untersuchungen zur Begriffsgeschichte". In: Archiv für Begriffsgeschichte 39, 103–160.

Schleiermacher, Friedrich (1819/1996): Hermeneutik. In: Schleiermacher, F.: Schriften. Hg. v. Andreas Arndt. Frankfurt a. M.: Deutscher Klassiker Verlag, 945–991.

Schlieben-Lange, Brigitte (1983): Traditionen des Sprechens. Elemente einer pragmatischen Sprach-geschichtsschreibung. Stuttgart u. a.: Kohlhammer.

Schmidt, Siegfried J. (1972): „Ist ‚Fiktionalität' eine linguistische oder eine texttheoretische Katego-rie?" In: Gülich/Raible (1972), 59–80.

– (1973): Texttheorie. Probleme einer Linguistik der sprachlichen Kommunikation. München: Fink.

Schulz, Hans/Basler, Otto (1973-1986): Deutsches Fremdwörterbuch. Berlin/New York: de Gruyter, 7 Bde.

Schulze, Gerhard (⁸2000): Die Erlebnisgesellschaft. Kultursoziologie der Gegenwart. Frankfurt a. M./ New York: Campus.

Schwarz, Monika (1992): Einführung in die Kognitive Linguistik. Tübingen: Francke.

Schweikle, Günther/Schweikle, Irmgard (Hgg.) (²1990): Metzler Literatur Lexikon. Begriffe und Definitionen. Stuttgart: Metzler.

Schwitalla, Johannes (1976): „Was sind ‚Gebrauchstexte'?" In: Deutsche Sprache 4, 20–40.

– (2001): „Beteiligungsrollen im Gespräch". In: Brinker et al. (2000/01), Bd. 2, 1355–1361.

Searle, John R. (1982): „Eine Taxonomie illokutionärer Akte". In: Searle, J. R.: Ausdruck und Be-deutung. Untersuchungen zur Sprechakttheorie. Frankfurt a. M.: Suhrkamp, 17–50, (engl. Orig. 1975).

Sowinski, Bernhard (1983): Textlinguistik. Eine Einführung, Stuttgart u. a.: Kohlhammer.

Spillner, Bernd (1996): „Stilistik". In: Arnold/Detering (1996), 234–256.

Stempel, Wolf-Dieter (Hg.) (1971): Beiträge zur Textlinguistik. München.

Steyer, Kathrin (1997a): Reformulierungen. Sprachliche Relationen zwischen Äußerungen und Tex-ten im öffentlichen Diskurs. Tübingen: Narr.

– (1997b): „Irgendwie hängt alles mit allem zusammen – Grenzen und Möglichkeiten einer linguis-tischen Kategorie ‚Intertextualität'". In: Klein/Fix (1997), 83–106.

Straßner, Erich (2002): Text-Bild-Kommunikation. Bild-Text-Kommunikation. Tübingen: Niemeyer.

Tegtmeyer, Henning (1997): „Der Begriff der Intertextualität und seine Fassungen – Eine Kritik der Intertextualitätskonzepte Julia Kristevas und Susanne Holthuis'". In: Klein/Fix (1997), 49–81.

Textsorten und literarische Gattungen (1983): Dokumentation des Germanistentages in Hamburg vom 1. bis 4. April 1979. Hg. vom Vorstand der Vereinigung der deutschen Hochschulgermanisten. Berlin: Erich Schmidt.

Thiele, Wolfgang (2000): „Textlinguistik im englischsprachigen Raum". In: Brinker et al. (2000/01), Bd. 1, 132–139.

Trad, Ahmed Rafik (2001): Tabuthemen in der interkulturellen Kommunikation. Ein Beitrag zur Landeskundedidaktik im DaF-Studium. Frankfurt a. M. u. a.: Lang.

Ueding, Gert (³1991): Rhetorik des Schreibens. Eine Einführung. Frankfurt a. M.: Hain.

– /Steinbrink, Bernd (³1994): Grundriß der Rhetorik. Geschichte. Technik. Methode. Stuttgart/Wei-mar: Metzler.

Vater, Heinz (1992): Einführung in die Textlinguistik. Thema, Struktur und Referenz von Texten. München: Fink.

– (2001): Einführung in die Textlinguistik. Struktur und Verstehen von Texten. München: Fink.

Viehweger, Dieter et al. (1977): Probleme der semantischen Analyse. Berlin: Akademie.

Warnke, Ingo (2002): „Adieu Text – bienvenue Diskurs? Über Sinn und Zweck einer poststruktura-listischen Entgrenzung des Textbegriffs". In: Fix et al. (2002), 125–141.

Wegener, Philipp (1885): Untersuchungen ueber die Grundfragen des Sprachlebens. Halle/S.: Nie-meyer.

Weigert, Stefan (1998): „Wissenschaftliche Darstellungsformen und Uneigentliches Sprechen. Ana-lyse einer Parodie aus der Theoretischen Physik". In: Danneberg/Niederhauser (1998), 131–156.

Weinrich, Harald (1964, ⁴1978): Tempus. Besprochene und erzählte Welt. Stuttgart u. a.: Kohlham-mer.

– (1966): Linguistik der Lüge. Heidelberg: Schneider.

– (1967): „Syntax als Dialektik (Bochumer Diskussion)". In: Poetica 1, 109–126.

– (1976): Sprache in Texten. Stuttgart: Klett.

Werder, Lutz von (1993): Lehrbuch des wissenschaftlichen Schreibens. Ein Übungsbuch für die Praxis. Berlin/Milow: Schibri.

Werlich, Egon (1975): Typologie der Texte. Entwurf eines textlinguistischen Modells zur Grundlegung einer Textgrammatik. Heidelberg: Quelle & Meyer.

Wilpert, Gero von (⁷1989): Sachwörterbuch der Literatur. Stuttgart: Kröner.

Wilske, Ludwig/Krause, Wolf-Dieter (1987): „Intertextualität als allgemeine und spezielle Texteigenschaft". In: Wissenschaftliche Zeitschrift der Pädagogischen Hochschule „Karl Liebknecht" Potsdam – Gesellschaftswissenschaftliche Reihe 31, 890–895.

Ziegler, Arne (2002): „E-Mail – Textsorte oder Kommunikationsform? Eine textlinguistische Annäherung". In: Ziegler, Arne/Dürscheid, Christa (Hgg.): Kommunikationsform E-Mail. Tübingen: Stauffenburg, 9–32.

Zifonun, Gisela (2000): „Textkonstitutive Funktionen von Tempus, Modus und Genus Verbi". In: Brinker et al. (2000/01), Bd. 1, 315–330.

Zimmer, Dieter E. (2001): Die Bibliothek der Zukunft. Text und Schrift in Zeiten des Internets. München: Ullstein.

Zimmermann, Klaus (1978): Erkundungen zur Texttypologie mit einem Ausblick auf die Nutzung einer Texttypologie für eine Corpustheorie. Tübingen: Narr.

Namenregister

Adamzik, K. 43, 80, 85, 87, 99ff., 105, 108f., 111, 116, 131, 140, 142, 156
Adelung, J. Chr. 35, 37f.
Aitchison, J. 47
Ammann, H. 10
Aristoteles 35, 37
Auer, P. 62
Auster, P. 77

Basler, O. 33f.
Beaugrande, R.-A. de VII, 40, 47, 49ff., 54f., 57, 97, 107, 111, 123ff., 128, 143
Behaghel, O. 18f., 21, 23, 37, 140
Behr, I. 156
Bense, M. 42
Berger, P. L. 62f.
Bernhard, Th. 145
Bessmertnaja, N. W. 71
Biere, B.-U. 13, 16
Bittner, J. 75, 90, 100
Bloomfield, L. 2, 4, 17
Boost, K. 21
Braun, P. 151
Brinker, K. VII, 2, 4, 25, 38, 40, 42, 45, 47, 53ff., 57f., 61, 72, 100f., 107ff., 112, 115, 119f., 122, 124, 130, 139ff.
Brown, G. 39
Bühler, K. 10, 37f., 107ff., 111
Burger, H. 86, 145
Busse, D. 95
Bußmann, H. 95, 97

Chomsky, N. 43
Cicero 7
Coseriu, E. VII, 41, 146f.

Daneš, F. 21f. 119
Danneberg, L. 92
Dante 38
Dietz, G. 118
Diewald, G. M. 153
Dijk, T. A. van VII, 25, 27, 123, 129f., 135
Dilthey, W. 16
Dimter, M. 61, 126f.
Döblin, A. 131ff., 154f., 157ff.
Drach, E. 21
Dressler, W. VII, 4, 10f. 14, 25, 38, 40, 47, 49ff., 54f., 57, 97, 107, 111, 123ff., 128, 143

Dionysios Thrax 36f.
Donat 36

Eckkrammer, E. 43, 49
Ehlich, K. 41
Eisenberg, P. 43
Eroms, H.-W. 21, 119

Fabricius-Hansen, C. 139f., 142ff.
Feilke, H. 40
Figge, U. L. 14f.
Fix, U. VII, 31, 71, 80, 96ff., 102, 142, 145
Fleischer, W. 68f.
Fluck, H.-R. 136f.
Foucault, M. 46
Fricke, M. 46
Frisch, M. 114f., 131

Gansel, Chr. VII, 83, 98, 119, 139, 156
Genette, G. 98f., 103f.
Girnth, H. 46, 87
Gläser, R. 69f.
Glinz, H. 41, 61
Glück, H. 58, 97
Gobyn, L. 61
Goethe, J. W. v. 115
Goffman, E. 84f.
Goscinny, R. 104
Gottsched, J. Chr. 35, 38
Grimm, J. 18, 33
Grimm, W. 33
Große, E. U. 100, 115
Gülich, E. VII, 39, 100

Habscheid, St. 80
Halliday, M. A. K. 38
Handler, P. 90
Harig, L. 147
Harris, Z. S. 11
Hartmann, P. 2ff., 10, 20, 22f., 98, 107
Hartung, M. 116
Hartung, W. 111
Harweg, R. 23ff., 32, 38, 40, 52, 140
Hasan, R. 38
Heidegger, M. 16
Heinemann, M. VII, 42f., 54, 69, 71, 74, 83f., 98, 100ff., 109f., 113, 117, 119, 125, 129
Heinemann, W. VII, 39, 41ff., 54f., 58, 69, 71, 83f., 98, 100ff., 109f., 113, 117, 119, 125, 129

Sachregister

www.ingramcontent.com/pod-product-compliance
Lightning Source LLC
Chambersburg PA
CBHW050619110426
42813CB00010B/2611